物流系统规划——建模及实例分析

蔡临宁　编著

机 械 工 业 出 版 社

本书围绕生产及商业流通中的物流活动,通过近10年来的国际企业实例,分析介绍物流网络设计、物流配送模型、库存模型及仓储设计、生产物流、回收物流以及物流仿真技术的最新发展应用。其主要特色在于理论与实例相结合,注重可操作性及实用性,致力于帮助读者提高解决实际问题的能力。

本书可供物流专业的大学生、研究生作为教材,也可供物流工作人员参考。

图书在版编目(CIP)数据

物流系统规划——建模及实例分析/蔡临宁编著. —北京:机械工业出版社,2003.9(2025.7重印)

ISBN 978-7-111-12495-5

Ⅰ.物… Ⅱ.蔡… Ⅲ.物流-系统建模 Ⅳ.F252

中国版本图书馆CIP数据核字(2003)第052029号

机械工业出版社(北京市百万庄大街22号 邮政编码100037)
策划编辑:周国萍
责任编辑:周国萍 版式设计:张世琴 责任校对:吴美英
封面设计:陈 沛 责任印制:常天培
河北虎彩印刷有限公司印刷
2025年7月第1版·第22次印刷
169mm×239mm·17.25印张·333千字
标准书号:ISBN 978-7-111-12495-5
定价:45.00元

电话服务	网络服务
客服电话:010-88361066	机 工 官 网:www.cmpbook.com
010-88379833	机 工 官 博:weibo.com/cmp1952
010-68326294	金 书 网:www.golden-book.com
封底无防伪标均为盗版	机工教育服务网:www.cmpedu.com

前　言

物流被称为“第三利润源泉”。近年来,随着顾客需求的多样化、企业竞争的激烈、全球制造概念的发展以及我国加入WTO,物流已经引起了全球的重视。我国政府也将其视为新的经济热点。从中央到地方,从政府到企业,纷纷开始各级物流战略的规划、物流系统的建设。大量的物流园区不时见于报道,大量的物流公司不断涌现,掀起了一股“物流热”。如何看待,如何参与,物流发展的趋势如何?是我在课堂上、在企业中经常与大家探讨的话题。

有的观点认为,物流,不就是运输么,自古就有,根据老师傅的经验就可以了,没有什么需要研究的;有的观点认为,物流,成本太高、理论太深,应该是高校、研究所研究的东西,距离企业实际应用太远;有的观点认为,物流也是一个泡沫,很快会破裂的。

我想,物流,尤其是现代物流,不是一门只依靠经验的学科,不需要理论研究;但是,也不是纯理论的学科,不只是单纯地研究整数规划、图论等,尽管,这些知识是物流研究的基础知识。物流,应该是工程背景很强的学科,侧重于运用运筹优化理论知识解决实际问题。物流的研究目标是低成本、高效率、高质量地实现物料的移动,使得准确品种与数量的物料在正确的时间、按照正确的路线、到达正确的地点。本书中介绍了大量大企业的物流活动,如土耳其最大的家电公司用整数规划解决各种家电的月配送计划问题,他们将配送计划与卡车的装车发运方式结合起来进行规划,较好地解决了公司7个工厂、8个配送中心、1500个销售代理的月配送计划,为了使得没有运筹学知识的人员也能够运用,提高公司的物流效率,对该系统进行了软件实现。类似的实例说明,现代物流应该是一个整合的系统,是用系统、整体的观点来研究传统的物流问题。

现代物流的问题,既要研究战略层的选址问题,又要研究运作层的仓库物料搬运、装车发运问题。

因此,本书根据物流的环节,从物流网络的设计——节点的选址开始,逐一介绍布置规划、库存及仓储规划、运输规划的基础理论。在此基础上,围绕每一个专题,介绍1个或2个实际企业物流运作的相关实例,便于读者结合起来,加深理解,增强对物流活动的运作能力。

本书是在清华大学几届本科生及研究生的课程讲义基础上修改而成的。在成稿过程中,第3章、第8章由吕新福负责材料组织,另外,曲志伟、王煜也参加了部分工作。

在本书的写作过程中,参阅借鉴了大量的国内外文献,在此,向这些作者表达诚挚的谢意,如有遗漏,敬请原谅。为了保持数据的整齐性,引自文献的数据没有换算成法定计量单位,只在第1次该种单位出现时,给出它和法定单位的换算关系。

终于完稿了,在此,感谢家人对我的支持,感谢为作者提供物流研究机会的国家自然科学基金委员会、德意志学术交流中心(DAAD)、教育部博士点基金、北京市科委及各个横向合作企业。感谢系领导的关心与帮助。

蔡临宁　于清华园

目　　录

第1篇　物流和选址

第1章　物流及相关概念

1.1　物流的重要性

所谓物流，就是指“物”的“流动”。这里的“物”指的是有形的物质，如原材料、半成品、成品等；“流动”指的是空间位置及时间上的变化。如一箱饮料从工厂运到了超市，发生了空间位置的变化，发生了物流活动；同样，这箱饮料卖出之前，停留在超市的货架上一段时间，没有发生任何位置移动，也会产生物流活动，因为从买进到卖出，这箱饮料发生了时间上的变化，产生了随时间的“流动”。前一种物流活动，主要是运输活动；后一种物流活动，主要是库存现象。

物流的活动，可以说自古有之，为什么近年来牵动了全球各国政府、经济界等各行各业的关注呢？为什么我们要研究物流？

原因来自于以下方面：即经济全球化、物流在国民生产总值中的份额、生产模式的改变、企业竞争（成本、效率）、环境、现代信息技术对于传统物流的冲击。

1.1.1　经济全球化的影响

随着经济全球化的加强，在绝大多数国家加入 WTO，并大幅度减让关税，关税壁垒不再成为国际贸易主要障碍的情况下，其他非关税壁垒的作用将更加突出。其中，能否拥有发达的现代运输物流设施及高水平的现代物流服务，对于一个国家及地区，尤其是发展中国家或地区，提高经济运行效率和质量，改善投资环境，以及吸引外资和跨国企业，具有至为重要的作用。

在经济全球化的环境下，跨国公司为了充分发挥比较优势和竞争优势，必须在全球范围内配置和利用资源。如何在全球范围内，选择最低制造成本的生产地点、降低制造成本，如何在全球范围内将产品从多个生产地点向再生产、消费地点用最低成本运输，是每一个企业，尤其是跨国大企业所重点关注的问题。要实现这种战略，没有一个高度发达的、可靠而快捷的物流系统是不可能的。高效率的现代国际综合物流服务将成为企业控制成本，成功实现全球经营的关键因素之一。

1.1.2 物流成本在 GDP 中占有很高份额

图 1-1 是 1993 年美国的 GDP 排序，可以看出：1993 年美国的总物流成本是 6 700 亿美元，约占 GDP 的 11%，超过社会保险、医疗服务以及国防开支的比例，位居首位；到 2000 年，美国的总物流成本超过 9 000 亿美元，约占 GDP 的 10%，为当年的第二位（首位为医疗保健）。

由于物流及信息技术的发展，美国物流成本占 GDP 的份额逐年下降。如图 1-2 所示，从 20 世纪 80 年代的 16% 左右持续下降，90 年代后，基本在 10% 左右，仍然在 GDP 中占有很高份额。

同样，日本的物流成本在 20 世纪 90 年代后，基本也占其 GDP 的 10% 左右，如图 1-3 所示。

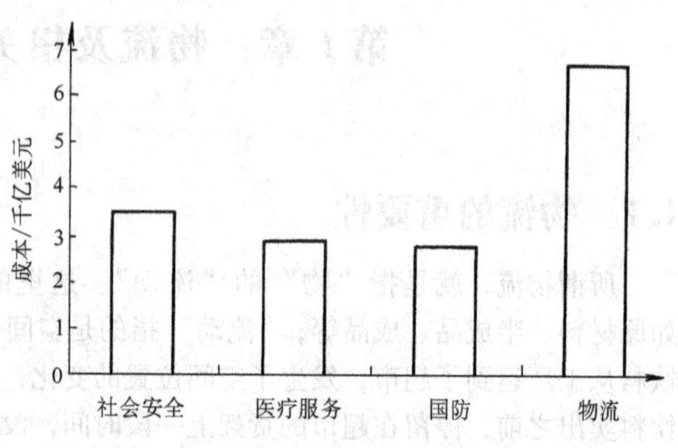

图 1-1　1993 年美国 GDP 的份额

图 1-2　美国物流成本占 GDP 的比例随时间的变化

我国的情况，根据中国物流与采购联合会统计，2001 年，中国与物流相关的年总支出有 19 000 亿人民币，物流成本占 GDP 的比重为 20% 左右。由于基数很大，如果我国的物流成本从目前占 GDP 的 20%，降至美、日的 10% 左右的水平，这将是一个巨大的利润源泉。

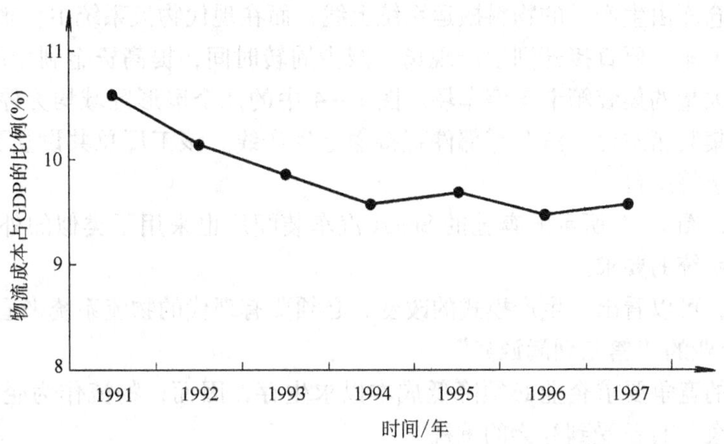

图 1－3　日本物流成本占 GDP 的比例随时间的变化

1.1.3　生产模式的影响

日本丰田公司提出的即时制（Just in Time，JIT）的生产模式已经得到了普遍的认可，JIT 要求产品只是在需要的时候才被提供，这就要求有一个快捷、可靠的物流系统来支持这种生产模式。

图 1－4 为位于德国法兰克福的 OPEL 新汽车工厂的外形布置，可以看到这是一种异型的厂房布置。为什么要采用这种异型的厂房布置？

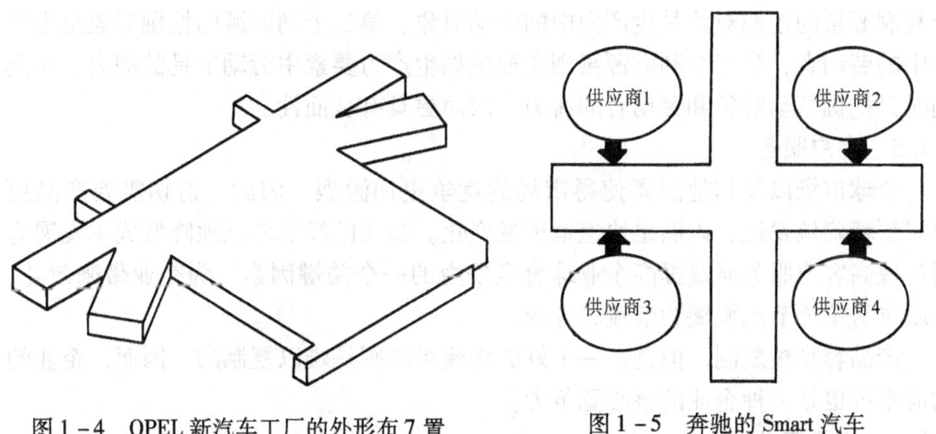

图 1－4　OPEL 新汽车工厂的外形布 7 置

图 1－5　奔驰的 Smart 汽车装配厂的外形布置

这是因为采用 JIT 的生产模式，生产用的零部件要直接上线，因此，必须采用一套新的物流系统。传统的物流系统中，供应商的零部件先进入生产厂的仓库，再从仓库由生产厂的物料搬运系统上线；而在现代物流系统中，来自供应商的集装箱卡车，要直接开到生产现场，减少周转时间，提高资金利用率，因此，必须设计大量的集装箱卡车停车场。图 1 –4 中的几个扇形区域均为停车场，通过专用的集装箱站台，汽车零部件直接送上生产线。该工厂总共设立了 60 多个专用的集装箱站台。

同样，图 1 –5 所示的奔驰的 Smart 汽车装配厂也采用了类似的外形布置来适应物流系统的要求。

所以，可以看出，生产模式的改变，必须要有现代的物流系统来适应。

1.1.4 企业的“第三利润源泉”

激烈的竞争要求企业必须降低成本以求生存，因而，物流作为企业的“第三利润源泉”日益受到社会的重视。

“第三利润源泉”的说法主要出自日本。从历史发展来看，人类历史上曾经有过两个大量提供利润的领域。第一个是资源领域，第二个是人力领域。资源领域起初是廉价原材料、燃料的掠夺或获得，其后则是依靠科技进步，节约消耗、节约代用、综合利用、回收利用乃至大量人工合成资源而获取高额利润，习惯称之为“第一个利润源泉”。人力领域最初是廉价劳动，其后则是依靠科技进步提高劳动生产率，降低人力消耗或采用机械化、自动化来降低劳动耗用，从而降低成本、增加利润，这个领域习惯称做“第二个利润源泉”。在前两个利润源潜力越来越小，利润开拓越来越困难的情况下，物流领域的潜力被人所重视，按时间序列排为“第三个利润源泉”。这三个利润源泉注目于生产力的不同要素。第一个利润源泉的挖掘对象是生产力中的劳动对象，第二个利润源的挖掘对象是生产力中的劳动者，第三个利润源泉则主要挖掘生产力要素中劳动工具的潜力，与此同时又挖掘劳动对象和劳动者的潜力，因而更具有全面性。

1.1.5 客户服务

全球市场以及其他因素使得市场的竞争更加激烈，因此，迫切需要产品更快、更精确地发运，以满足快速地市场变化。物流已经从单纯地降低成本发展为通过提高客户服务质量提高企业综合竞争力的一个关键因素，为企业带来效益，也就是从单纯节流发展为节流、开源。

产品容易被复制，但是，一个好的物流系统则是难以复制的，因而，企业的物流系统也是一种企业的核心竞争力。

1.1.6 信息技术

信息技术的发展对物流的发展有重大影响，如数据库技术、自动化的条码设备、GPS、GIS（地理信息系统）、电子商务及计算机决策支持系统的发展等；因为，物流系统之所以能够成为“第三利润源泉”，在于通过优化、通过整合，创造利润，没有大量基础信息的支持，这一点是无法实现的。可以说，没有信息技术的发展，就不会有现代物流的发展。

1.1.7 环境要求

当前以及未来的环境法规对于物流系统的发展具有深刻影响，例如，回收物流的兴起，就是来源于人类对于环境问题的重视以及环保法规的制定与完善。根据“谁污染，谁治理”的政策，企业需要负责回收自己的产品消费后产生的废弃物，资源需要重复利用。

这种以可持续发展为目标的资源重复利用在欧洲及美国等发达国家已经取得了很大的成效。例如，1994 年，欧洲纸制品的回收量达到了 27 700 000t，占整个纸制品消费的 43%，而且正在以每年 7% 的比例增长；1994 年，欧洲玻璃的回收量达到 7 000 000t，占整个玻璃品消费总量的 60%，而且以每年 10% 的速度增长。在德国，商业包装材料的重复利用率要达到 60% ~75%。在荷兰，1994 年 46% 的工业废弃物得到了重复利用，而在 1992 年这个比例为 36%。

在所有这些资源或产品的重复利用中，都存在着一个从使用者到生产领域的物流系统，即回收物流系统。广义上讲，回收物流包含了从消费者不再使用的废弃物到转变成新产品重新上市的整个过程的所有物流活动。而首先，也是最直接的，就是怎样将废弃物从消费者那里收集起来，运输到相关的地方进行二次利用，也就是所谓的“逆向配送（Reverse Distribution）”。

回收物流系统的规划设计主要涉及到回收线路的规划、中转站、回收中心的选址等问题。

1.2 物流：一个不断发展的概念

1.2.1 概念的发展

关于物流的研究，起源于美国，在日本得到了广泛地发展。在我国，物流是一个外来词，是在 20 世纪 70 年代末从日本引进的。

物流，作为一个古老的名词，广泛地存在于日常生活、企业经营以及军事活动中，其概念一直在发展变化，尤其是近年来的变化更加频繁，这从一些学院以及美国物流管理协会的物流概念定义中可以看出。

佐治亚理工大学拥有美国最好的工业工程学院，该学院的物流研究所在国际上享有盛誉。在该所的技术白皮书中，是这样定义物流的：

物流是伴随获得、移动、存储以及分发供应链货物（制造各个阶段的产品、服务以及信息）的所有活动。物流包括运输、分配、仓储、物料搬运、库存管理等企业行为，与制造及市场密切相关。物流供应链（也叫物流系统或物流网络）出现在大量的商业部门及政府活动中，如制造公司、零售公司、食品制造厂及经销商，军事部门、运输部门（汽车运输和铁路运输）、服务公司、邮政、公用事业、石油管道及公共交通等。（Logistics is the collection of activities associated with acquiring, moving, storing and delivering supply chain commodities (i. e., products in all stages of manufacture, services and information). Logistics encompasses the business functions of transportation, distribution, warehousing, material handling, and inventory management, and interfaces closely with manufacturing and marketing. Logistics supply chains (also called logistics systems or logistics networks) arise in numerous business segments and government functions, including: manufacturing firms, retailing firms, food producers and distributors, the military, transportation carriers (such as trucking and railroad companies), service companies, postal delivery, utilities, petroleum pipelines, and public transportation, among others.)

物流管理协会（Council of Logistics Management, CLM）是1985年由美国国家配送管理协会（National Council of Physical Distribution Management, NCPDM）更名而来的，是美国一个非营利专业协会，由一些物流管理相关专业人士组成，目前在全世界有14 000会员。

1986年，物流管理协会对物流下的定义是：物流是为了满足顾客需求而规划、实施以及控制原材料，在制品库存，产成品以及相关信息从起始点到使用点高效、低成本流动及存储的过程。(Logistics is process of planning, implementing and controlling the efficient, cost - effective flow and storage of raw materials, in - process inventory, finished goods, and related information from point - of - origin to point - of consumption for the purpose of conforming to customer requirements.)

1992年，CLM修订了对物流的定义：物流是物料从供应商通过不同的设施到达顾客过程中的运输、存储、控制，以及在每一个环节对于所有可回收物料的收集的整合。(Logistics is the combination of transport, storage, and control of material all the way from the supplier, through the various facilities, to the customer, and the collection of all recyclable materials at each step.)

CLM最新的定义（1998年）认为，物流是供应链的一部分，是为了满足顾客的需求，规划、执行并且控制从源头到消费地点的产品、服务以及相关信息的正向、逆向流动以及存储，以达到高效、低成本的目的。(Logistics is that part of the supply chain process that plans, implements, and controls the efficient, effective forward and reverse flow and storage of goods, services, and related information between the point of origin and the point of consumption in order to meet customers´ requirements.)

从这一系列定义的发展可以看出这样几个问题。

第一，物流一直是以高效、低成本地满足客户的需求为研究目的，这在几次定义的变化中没有改变。

第二，物流研究的范围越来越广。在1985年的定义中，研究对象主要是

"原材料、在制品、产成品"，而在1998年的定义中，研究对象扩大为"产品、服务以及相关信息"。也就是说，从以围绕产品生产、消费环节的生产物流研究为主发展到综合研究生产物流、服务物流以及相关的信息流；另外，研究对象的扩大还反映在对回收物流或逆向物流（Reverse Logistics）的研究，应当注意到，在1992年的定义中，单独提出了可回收物料收集过程的物流研究，在1998年的定义中，更是明确提出了回收物流或逆向物流的概念，这已经成为现代物流的研究热点之一。

1994年，美国南阿拉巴马大学的McGinnis等人系统地研究了物流概念的内涵变化。他们针对1975年至1992年的物流行业图书目录进行研究。该目录从1967年开始，由俄亥俄州立大学物流研究人员总结，由美国国家配送管理协会负责发布，每年出版一册。这项研究通过分析统计物流相关的34个主题词，根据这些词出现的频率、含义的变化，来研究哪些物流关键词比较重要，哪些物流关键词是新出现的。

通过研究，他们将这些物流相关词汇分为4类，分别是不再使用、低、中等、高与极高重要性。在高与极高重要性类中，包括13个主题词汇。其中，7个主题是重要的传统物流范畴词语，如汽车运输、物料搬运、库存、仓库、客户服务、国际物流以及交通管理；其余6个主题的词汇是新出现的物流词汇，如物流综合管理，采购、第三方物流（The Third Party Logistics，3PL）、供应链管理、人力资源应用、以及电子数据交换（Electronic Data Interchange，EDI）。对于传统的物流内容，虽然名词没有改变，但是这些词语的内涵在逐渐发生变化，如对库存而言，经济订货数量（EOQ）、安全库存、库存成本的概念仍然保持不变，但是又增加了一些新的内容，如自动化、即时制（Just - in - time，JIT）、MRP（物料需求计划）、DRP（配送资源规划）以及快速响应（Quick Response，QR）等。对汽车运输而言：在20世纪70年代至90年代，汽车运输相比于其他运输方式是比较重要的一种运输方式。在这个领域中，公共政策、战略、成本、价格、市场仍然是研究重点，但是增加了即时制的影响。在仓储研究领域，防火、防盗问题，公共仓库、私人仓库还是合同仓库，手工还是自动拣货，自动化与计算机化，自动化存取系统（Automatic Storage/Retrieval System，AS/RS）是热点问题。在物料搬运领域中，自动化及计算机化、手工以及自动化分拣、托盘以及无托盘化是不断发展的话题。条形码、即时制是开始发展的领域之一。其他如客户服务、国际物流及交通管理也在不断发展。

从概念的发展，我们还可以看出第三个问题：

第三，物流与供应链的关系十分密切。在1998年的定义中，认为物流是供应链的一部分，这可以说是给一直争议的物流与供应链的关系下了最后结论。那么，什么又是供应链呢？如何区分物流管理与供应链管理？

1.2.2 物流与供应链管理

所谓供应链，就是由供应商（包括供应商的供应商）、制造商以及分销商、零售商所组成的网络体系，如图 1-6 所示。

相对物流管理而言，供应链管理是一个相对较新的名词，它起源于物流，由 Oliver 及 Weber 在 1982 年提出。他们认为，原有的物流问题中已经出现了更多的战略管理方面的问题，因此，他们提出了一种新的方法，即供应链管理，来整合企业内部的业务流程，包括采购、制造、销售以及配送（What were hitherto considered 'mere' logistics problems have now emerged as much more significant issues of strategic management … We needed a new perspective and, following from it, a new approach: supply chain - management.）。

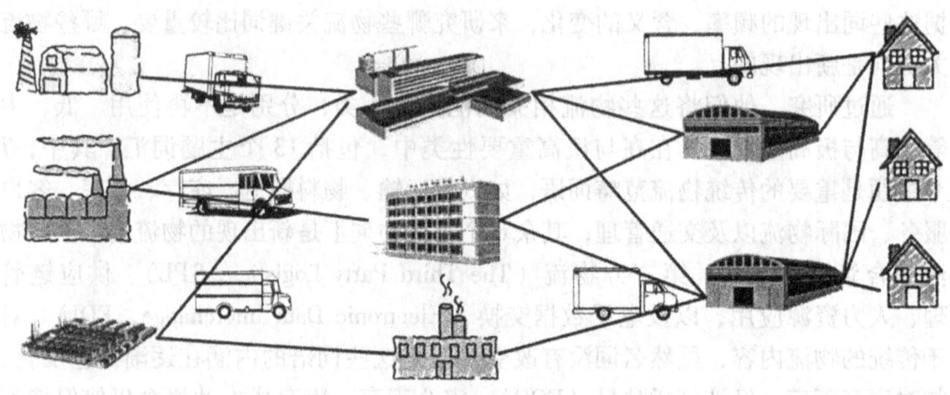

图 1-6 供应链示意图

随着时间的发展，供应链管理依次经历了功能链学派（Functional Chain Awareness School）、联接/物流学派（the Linkage/Logistics School）、信息学派（Information School）、整合/流程（Integration/Process School）学派的发展。

所谓功能链学派，主要关注点是核心企业的功能，采购、生产、配送等功能环节。其代表性定义如 HOULIHAN（1988）提出的，"供应链管理包括商品从供应商通过制造商及分销商到达最终用户的流动过程"（"Supply chain management covers the flow of goods from supplier through manufacturer and distributor to the end user."），如图 1-7 所示。

联接/物流学派，顾名思义，主要关注供应链各个环节之间的联系，即供应商与核心企业采购环节、采购与生产环节、生产与配送环节、配送与顾客公司的环节之间的联系，如 TURNER（1993）认为，供应链管理是研究供应链中原材料供应商、不同环节的制造、仓储、配送到达最终顾客过程中的所有环节的联系

(SCM is a technique that looks at all the links in the chain from raw material suppliers through various levels of manufacturing to warehousing and distribution to the final customer.)，如图 1 - 8 所示。

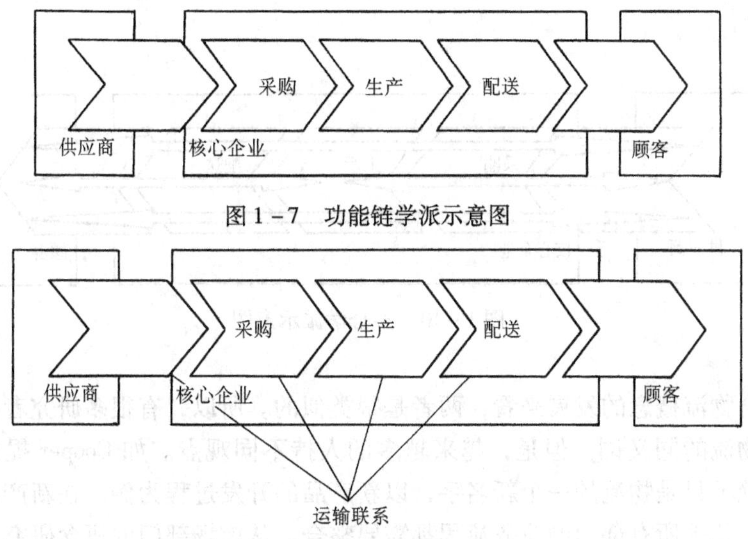

图 1 - 7　功能链学派示意图

图 1 - 8　联系/物流学派示意图

信息学派强调信息在供应链管理中的重要性，JOHANNSSON（1994）指出，供应链管理需要供应链的成员能够获得恰当的信息。这对于整个供应链来说，是非常重要的（SCM requires all participants of the supply chain to be properly informed. With SCM, the linkage and information flows between various members of the supply chain are critical to overall performance. ）。与物流的流动不同，信息流应当是双向的，供应链上游不但要向下游输出物品，而且要求能够从下游获得物品的进一步信息。信息的共享可以消除供应链中的浪费，如消除牛鞭效应。图 1 - 9 是信息学派示意图。

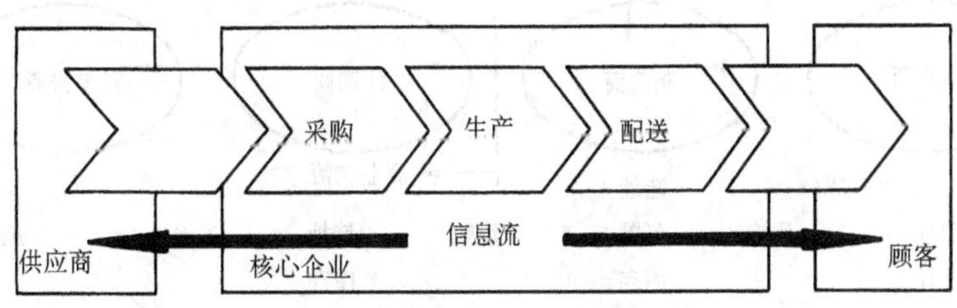

图 1 - 9　信息学派示意图

整合/流程学派就是整合前面各个功能环节、各个环节的联系以及整合信息流的供应链管理。如 COOPER、LAMBERT and PAGH（1997）所言，整合供应链中的业务流程就是我们所说的供应链管理（The integration of business processes across the supply chain is what we are calling supply chain management.），如图 1－10 所示。

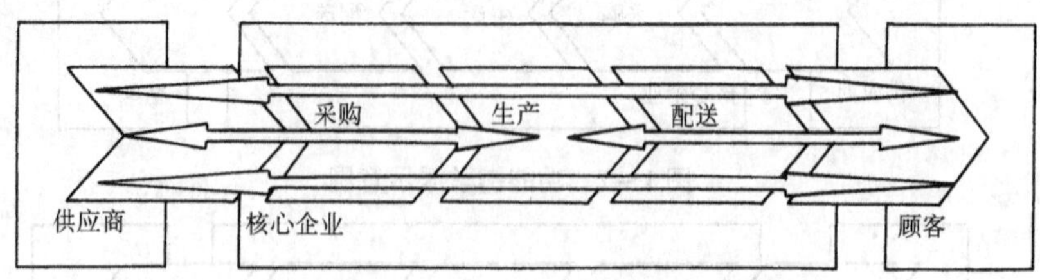

图 1－10　整合学派示意图

结合物流概念的发展来看，两者是很类似的。所以，有很多研究者认为供应链就是物流的同义词。但是，越来越多的人持不同观点。如 Cooper 提出，供应链管理绝不只是物流的一个新名字，以新产品的开发过程为例。在新产品的开发过程中，几乎所有部门的业务流程都需要整合，从市场部门的概念研究到研发部门的原型研究、工程及物流部门的生产以及财务部门的财会这些内部流程的整合，以及为了缩短上市时间而需要与外部部门的整合，供应商、甚至供应商的供应商的早期介入，消费者的介入等，这些整合就是供应链管理，而物流是不会研究这种整合的。应该说，这种观点目前占据主要地位。在我国，很多人认为，供应链管理是管理供应链网络中的物流、信息流、资金流，而物流是供应链管理的一部分。但是，在很多情况下，谈到供应链管理主要还是物流与信息流的管理。

1.2.3　物流的结构

从上述的概念介绍中，我们可以绘出物流的纵向结构，如图 1－11 所示。

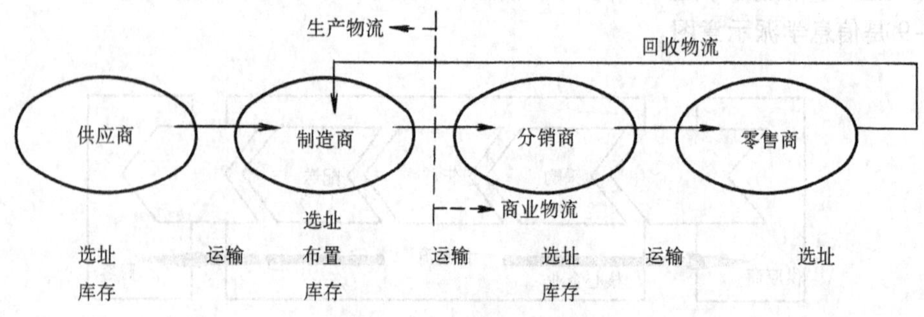

图 1－11　物流纵向结构

在图 1-11 中，我们将物流分为主要以生产领域的物流为主的生产物流、主要以商业领域物流为主的商业物流以及从商业领域返回生产领域的回收物流三类问题。尽管三类问题的特征各不相同，但是，在每一类问题的不同环节基本都包括相同的问题，如供应商、制造商、分销商、零售商的库存控制策略问题，原材料从供应商向制造商、成品从制造商向分销商、分销商向零售商的运输问题以及制造商的选址、分销商的物流网络设计问题等。

因此，我们可以看出，从系统结构来看，物流又可以分为战略层、战术层以及运作层三层的结构。如图 1-12 所示。

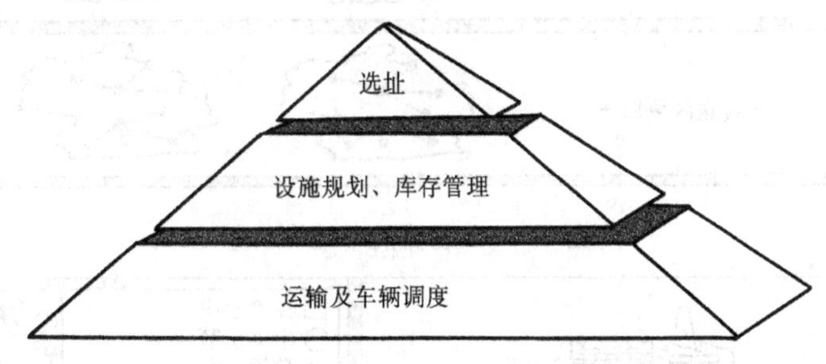

图 1-12　物流层次结构

战略层，主要指物流系统结构设计、各级节点（供应商、制造商等）的选址等。

战术层，指整个系统以及每个节点的设施规划、库存管理。

运作层，指具体的运作管理，如车辆调度、仓库管理、物料搬运等。

下面我们结合 4 个具体的实例来理解物流的系统结构。

例 1　德国某集团公司的物流战略：系统结构设计

某德国企业欲建立自己的物流配送网络系统，由德国亚琛工业大学为其进行系统设计及优化。那么这套系统包括哪些部分呢？

首先是需要明确仓库的层级结构，从企业的成品库到零售店之间到底应该设几级仓库，2 级、3 级还是 4 级，对于每一级仓库，其数量应该设置多少？其次，每一个仓库的位置应该设置在哪里？第三，如何划分每一个仓库的配送区域？图 1-13 是物流网络结构示意。

通过数据调研及数学分析，多方案评比，确定了这些问题后，该物流网络基本上就确定了，形成如图 1-14 左所示的物流网络结构图。在该物流网络中，仓库设计为三层，第一层为 1 个生产仓库、第二层为 2 个中央仓库、第三层为 5 个分销仓库，仓库的配送区域如图 1-14 右所示。经过优化分析与设计，该公司的年度配送成本下降 13.9%。

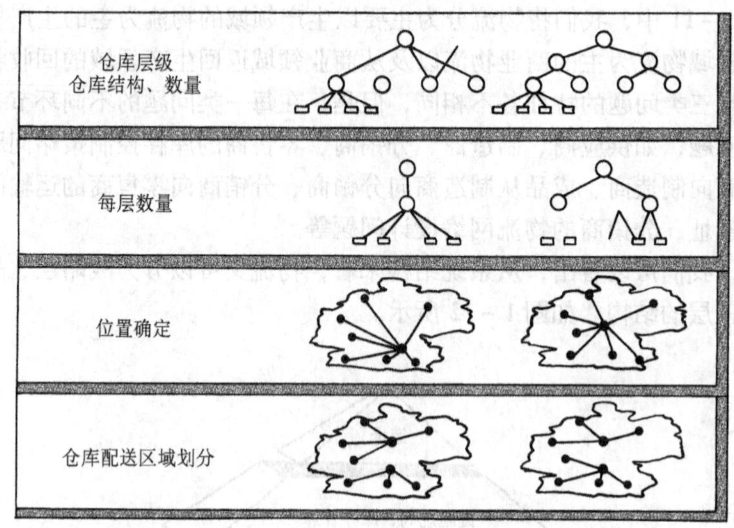

图 1 – 13　物流网络结构示意

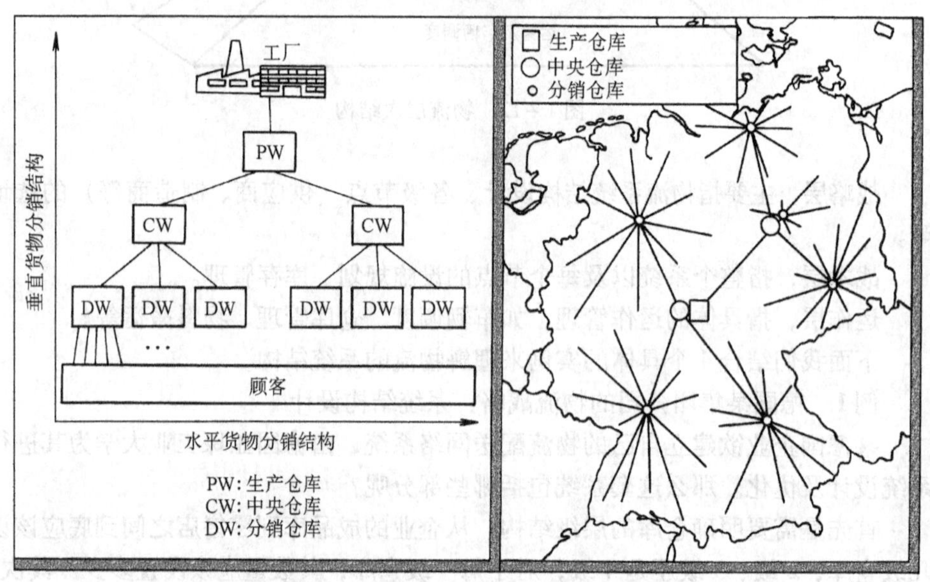

图 1 – 14　德国某公司的物流网络结构图

上面这个问题，可以理解为如图 1 – 15 所示的分配问题结合选址模型来确定，即如何将零售商分配到不同的分销仓库、如何将分销仓库分配到中央仓库、中央仓库与生产仓库之间的关系以及如何确定各个仓库的位置。详细的内容将在本书的后面章节详细介绍。

在物流战略层的问题——系统结构，即物流网络结构确定以后，或者在确定物流网络结构的同时，作为物流战术层要解决的问题是：在已有的网络体系中，每个层级的仓库中，应该维持多少库存？采用 JIT 方式还是 MRP 方式？订货周期应该是多长？订货批量应该有多少？这些问题即所谓的库存管理问题。下面仍然通过一个实例来理解。

例 2 IBM公司的售后服务物流系统[4]

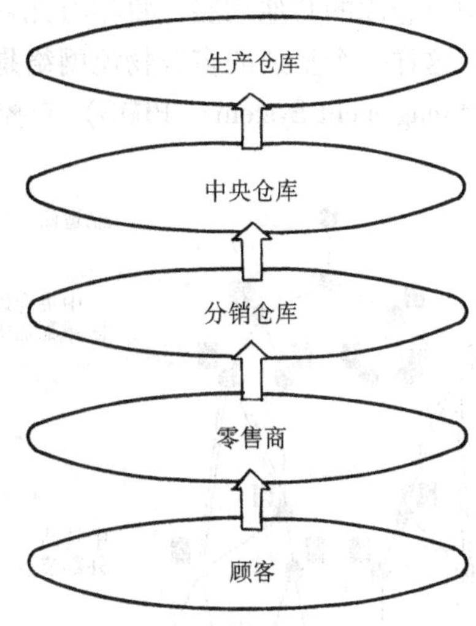

图 1－15 物流网络设计数学模型示意

随着计算机产业竞争的激烈，各计算机公司开始进行各个方面的竞争。建立一个使客户满意的、高效、低成本的售后服务物流系统就是 IBM 公司的竞争策略之一。在 IBM 公司中，NSD（National Service Division）是负责向 IBM 在美国国内的客户提供高质量的售后服务支持的部门。该部门拥有一支 15 000 多名客户工程师（Customer Engineers，CE）的队伍。在接到客户通过电话提出的需求后，客户工程师上门进行诊断、修理。由于计算机越来越模块化，绝大多数的维修需要更换零件，因此能否快捷、有效地将这些零件运送到客户点是能否修好客户计算机的最关键因素。零件的运送可以由客户工程师自带，也可以由专门的配送人员在客户工程师到达之前送到。

NSD 的配送部门负责采购、存储及发送计算机备件到 CE 或顾客的手中。该部门由两个部分组成：一个是配送运作部门，一个是库存规划部门。配送运作部门负责运输、仓储、接受订单以及库存记录维护，出入库零备件的质量检测、包装等。库存规划部门负责采购、规划及维护零件网络中的库存。他们要对大约 1000 种、总量超过数千万（1990 年）的 IBM 的产品的售后提供零件支持。零件物流网络中大约有 20 多万零备件，价值数亿美元。为此，IBM 构建了一个多级库存的零备件配送物流网络体系，如图 1－16 所示。

该系统包括 4 级网络：2 个中央自动化仓库；21 个区域配送中心（Field Distribution Centers，FDC）；64 个零备件中转站（Parts Stations，PS）；15 000 个外部节点（Outside Locations，OL）。中央仓库位于宾夕法尼亚州（Pennsylvania）的 Mechanicsburg，以及肯塔基州（Kentucky）的 Lexington。他们从 IBM 的工厂以及其他供应商那里接受零备件，向物流网络中的下级，21 个 FDC 供应零备件，同时向 FDC 无法满足的定单提供应急支持。此外，他们也负责向国外的售后服务机构发运美国本土制造的的零备件、向数以万计的分销商及外部客户提供零备件。FDC 位于人口密度较高的地区，一方面他们补充本地区域中的 PS 以及 OL 的库存；另一方面，也提供本地区以及网络中其他的 FDC 的应急支持。PS 是一个存货站，通常位于中小行政区域，他们只满足顾客计算机故障所提出的供货要求。OL 为非 IBM 员工经营的存货站。在该物流网络中，绝大多数的库存在非中央仓库的其他三层，每年有几百万零件的交易量。

这样一个复杂的多级物流网络是由一套零备件库存管理系统（Parts Inventory Management Systems，PIMS）来控制、管理的。该系统结构如图 1－17 所示。

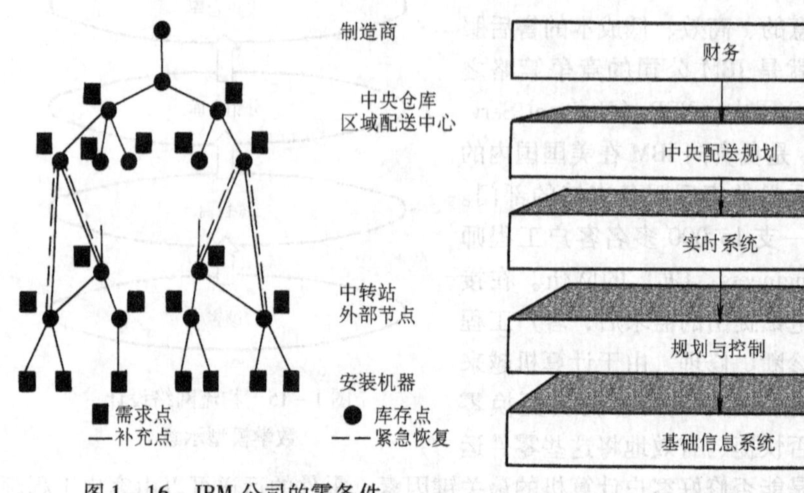

图 1－16　IBM 公司的零备件配送物流网络系统

图 1－17　零备件库存管理系统

其中，财务模块处理所有的财务以及成本信息。中央配送规划及控制从 IBM 工厂以及其他供应商进入本物流网络的零件流。实时系统模块是 IBM 为了实时处理大量的零件交易，而设置在区域配送中心以及零件转运站的一套实时定单处理系统。客户工程师通过手持终端与实时系统保持高效的联系。这样一套高度发达的信息及通信系统，使得配送系统可以高效率、无纸、无电话地满足客户工程师提出的定单需求。基础信息系统通过计算机类别、型号以及序列号记录了不同地区的 IBM 计算机的信息。

规划及控制模块规划及控制整个零件物流网络系统中各级的库存，该模块由两个相互联系的子模块组成，即需求子系统（Demand System，DS）及零备件库存子系统（Recommended Spare Parts，RSP）。DS 采用指数平滑法对各级配送机构的零件需求进行预测，RSP 根据零件清单确定在一定客户满意度下，各级配送机构的最低安全库存量，采用 EOQ 确定订货批量及提前期。

该库存管理系统在 IBM 的零备件管理中发挥了重要作用，但是，随着销量的增加，客户对于售后服务要求的提高，管理层感觉到零备件的库存投资越来越高，因此与宾夕法尼亚大学共同进行研究，开发了多级库存管理系统——优化器(Optimizer)，通过库存管理来提高售后服务水平，同时降低库存投资压力。研究及 IBM 的实践表明，新的系统减少了区域配送中心 FDC 的数量，增加了中转站 PS 的数量，在维持原有或提高现有客户服务水平的情况下，系统库存投资比原有系统降低了 20% ~25%。保守估计，整个物流网络每年节约超过 2500 万美元。

例 3 某销售公司的配送线路优化

某销售公司的配送中心负责对全市 85km^2 范围内的 5716 个零售户进行配送服务。根据零售户的销售能力、库存和资金运转情况，公司的配送策略是每周对每个零售户配送两次，每辆车的固定配送区域为三个，每天一个区域，每周分周一四、二五、三六对所辖的三个服务区域进行服务。每次配送的前一天，通过访销人员获得每个零售户的需求量。

目前的配送方案是，将全市零售户划分成 66 个车辆配送区域，用 22 辆配送车辆对其服务。配送车辆的最大容积为 1500 件单位商品，每天的最长工作时间为 8h。公司希望在配送策略不变的情况下，对配送方案进行优化，以降低成本、提高效益。

通过与清华大学共同研究，在原有配送区域的基础上，进行了车辆配送区域的重新划分和车辆行驶线路的优化，采用分派及 VRP 模型解决了大规模车辆配送路径问题。得到了如图 1－18 所示的区域划分结果，具体参数如表 1－1 所示。

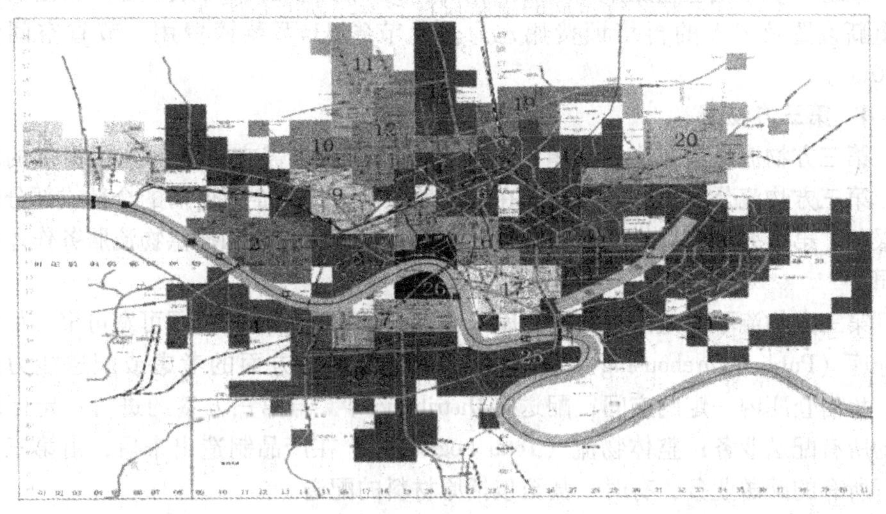

图 1－18 某销售公司的配送区域划分

表1－1 优化前后结果比较

参　数	现行方案	优化结果
服务区域数/个	66	45
车辆数/个	22	15
员工数/个	44	30
车辆总里程/（km/月）	29790	23240
配送总成本/（万元/月）	14.3	10.3

研究表明，经过重新规划后，公司配送成本大幅度地下降，每月节约成本达到4万元，比原来下降了28%。

例4 Renold齿轮公司通过布局优化降低物流成本、缩短生产周期

Renold（Bradford）是一个生产液压及机械减速机的工厂，拥有64名员工，生产11种减速机，年产值250万英镑。随着电动减速机的出现，企业的市场份额逐渐减小，面临激烈的竞争。企业意识到只有有效控制成本、提高产品质量、缩短生产周期，才可能维持并扩大市场份额。为此，企业计划从布局的重新设计、工人的培训、节约能源等几个方面着手进行企业的改革。

布局重新设计的目的在于通过布局的优化，减少不必要的浪费，从而降低物流成本、提高物流效率、缩短生产周期、节省工作空间。

为此，企业与Bradford大学一起，对企业现有的生产物流进行分析，采用SLP（Systematic Layout Planning，系统化布局规划）以及GT（Group Technology，成组）技术对企业进行布局的重新设计。采用新的布局方案后，除去机器的重新设置及工人的再培训费用，为企业节省31万英镑费用，节省空间约$1000m^2$。

1.2.4 第三方物流

第三方物流是指在物流渠道中由非供应链内部供需方的外部公司提供的服务。第三方物流公司以合同的形式在一定期限内，提供企业所需的全部或部分物流服务。第三方物流提供者是一个为外部客户管理、控制和提供物流服务作业的公司。

第三方物流不只是限于合同仓库或运输，第三方物流的范围可宽可窄，如公共仓库（Public Warehousing），即不同公司由于地理方面的考虑或配送能力约束，租借仓库内一定的空间；配送（Distribution），与第三方签约进行一定区域内的所有配送业务；整体物流（Total Logistics），在产品制造出来后，由第三方进行所有的配送业务，有时，甚至包括原材料的配送。

随着客户以及潜在客户的兴趣的发展，第三方物流公司将提供越来越多的服务：包装、标签、分拣、交纳费用、仓储、回收、分装线作业、车辆出租、车辆

维护、车队管理、EDI 服务、危险品物流、库存控制、客户服务、物流信息系统。

例 5 Caterpillar物流公司

Caterpillar 是世界上最大的拖拉机、装载机和工程机械制造商之一。1987年，为了满足自身全球物流的需要，Caterpillar 将原先进行全球零部件供应的部门分离成为独资的 Caterpillar 物流服务子公司，即 Cat Logistics。成立以来，该公司的年销售额以 31% 的速度增长，其客户包括 DaimlerChrysler、Honeywell、Saab、Mitsubishi、Caterpillar Forklift、Rover、Ericsson 等 20 多家著名企业。他们为顾客提供一种整合的物流服务，包括配送、物流信息服务、运输、库存、供应链管理，以及相关的咨询服务，如图 1－19 所示。

该公司引以自豪的服务为库存管理，通过计算机仿真为客户进行库存管理。公司高层认为，这是公司的核心竞争力。通过采用该公司的库存管理服务，客户可以解决传统上的库存投资与库存种类之间的矛盾。

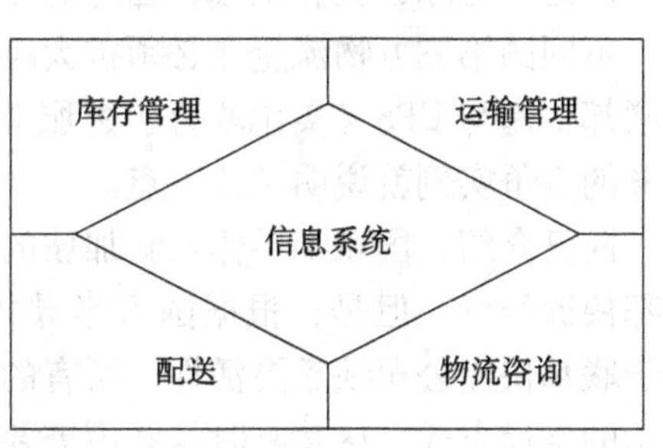

图 1－19 Caterpillar 物流公司业务范围

例 6 美国国家半导体公司接受第三方物流服务

美国国家半导体公司把它在亚洲的 3 家分厂的生产物流工作，全部委托给联邦快递（Fedex）。具体来说，就是由各家分厂及下属单位加工的所有产品，均运到联邦快递设在新加坡的物流中心，联邦快递根据美国国家半导体公司每天的订货情况，制定送货计划，并向亚洲各国的顾客实施配送。据美国国家半导体公司统计，交由联邦快递代理物流以后，交货周期由过去的 4 周缩短到 1 周，运送费用由过去的占销售额的 2.9% 下降到 1.2%。

例 7 联邦快递的第三方物流服务

联邦快递同时还承接了 Dell 电脑公司在亚洲等地的配送任务。Dell 公司是以邮购电脑，特别是通过 Web 站销售电脑而闻名于世的。据报道，Dell 在 Internet 的电脑销售额最高时已达每天 500 万美元的规模。联邦快递承接的是 Dell 设在马来西亚的工厂生产的电脑配送相关的各种工作（包括办理海关手续和产品核查等），成绩显著，如向日本的发货时间由过去的 10 多天减少到 1 周左右。

1. 第三方物流的际遇与挑战

第三方物流具有下列优点：

（1）灵活性，快速适应市场的变化。

（2）降低成本，由于规模经济、更多地直接发运、库存优化以及采用先进信息技术所做的规划，采用第三方物流可以降低企业的运营成本。

(3) 可靠性：由于物流运作是第三方物流公司的主业，所以采用第三方物流可以打造一个更加快捷、可靠的物流网络。这样，还可以在降低安全库存规模的同时，提高对客户的快速响应。

(4) 在经济全球化中，许多企业缺乏全球配送的经验，而采用第三方物流可以快速地进入一个不熟悉的地理区域，处理诸如自由贸易区、通关等国际贸易。

(5) 同时，由于一般企业领导层都希望降低企业经营管理费用，关注于主营业务；在企业重构中，希望降低债务、出售一些非主营范围的资产；又由于普通企业高峰期以及在远距离点维持高客户满意度的物流系统的成本非常高，因此，第三方物流面临广阔的发展际遇。

但是，有际遇就有挑战，在专业化的第三方物流企业的数量不断扩大的情况下，不同的第三方物流企业必须扩大经营范围，提供更多服务。例如，前面提到的联邦快递与 UPS（美国联合包裹服务公司）在美国国家半导体公司亚洲物流业务的竞争实例就说明了这一点。

前已介绍，国家半导体在新加坡的物流业务最早采用了第三方物流模式，由联邦快递经营。但是，根据国家半导体的全球物流经理 Kelvin Phillips 的说法，由于联邦快递公司缺乏灵活性，所有的发运业务都采用最昂贵的方式——即 24h 送达的空运方式，尽管有时候并不需要，同时，国家半导体的库存成本也没有有效下降，1999 年，该公司将物流业务从 Fedex 公司转交给其竞争对手 UPS 经营。到2001 年，UPS 将国家半导体的库存及发运成本降低 15%。

2. 第三方物流的发展

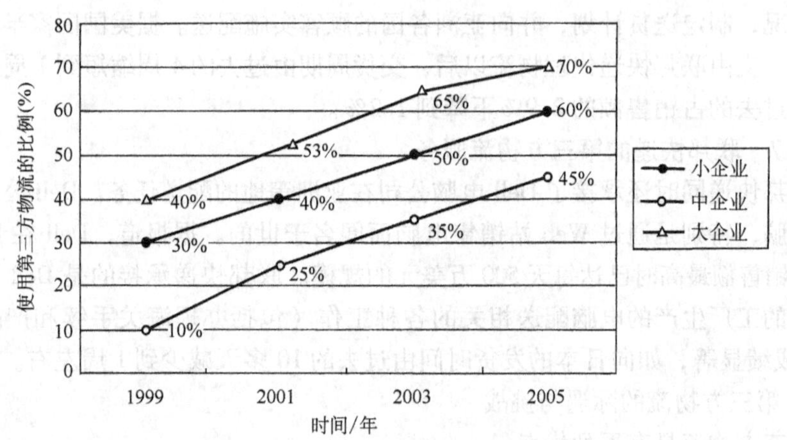

图 1-20　第三方物流发展趋势

美国俄亥俄州立大学 Fisher 商学院的 Bud La Londe 在物流管理协会 2002 年的论坛上，总结了第三方物流在大中小型企业的发展趋势（见图 1－20），从中可以看出，到 2001 年已有超过一半的大型企业以及 1/4 的小型企业采用第三方物流。

1.2.5 现代物流的特征

从上面的介绍中，我们可以看出现代物流的一些典型特征。与传统的物流相比，现代物流具有高度信息化的特征，同时，现代物流又表现出了不断分离与整合的特征。

1. 现代物流系统的高度信息化

现代物流的发展在于信息技术的发展，现代物流技术充分展现了信息技术的发展。从全球定位系统（GPS）、地理信息系统（GIS）到电子数据交换系统（EDI）、条形码、无线手持终端、无线网等等，先进的信息技术几乎都展现在了物流系统之中。

例 8 沃尔玛公司的物流系统

沃尔玛公司是世界上最大的商业零售企业，1999 年全球销售总额达到 1650 亿美元，在世界 500 强中排名第二，仅次于美国通用汽车公司。2000 年，沃尔玛公司销售总额达到 1913 亿美元，超过了通用汽车公司。

其成功的经验之一，正是因为沃尔玛在节省成本以及在物流配送系统方面取得的一些成就，如货物经由配送中心的统一配送、产品条形码的使用、EDI 的使用。

沃尔玛从 1970 年就建立了配送中心。供货商将货物运到配送中心之后，配送中心根据每个分店的需求量对商品进行就地筛选、重新打包。沃尔玛的价格标签和统一产品条形码早已经在供货商那里贴好，货物在配送中心的一侧作业完毕之后，被运送到另一侧，准备送到各个分店。配送中心配备有激光制导的传送带，足有几英里㊀长，货物被成箱地送上传送带。在 48h 以内，装箱的商品从一个卸货处运到另一个卸货处，而不在库房里消耗宝贵的时间，这种类似网络零售商“零库存”的做法使沃尔玛每年都可以节省数百万美元的仓储费用。目前，沃尔玛 85% 以上的商品都是由公司的配送中心供应的，而其竞争对手仅能达到 50% 的水平。与行业平均值相比，沃尔玛的销售成本降低了 2% ~3%。

然而，这种配送系统的管理是相当繁琐的。为了能够有效协调各方的要求，沃尔玛通过电子数据交换来自动提示和控制商品库存量，使公司总部能够全面掌握销售情况、合理安排进货结构、及时补充库存和不足、降低存货水平，大大减少了资金成本和库存费用。由于使用了电子数据交换，沃尔玛 1992 年的配送成本降至销售额的 3%，而其竞争对手所占比例则高达 5% ~6%。

㊀ 1mile = 1609.344m。

此外，沃尔玛还特别投入4亿美元的巨资，委托休斯公司发射了一颗商用卫星，实现了全球联网，以先进的信息技术为其高效的配送系统提供保证。通过全球网络，沃尔玛总部可在1h之内对全球4000多家分店内每种商品的库存、上架以及销售量全部盘点一遍。

例9 UPS公司

UPS是一家百年老字号，也是美国经济的支柱企业之一。在经过近一个世纪的运作之后，他们已经由一家拥有技术的货车运输公司，演变成拥有货车的技术型公司。2000年，UPS连续第二年被《财富》杂志评选为邮政、包裹运送及货运领域内全球最受推崇的公司。

该公司拥有一个实力强大的信息系统，除了拥有主机、PC机、手提电脑、无线调制解调器、蜂窝通信系统等硬件系统外，更是拥有4000名程序工程师及技术人员，不仅使UPS实现了与绝大多数的美国公司和居民之间的电子联系。同时，通过使用车载GPS以及互联网的应用，实现了对每件货物运输即时状况的掌握，顾客可以通过互联网查询自己货物的实时状况。

2. 现代物流的整合与分离

（1）物流整合　与传统的物流相比，现代物流系统表现出整合的特征。只有整合才能提高效率、降低成本。Rheem（1997）指出：整合及中央化是想要有效管理物流业务的公司的一个重要举措。这方面有大量的案例，例如Staples公司，美国最大的办公产品零售商之一，实施了配送网络的集中化（Gourley，1997）；同样，迪斯尼公司建立了位于孟菲斯的中央配送中心来为美国、加拿大的360家连锁店提供10万种产品的配送（Jedd，1996）；一些公司甚至整合其全球物流网络的配送业务，成立中央配送中心，如意大利的运动服装公司，Benetton公司，在意大利的Ponzano建立的中央配送中心为其全球83个国家的6000多个经销商店提供服装配送。计算机零件公司关闭了位于英国、缅因、加利福尼亚、日本以及香港的5个配送中心，在香港建立一个全球配送中心。Dell直销模式的成功，正是由于对于物流各个环节的整合。整合中间环节，减少不必要的时间、资金方面的浪费。

Bowersox在2000年提出的供应链物流的十大趋势中，有两大趋势谈到整合。一个是从功能整合到流程整合，一个是从实体整合到虚拟整合。

功能整合指的是在功能环节内部的整合，如各个功能业务部门内部的整合，这种整合是十分重要的，但是，并不一定能保证整体的效益最大；因而，面向整个流程、整个业务的整合，才能带来整体效益的提升。将原本不同环节的物流功能整合为一种物流业务，如沃尔玛的“无缝点对点”的物流系统，将产品从工厂的货架直接运送到商店的货架，整个过程实现完全整合。

实体整合是亨利·福特时代的梦想，他希望彻底拥有并且管理汽车生产的整个价值链，来消除所有的浪费。从橡胶厂生产的橡胶发运、从矿石冶炼成生铁等各个环节的整合，来实现7天内汽车下线。这种整合，在现代社会中，随着企业的复杂性增加以及投资规模的巨大，已经不太可能，但是，由于信息技术的发展，实现虚拟整合，来减少运输的浪费、减少库存的浪费则是完全可行的。这就是现代物流的特征所在。

整合的原因，分析起来大概有这样几个：

1）减少设施投资成本。一般来说，一个大的中央配送中心总是比建立、维持许多小的区域中心要经济。

2）增加服务质量。集中库存商品管理总是要比分散管理更容易保证商品的质量。另外，集中存货后，也有利于低成本地提供一些增值服务。

3）降低库存成本。通过整合顾客需求，减少系统中的安全库存、集体购买、运输，实现规模化，来降低存货成本。

4）减小需求信息的扭曲放大，即牛鞭效应。

例10　福特公司的战略转变

亨利·福特一直有一个梦想，就是要成为一个完全自给自足的行业巨头。于是，除了庞大的汽车制造，他还在底特律建造了内陆港口和错综复杂的铁路、公路网络。

为了确保原材料供给，福特还投资了煤矿、铁矿、森林、玻璃厂，甚至买地种植制造油漆的大豆。他还在巴西购买了2.5×10^6acre㊀的土地，建起了一座橡胶种植园，以满足他的汽车王国对橡胶的巨大需求。此外，他还想投资铁路、运货卡车、内河运输和远洋运输，这样整个原材料供应、制造、运输、销售等都纳入他所控制的范围。

但是，福特逐渐发现独立于自己控制之外的专业化公司不仅能够完成最基本的工作，有些工作甚至要比福特公司自己的官僚机构干得更好。随着政治、经济环境的不断变化，福特公司的金融资源都被转移去开发和维持自己的核心能力——汽车制造，销售、运输等制造之外的工作都交给独立的专业化公司去做。

福特在此方面的转变表明，在社会分工日益专业化的现代经济中，没有哪一家厂商能够完全做到自给自足，只有将企业有限的资源投入到加强自身核心竞争力上，才能够成为赢家。同样，如果企业自己不是物流公司，那么最好将企业的物流业务交给一个独立的专业化的物流公司去做。

（2）物流的分离　有分离才能有整合，所以，现代物流的发展还表现在传统业务的分离。如前所述的第三方物流，企业剥离非主营业务，如物料搬运、配送等，交由第三方物流公司经营已经成为一种发展趋势；分离的另一方面，是信息

㊀ $1\text{acre}=4046.856\text{m}^2$。

流、物流、资金流的分离，由于现代信息技术、现代金融的发展，使得这种分离成为可能，因此，可以使得越来越多的企业选择将人力资源系统设计、信息系统的设计、维护交由第三方进行管理。

1.3 习题

1. 现代物流与传统物流的区别在什么地方?
2. 现代物流与现代运输的区别?
3. 阅读物流相关文献，分析现代物流的从业人员分类。
4. 搜集快递公司的资料，分析其竞争手段及效果。(例如 Fedex 及 UPS)。

第2章　选址模型及应用

2.1　选址的意义

选址在整个物流系统中占有非常重要的地位，主要属于物流管理战略层的研究问题。选址决策就是确定所要分配的设施的数量、位置以及分配方案。这些设施主要指物流系统中的节点，如制造商、供应商、仓库、配送中心、零售商网点等。

就单个企业而言，它决定了整个物流系统及其他层次的结构，例如，第1章例1介绍的德国某公司的配送物流系统设计，企业布局问题（二维选址）；反过来，该物流系统其他层次（库存、运输等）的规划又会影响选址决策。因此，选址与库存、运输成本之间存在着密切联系。一个物流系统中设施的数量增大，库存及由此引起的库存成本往往会增加，如图2-1所示。所以，合并减少设施数量、扩大设施规模是降低库存成本的一个措施。这也部分说明为什么大量修建物流园、物流中心，实现大规模配送的原因。

设施数量与运输成本之间的关系与图2-1不同。随着设施数量，如配送中心数量的增加，可以减少运输距离、降低运输成本，但是，设施数量增大到一定量的时候，由于单个定单的数量过小，增加了运输频次，从而造成运输成本的增加，如图2-2所示。因此，确定设施的合理数量，也是选址规划的主要任务之一。

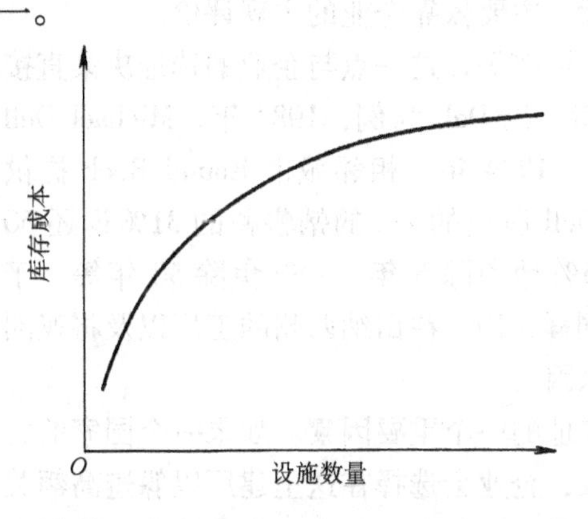

图2-1　设施数量与库存成本之间的关系

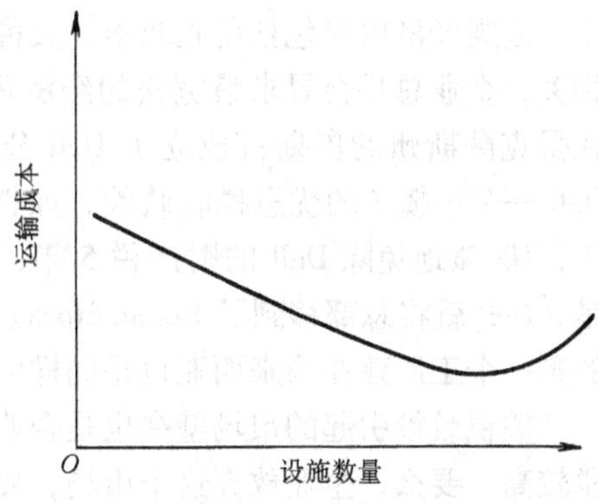

图2-2　设施数量与运输成本之间的关系

就供应链系统而言，核心企业的选址决策会影响所有供应商物流系统的选址决策。如 Dell 在爱尔兰建立一家新计算机工厂，给爱尔兰供应商 8 个月的时间来满足 Dell 的要求，如果他们不能满足 Dell 的要求，Dell 原有的一些供应商将会选择在爱尔兰建立分支机构，根据 2000 年的数据，Dell 爱尔兰工厂的供应商按区域划分，分别为亚洲 65%、欧洲 25%、美国 10%。又比如，摩托罗拉的气体供应总是由北方气体公司供给，这样，摩托罗拉在天津建立生产基地后，北方气体就要相应地建立自己的工厂及销售机构。

尽管选址问题主要是一个宏观战略的问题，但它又广泛地存在于物流系统的各个层面，如一个仓库中货物存储位置的分配，这一点对于自动化立体仓库中的货物存取效率十分重要。

本书着重阐述实际选址问题的分析、模型构建和求解算法。分别介绍选址的影响因素、选址中的距离计算、连续选址模型（交叉中值模型、重心模型）、离散选址模型（覆盖模型、P—中值模型）以及这些模型的应用。

2.2 选址决策的影响因素

就选址决策的影响因素而言，大致可以分为外部因素及内部因素两大类。外部因素包括诸如宏观政治及经济因素、基础设施及环境、竞争对手等，内部因素包括企业的发展战略、产品、技术或服务的特征等。下面分别阐述。

2.2.1 选址决策的外部因素分析

1. 宏观政治、经济因素

宏观政治因素主要指一个国家的政权是否稳定、法制是否健全、是否存在贸易禁运政策等，这一点是显而易见的，大多数的企业都不愿意在动乱的国家或地区投资。宏观政治因素是无法量化的指标，主要依靠企业的主观评价。

宏观经济因素包括税收政策、关税、汇率等，这一点与企业的选址决策直接相关，企业总是会寻求最宽松的经济环境。以 Dell 为例，1984 年，Michael Dell 在得克萨斯州的奥斯汀成立了 Dell 公司。1994 年，相邻城市 Round Rock 提供 Dell 一个一揽子的优惠税收政策，如将 Dell 所交的 2% 的销售税的 31% 返还 60 年，100% 地免除 Dell 的财产税 5 年，75% 地免除 5 年，50% 免除 50 年等，于是，Dell 就将总部移到了 Round Rock。同样，Dell 在田纳西州的工厂以及将亚洲的第一个工厂建在马来西亚也是同样的原因。

关税政策引起的市场壁垒也是企业选址的一个重要因素。如果一个国家的关税较高，要么，企业放弃这个市场，要么，企业会选择在这里建厂以躲避高额关税。例如，Dell 通过在我国的厦门建立工厂来扩大国内市场，尤其是政府及国有企业的销售份额；Dell 在爱尔兰建立欧洲市场的第一个工厂，一方面是由于当地低成本、高质量的劳动力以及爱尔兰较低的企业税；另一方面，则是，由于爱尔兰是欧共体成员国，在爱尔兰制造的计算机产品可以直接发往欧洲市场而无须交纳增值税；再者，由于爱尔兰属于欧元区，可以通过欧元的稳定性减小欧洲内的汇率风险。

2. 基础设施及环境

基础设施包括交通设施、通信设施等，环境包括自然环境及社会环境，如劳动力的成本、素质等。

现代企业中，物流成本往往要超过制造成本，而一个良好的基础设施对于降低物流成本是十分关键的，所以，基础设施在选址决策中占有重要地位。如 Dell 在田纳西州的工厂位置靠近骨干高速公路同时靠近联邦快递的一个配送中心；由于信息流的通畅快捷对于降低需求的扭曲、降低库存成本有重要影响，所以，同样，通信设施的质量、成本，对于选址决策也是一个重要因素。

劳动力的成本与质量是选址决策的一个关键因素，越来越多的国际企业选择在亚洲建立自己的制造工厂，就是由于当地的低价的劳动力成本。Dell 选择的德克萨斯州及田纳西州的劳动力成本要比硅谷低，马来西亚要比新加坡低，爱尔兰在欧共体中属于劳动力较低的地区。除去劳动力成本，劳动力的素质也同样重要，Dell 在爱尔兰的工厂建立在 Limerick，最初是看重当地较低的劳动力资源，随着 Dell 的进入以及相关供应商的进入，劳动力的成本越来越高，但是，Dell 对于当地的劳动力资源比较满意，因为，当地的劳动力素质比较高，在 Dell 的 Limerick 工厂 50% 的员工都具有学士学位。

3. 竞争对手

所谓“知己知彼，百战不殆”，在企业选址决策中必须考虑到竞争对手的布局情况，根据企业产品或服务的自身特征，来决定是靠近竞争对手还是远离竞争对手。

2.2.2 选址决策的内部因素分析

企业的内部因素往往是最主要的。选址决策首先要与企业的发展战略相适应。例如，作为制造业的企业，发展劳动力密集型的产品还是高技术类型的产品，这是企业综合内外形势分析得到的企业发展战略，如果选择劳动力密集型产品，则必然要选择生产成本低的地区作为选址的依据；而选址高技术类型的产品，则必须要选择劳动力素质高的地区，而这些地方往往成本较高。从商业及服务业来说，选择连锁便利店还是超市的发展战略，会有不同的企业网络设计。选择连锁便利店，则必须选择一些人口密集区域，成本较高，面积需求较小；选择超市，则要选择人口不是非常密集，可以有大面积提供。

2.3 选址模型的分类

在建立一个选址模型之前，我们需要清楚以下几个问题：

(1) 选址的对象是什么?

(2) 选址的目标区域是怎样的?

(3) 选址目标和成本函数是什么?

(4) 有什么样的一些约束?

根据这些问题的不同，选址问题可以被归为相应的类型，根据不同的类型就可以建立选址模型，进而选择相应的算法进行求解，这样，就可以得到该选址问题的方案。

目前，我们可以将选址问题分为下面几类。

2.3.1 被定位设施的维度及数量

1. 根据设施的维数

根据被定位设施的维数可以分为体选址、面选址以及线选址、点选址。

体选址是用来定位三维物体的，例如卡车和飞机的装卸或箱子外货盘负载的堆垛。

面选址是用来定位二维物体的，例如一个制造企业的部门布置，这部分内容将在第3章介绍。

线选址是用来定位一维物体的，例如在配送中心的分拣区域，分拣工人向传送带按照定单拣选所需要的货品。

点选址是用来定位零维物体的。点选址的使用场合是，当相对于物体的目标位置区域，物体的尺寸可以忽略不计时。大多数选址问题和选址算法都是基于这种情况的。最常见的应用是工业企业的配送系统，如定位一个新的配送中心。

更高维度的选址问题也是存在的，但是相当的少。如果问题的约束条件或者参数随着时间改变，那么这个选址问题就成为带有“时间维”的四维选址问题。这种问题通常也叫做“动态选址问题”。其他的选址特性可以在建模过程中转化为约束，例如一架飞机上的负载不仅对货物的尺寸有要求，而且货物的重量需要沿着机身平衡分布，并与机身正交。

2. 设施选址的数量（单一或多个）

根据选址设施的数量，可以将选址问题分为单一设施选址问题和多设施选址问题。单一设施选址无需考虑竞争力、设施之间需求的分配、设施成本与数量之间的关系，主要考虑运输成本，因此，单一设施选址问题相比多设施选址问题而言，是比较简单的一类问题。

2.3.2 选址问题目标区域的特征

按照选址目标区域的特征，可以将选址问题分为连续选址、网格选址及离散选址3大类。

1. 连续选址

待选区域是一个平面，不考虑其他结构，可能的选址位置的数量是无限的。

选址模型是连续的，而且通常也可以被相当有效地分析。典型的应用是一个企业的配送中心初步选址。

2. 网格选址

待选区域是一个平面，被细分成许多相等面积（通常是正方形）的区域。候选地址的数量是有限的，但是也相当大。典型的应用是仓库中不同货物的存储位置的分配。例如将100 000种货物分配到200 000个可能位置上的问题，如果使用离散选址模型将产生20 000 000 000个二进制分配变量，这么多的变量是不可能得到可行的表述和合理的解决方案的。

3. 离散选址

目标选址区域是一个离散的候选位置的集合。候选位置的数量通常是有限的且甚少的。这种模型是最切合实际的，然而相关的计算和数据收集成本是相当高的。实际的距离可以在目标函数和约束中使用，还可以包含有障碍和不可行区域的复杂地区。典型的应用是一个国内企业的配送中心的详细选址设计。

2.3.3 选址成本

根据选址成本可以将选址问题分为这样几类问题，是寻求可行成本方案还是寻求最优成本方案、是寻求总成本的最小化还是成本最大值的最小化、是固定权重还是可变权重、是确定性的还是随机性的、被定位设施间有无相互联系、是静态的还是动态的选址问题。

1. 可行性/最优性

对于许多选址问题来说，首要的目标是得到一个可行的解决方案——一个满足所有约束的解决方案。可行方案得到以后，第二步的目标是找到一个更好的解决方案——关于目标函数的优化。两种最常见的目标函数类型如下所述。

2. Minisum/ Minimax 目标函数

Minisum 目标函数寻求整个设施选址的总和为最小，目标是优化全部或者平均性能。这种目标通常在企业问题中应用，所以被叫做“经济效益性”（Economic Efficiency）。这种问题也被称作网络上的中值问题。

Minisum 问题的目标函数通常写成如下形式：

$$\min_{X}\left\{\sum_{j} C_j(X)\right\}$$

式中 X——新的待定位设施物体的坐标；

j——已存在且位置固定的物体的编号；

$C_j(X)$——对于已经存在的物体j，新物体定位在X时的成本。

Minimax 目标由已存在设施的单个成本最大的组分组成。目标是优化最坏的情况。这种目标通常在军队、紧急情况和公共部门中使用，也称作“经济平衡性”（Economic Equity）。这种问题也叫做网络上的中心问题。

Minimax 问题的目标函数通常写成如下的形式：

$$\min_X \{ \max_j C_j(X) \}$$

例如，假设在一条直线上，在位置 0、5、6 和 7 上有 4 个点。为每个点服务的成本与这些点和新设施间的距离成比例。对于 Minisum 目标来说，新设施的最优位置是这些点的中值，$X^* = 5.5$，也就是说，在选址的左边和右边有同样多的点。实际上，点 5 和 6 间的线段包含了无数的其他中值位置。对于 Minimax 目标来说，最优位置是这些点的中心，$X^* = 3.5$，也就是说，选址位置到最左边点和到最右边点的距离是相等的。图 2－3 是中值及中心点示意图。

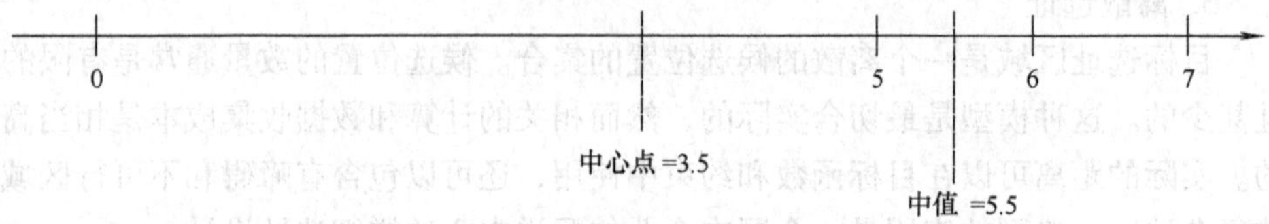

图 2－3　中值及中心点示意图

如果最左边点定位在 －1000，而不是在 0，最优中值位置不会改变。对于这个特殊的例子来说，选址区域是一条直线，固定位置的顺序比它们的实际位置更加重要。如果在点 5 和 6 之间再增加 1000 个点，最优中心选址的位置同样不会改变。中心选址是由那些极端位置决定的，而其他的内部物体的位置对它不起作用。

第三种目标函数通常在有害设施（例如废水处理厂、军工厂等）的选址中使用，它是 Maximin 型的目标函数，这种情况下，物体被定位在使最小距离最大化的地方。

Maximin 问题的目标函数通常写成如下形式：

$$\max_X \{ \min_j C_j(X) \}$$

Maximin 问题的最优化解决方案通常被称作“反中心”（Anti－Center）。在前一个例子中，反中心点是 2.5，如图 2－4 所示。Maximin 目标由已存在设施中成本最小的个体组成，目的是使最坏的情况最优化。这种目标函数通常在军队、紧急事件和公共部门中使用，也被称作“经济平衡性”。

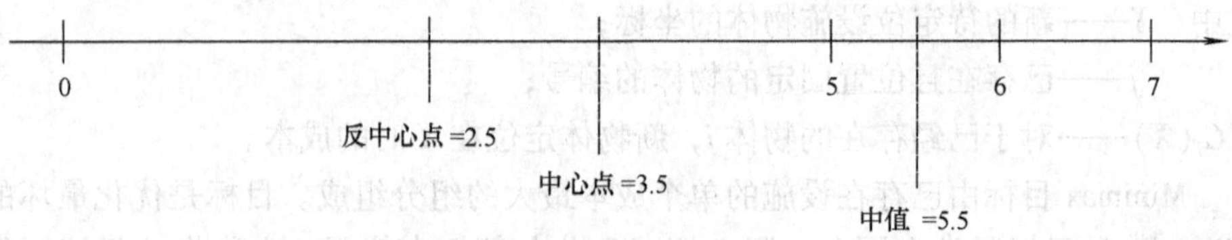

图 2－4　中心点与反中心点示意图

3. 固定权重与可变权重

如果新设施和已存在设施间的关系与新设施的位置无关，而是固定的，选址问题就是具有固定权重的选址问题。这种问题也叫做“单纯选址问题”（Pure Location Problems）。

如果这种权重或关系与新设施的位置相关，那么这些权重本身就成为变量，这种问题被称作“选址－分配问题”（Location－Allocation Problems）。例如，将顾客到最近配送中心的分配问题，删除一个配送中心不仅增加了顾客的距离，同时将这个顾客分配到了另一个配送中心。

4. 被定位设施间有无相互联系

选址问题的一个很重要的区别标准是，被定位设施之间有相互关系，还是仅仅与已存在物体间有相互关系。如果选址问题包含多个有相互关系的新设施，它的目标函数常常是一个二次或更高次的函数。在一个设施设计项目中，在一个块状区域内布置二维部门的选址问题就是一个典型的二次目标函数。新设施的数量有时用 P 来表示。

5. 确定性与随机性

如果选址的成本或参数的值是确定的，那么这个问题是确定性的。如果成本或参数是一个随机分布的概率值，那么这个问题就是随机性的。在配送系统的设计中，客户需求通常是随机的，但是它通常被近似成确定的平均值。

6. 静态与动态

如果选址问题的成本或参数不随着时间的改变而改变，那么这个问题就是静态的；反之，这个问题就是动态的。

2.3.4 选址约束

根据选址问题的约束种类，可以分为有能力约束的选址问题和无能力约束的选址问题，以及有不可行区域与无不可行区域的选址问题。

1. 有能力约束与无能力约束

如果新设施的能力没有限制，那么选址问题就是无能力约束的选址问题；反之，就是有能力约束的选址问题。

2. 不可行区域约束

如果在目标区域内有些区域不适合作为选址地点，那么这个选址问题就包含了不可行区域的约束。例如，在美国大陆进行配送中心的选址，五大湖区和墨西哥湾就是不可行区域。

2.4 选址问题中的距离计算

选址问题模型中，最基本的一个参数是各个节点之间的距离。一般采用两种方法来计算节点之间的距离，一种是直线距离，也叫欧几里得距离（Euclidean

Metric)；另一种是折线距离（Rectilinear Metric），也叫城市距离（Metropolitan Metric）。图2－5是距离计算示意。

2.4.1 直线距离

直线距离是指平面上两点间的距离。平面上两点（x_i，y_i）和（x_j，y_j）间的直线距离 d_{ij} 为：

$$d_{ij}^E = \sqrt{(x_i - x_j)^2 + (y_i - y_j)^2} \tag{2-1}$$

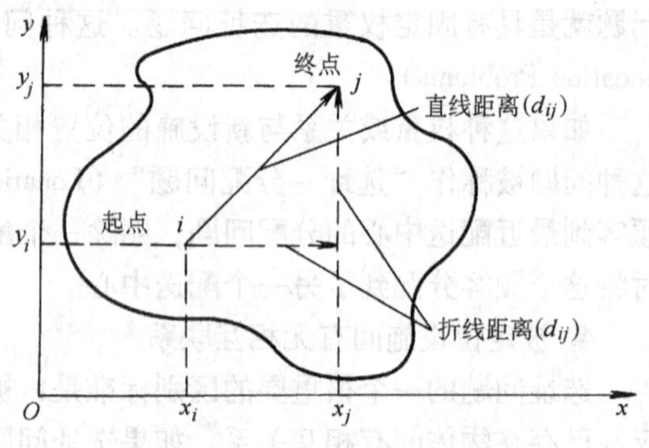

图2－5 距离计算示意

上标 E 代表欧几里得距离。欧几里得距离通常用在城市间配送问题和通信问题。在这些问题中，直线距离是可以接受的近似值。城市间配送问题中的实际路线距离可以通过将欧几里得距离乘以一个适当的系数（如在美国大陆是1.2，在东南美洲是1.26）来更好地近似。

2.4.2 折线距离

折线距离采用如下的公式计算：

$$d_{ij}^R = |x_i - x_j| + |y_i - y_j| \tag{2-2}$$

折线距离一般用在道路较规则的城市内的配送问题及具有直线通道的工厂及仓库内的布置、物料搬运设备的顺序移动等问题中。

2.5 选址模型

选址模型应该具有以下两个方面的功能：

(1) 为设施（工厂、仓库、零售点等）找到一个最优的位置。

(2) 是物流系统设计中的一个重要部分。

对设施选址问题可以通过一个最为简单的实例来理解：在一条直线上（街道）选择一个有效位置（商店），即一种设施选址。为了能够让在这条街上的所有顾客到达你的商店平均距离最短，在不考虑其他因素的情况下，当然这条大街的中点是最为合理的位置。

上面是最为简单的一个选择问题，实际上，街上各个位置上可能出现顾客的概率是不一样的，如果我们需要考虑到这个条件的限制，那么我们就需要给整条街不同位置加上一个权重 w_i 进行分析。由于对不同的选址模型的权重设计方法并不是完全一样的，问题将变得复杂。在权重等外部条件都确定的情况下，此类问题可以用以下的目标函数进行评价：

$$\min \quad Z = \sum_{i=0}^{s} w_i(s - x_i) + \sum_{i=s}^{n} w_i(x_i - s) \tag{2-3}$$

或者 $$\min \quad Z = \int_{x=0}^{s} w(x)(s-x)\mathrm{d}x + \int_{x=s}^{L} w(x)(x-s)\mathrm{d}x \tag{2-4}$$

式中 w_i——大街上第 i 个位置出现顾客的概率；

x_i——大街上第 i 个位置到所选地址的距离；

s——选择投资的位置。

式（2-3）适用于离散模型，而式（2-4）适用于连续模型。

对上面等式进行求解，需对等式求微分，然后令其微分值为零，结果为：

$$\frac{\mathrm{d}Z}{\mathrm{d}s} = \sum_{i=0}^{s} w_i - \sum_{i=s}^{n} w_i = 0 \tag{2-5}$$

或者 $$\frac{\mathrm{d}Z}{\mathrm{d}s} = \int_{x=0}^{s} w(x)\mathrm{d}x - \int_{x=s}^{L} w(x)\mathrm{d}x = 0 \tag{2-6}$$

上面的计算结果表明，所开设的新店面需要设置在权重的中点，即两面的权重都是50%。

这是一个很简单的选址模型，下面将对选址问题中的各个模型进行详细介绍，并通过实例来说明如何应用。

2.5.1 连续点选址模型

连续点选址问题指的是在一条路径或者一个区域里面的任何位置都可以作为选址的一个选择。

1. 交叉中值模型（Cross Median）

交叉中值模型是用来解决连续点选址问题的一种十分有效的模型，它是利用城市距离进行计算。通过交叉中值的方法可以对单一的选址问题在一个平面上的加权的城市距离进行最小化。其相应的目标函数为：

$$Z = \sum_{i=1}^{n} w_i \{ |x_i - x_s| + |y_i - y_s| \} \tag{2-7}$$

式中 w_i——与第 i 个点对应的权重（例如需求）；

x_i，y_i——第 i 个需求点的坐标；

x_s，y_s——服务设施点的坐标；

n——需求点的总数目。

需要注意的是，这个目标函数可以用两个互不相干部分来表达。

$$\min \quad Z = \sum_{i=1}^{n} w_i |x_i - x_s| + \sum_{i=1}^{n} w_i |y_i - y_s| \tag{2-8}$$

在上面介绍的商店在一条大街上选址的问题中，选择的就是所有可能需要服务对象到目标点的绝对距离总和最小。相似的，在这个问题里面，最优位置也就是由如下坐标组成的点：

x_s 是在 x 方向的对所有的权重 w_i 的中值点；

y_s 是在 y 方向的对所有的权重 w_i 的中值点。

考虑到 x_s，y_s 或者同时两者可能是惟一值或某一范围，最优的位置也相应的可能是一个点，或者是线，或者是一个区域。

例 1 报刊亭选址

一个报刊连锁公司想在一个地区开设一个新的报刊零售点，主要的服务对象是附近的 5 个住宿小区的居民，他们是新开设报刊零售点的主要顾客源。图 2－6 笛卡儿坐标系中确切地表达了这些需求点的位置，表 2－1 是各个需求点对应的权重。这里，权重代表每个月潜在的顾客需求总量，基本可以用每个小区中的总的居民数量来近似。经理希望通过这些信息来确定一个合适的报刊零售点的位置，要求每个月顾客到报刊零售点所行走的距离总和为最小。

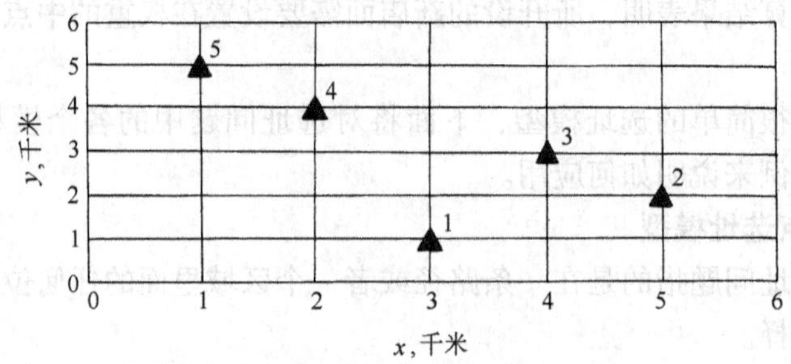

图 2－6 报刊亭选址问题需求点分布图

表 2－1 需求点对应的权重

需求点	x 坐标	y 坐标	权重 w_i
1	3	1	1
2	5	2	7
3	4	3	3
4	2	4	3
5	1	5	6

由于考虑的问题是在一个城市中的选址问题，评价是，使用城市距离是合适的。交叉中值选址方法将会用来解决这个问题。

首先，需要确定中值：

$$\overline{W} = \frac{1}{2}\sum_{i=1}^{n} w_i \qquad (2-9)$$

从表 2－1 中，我们可以轻易地得到中值 $\overline{W} = (3+7+1+3+6)/2 = 10$。

为了找到 x 方向上的中值点 x_s，从左到右将所有的 w_i 加起来，按照升序排列到中值点，见表 2－2 所示。然后重新再由右到左将所有的 w_i 加起来，按照升序排列到中值点。可以看到，从左边开始到需求点 1 就刚好达到了中值点，而从右边开始则是到需求点 3 达到中值点。回到图 2－6，发现在需求点 1、3 之间 1000m 的范围内对于 x 轴方向都是一样的，也就是说，$x_s=3\sim4$km。

表 2－2　x 轴方向的中值计算

需求点	沿 x 轴的位置	Σw_i
从左到右		
5	1	6＝6
4	2	6＋3＝9
1	3	6＋3＋1＝10
3	4	
2	5	
从右到左		
2	5	7＝7
3	4	7＋3＝10
1	3	
4	2	
5	1	

表 2－3　y 轴方向的中值计算

需求点	沿 y 轴的位置	Σw_i
从上到下		
5	5	6＝6
4	4	6＋3＝9
3	3	6＋3＋3＝12
2	2	
1	1	
从下到上		
1	1	1＝1
2	2	1＋7＝8
3	3	1＋7＋3＝11
4	4	
5	5	

接着寻找在 y 方向上的中值点 y_s。从上到下，逐个叠加各个需求点的权重 w_i。在考虑 5、4 两个需求点时，权重和为 9，仍没有达到中值点 10，但是加上第三个需求点 3 后，权重和将达到 12，超过中值点 10，见表 2－3 所示。所以从上向下的方向考虑，报刊亭零售点应该设置在 3 点或 3 点以上的位置。然后从下往上，在第 1 和第 2 个需求点之后，权重总和达到 8，仍旧不到 10，当加入第三个需求点 3 后，权重总和达到 11。这个说明，报刊零售点应该在需求点 3 或者它下面的位置。结合 2 个方面的限制和图 2－7 的相对位置，在 y 方向，只能选择一个有效的中值点：$y_s=3$km。

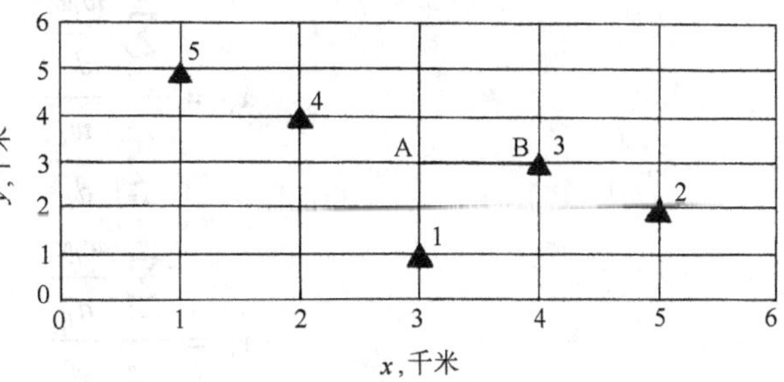

图 2－7　可能的方案

综合考虑 x、y 方向的影响，于是最后可能的地址为 A、B 之间的一条线段

(见图 2 -7)。表 2 -4 对 A、B 两个位置的加权距离进行了比较。从比较的结果可以看到，它们直接的加权距离是完全相等的。也就是说，可以根据实际情况，选址 A、B 直接的任何一点。就像本例中说明的，如果在 y 方向也是一个范围，那么整个可能的选择范围就是一个区域；如果在 x 方向也是一个点，那么可选的地点就只有一个点了。利用交叉中值的方法可以为决策提供更多的选择和灵活性。

表 2 -4　位置 A、B 之间的加权距离比较

位置 A（3，3）				位置 B（4，3）			
需求点	距离	权重	总和	需求点	距离	权重	总和
1	2	1	2	1	3	1	3
2	3	7	21	2	2	7	14
3	1	3	3	3	0	3	0
4	2	3	6	4	3	3	9
5	4	6	24	5	5	6	30
			56				56

2. 精确重心法（Exact Gravity）

前面介绍的交叉中值模型由于其本身的局限性，例如使用的是城市距离，只适合于解决一些小范围的城市内的选址问题。下面介绍的精确重心法，在评价的过程中使用的是欧几米德距离，即直线距离，它使选址问题变得复杂，但是有着更为广阔的应用范围。

在使用了欧几米德距离之后，目标函数变成了：

$$\min \quad Z = \sum_{i=1}^{n} w_i \left[(x_i - x_s)^2 + (y_i - y_s)^2 \right]^{1/2} \tag{2-10}$$

这是一个双变量系统，分别对 x_s 和 y_s 进行求偏微分，并且令其为零，这样就可以得到两个微分等式。应用这两个等式分别对 x_s 和 y_s 进行求解，即可以求出下面的一对隐含有最优解的等式：

$$x_s = \frac{\sum_{i=1}^{n} \frac{w_i x_i}{d_{is}}}{\sum_{i=1}^{n} \frac{w_i}{d_{is}}} \tag{2-11}$$

$$y_s = \frac{\sum_{i=1}^{n} \frac{w_i y_i}{d_{is}}}{\sum_{i=1}^{n} \frac{w_i}{d_{is}}} \tag{2-12}$$

这里，$d_{is}=[(x_i-x_s)^2+(y_i-y_s)^2]^{1/2}$。

在式（2-11）和式（2-12）中，可以看到在等式的左右两边都出现了 x_s 和 y_s（在右边包含了 d_{is}项），因此该微分方程组不能直接求解。对于这个问题，可以通过迭代的方法进行求解，这需要提供一组初始值 x_s 和 y_s。然后利用 $x_{s(i-1)}$ 和 $y_{s(i-1)}$求出 $d_{is(i-1)}$，再用它去求出 x_{si}和 y_{si}，迭代公式如下：

$$x_{si}=\frac{\sum_{i=1}^{n}\frac{w_ix_i}{d_{is(i-1)}}}{\sum_{i=1}^{n}\frac{w_i}{d_{is(i-1)}}} \tag{2-13}$$

$$y_{si}=\frac{\sum_{i=1}^{n}\frac{w_iy_i}{d_{is(i-1)}}}{\sum_{i=1}^{n}\frac{w_i}{d_{is(i-1)}}} \tag{2-14}$$

这里，$d_{is(i-1)}=[(x_i-x_{s(i-1)})^2+(y_i-y_{s(i-1)})^2]^{1/2}$。

如果该迭代过程具有收敛性，那么经过无限次的迭代之后，可以得到一个最优解 x_s^* 和 y_s^*。但是在实际中，可以迭代的次数是有限的，所以在迭代过程中需要确定一个中止准则。设置中止准则有两个方法，其一是：根据经验和以前的试验结果，直接设置一个确定的迭代次数 N；其二是：将每一次得到的迭代结果 x_{si}、y_{si}跟前面一次的迭代结果 $x_{s(i-1)}$、$y_{s(i-1)}$，当两次的迭代得到的结果变化小于某一个阈值 Δx_{slimit}、Δy_{slimit}时，迭代过程结束。

$$\Delta x_s=[x_{si}-x_{s(i-1)}]\leqslant\Delta x_{slimit} \tag{2-15}$$

$$\Delta y_s=[y_{si}-y_{s(i-1)}]\leqslant\Delta y_{slimit} \tag{2-16}$$

为了说明如何运用精确重心法，对上面的报刊零售点选址问题作一个假设，即这个报刊亭附近都是空地，使用欧几米德距离进行计算是合适的，然后我们就用精确重心法选择一个最优的位置。

从 A 点（3，3）开始进行欧几米德距离最优的搜索，表 2-5 进行了一些必要的计算，然后根据式（2-11）和式（2-12），即可以得到迭代结果：

$$x_{si}=\frac{1.5+15.63+12+4.25+2.13}{0.5+3.13+3+2.13+2.13}=3.26$$

$$y_{si}=\frac{0.5+6.25+9+8.5+10.63}{0.5+3.13+3+2.13+2.13}=3.20$$

然后进行中止准则的判断，确定是否继续进行迭代。

表 2-5　精确重心法计算

需求点(i)	1	2	3	4	5
位置($x_{s(i-1)}, y_{s(i-1)}$)	(3,1)	(5,2)	(4,3)	(2,4)	(1,5)
权重(w_i)	1	7	3	3	6
距离($d_{is(i-1)}$)	2	2.24	1	1.41	2.82
$w_i/d_{is(i-1)}$	0.5	3.13	3	2.13	2.13
($w_ix_i/d_{is(i-1)}, w_iy_i/d_{is(i-1)}$)	(1.5,0.5)	(15.63,6.25)	(12,9)	(4.25,8.5)	(2.13,10.63)

注意：用精确重心法得到的最优解只有一个点，而不会是一条线段或者一个区域。而且只有在十分偶然的情况下，才会出现用交叉中值法和精确重心法得到的最优地址一致的情况。

2.5.2　离散点选址模型

离散点选址指的是在有限的候选位置里面，选取最为合适的一个或者一组位置为最优方案，相应的模型就叫做离散点选址模型。它与连续点选址模型的区别在于：它所拥有的候选方案只有有限个元素，我们考虑问题的时候，只需要在这几个有限的位置进行分析。

对于离散点选址问题，目前主要有两种模型可供选择，分别是覆盖模型（Covering）和 P—中值模型。其中覆盖模型常用的有集合覆盖模型（Set Covering Location Problem）和最大覆盖模型（Maximum Covering Location）。下面将针对这些离散点选址模型的使用范围有什么不同，如何建立这些模型，对这些模型需要如何进行求解，逐一进行详细的介绍。

1. 覆盖模型

所谓覆盖模型，就是对于需求已知的一些需求点，如何确定一组服务设施来满足这些需求点的需求。在这个模型中，需要确定服务设施的最小数量和合适的位置。该模型适用于商业物流系统，如零售点的选址问题、加油站的选址、配送中心的选址等，公用事业系统，如急救中心、消防中心等，以及计算机与通信系统，如有线电视网的基站、无线通信网络基站、计算机网络中的集线器设置等。

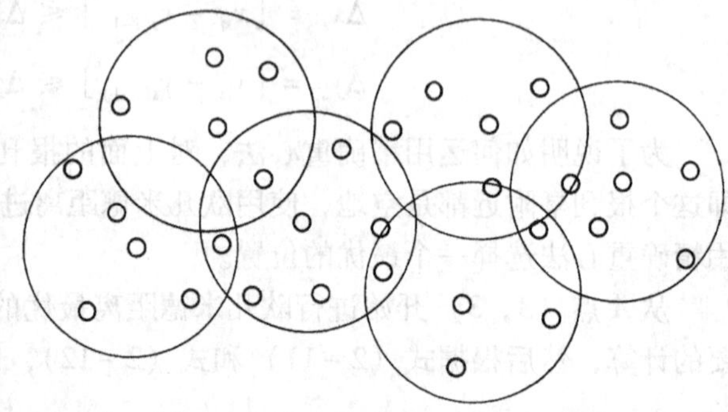

图 2-8　集合覆盖模型

根据解决问题的方法的不同，可以分为两种不同的主要模型：

(1) 集合覆盖模型，用最小数量的设施去覆盖所有的需求点。

(2) 最大覆盖模型，在给定数量的设施下，覆盖尽可能多的需求点。

从图 2-8、图 2-9 的图解中，我们可以看出这两类模型的区别：集合覆盖模型要满足所有的需求点，而最大覆盖模型则只覆盖有限的需求点，两种模型的应用情况取决于服务设施的资源充足与否。

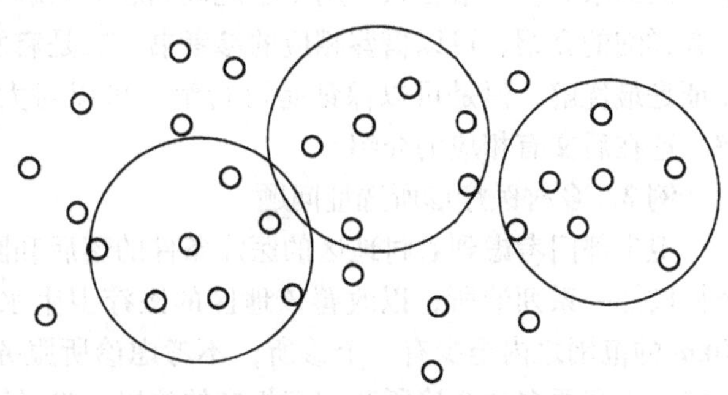

图 2-9 最大覆盖模型

下面分别对两种模型的构建和求解进行详细的介绍。

(1) 集合覆盖模型 集合覆盖模型的目标是用尽可能少的设施去覆盖所有的需求点，相应的目标函数可以表达为：

$$\min \sum_{j \in N} x_j \tag{2-17}$$

约束条件为：

$$\sum_{j \in B(i)} y_{ij} = 1,\ i \in N \tag{2-18}$$

$$\sum_{j \in A(j)} d_i y_{ij} \leqslant C_j x_j,\ j \in N \tag{2-19}$$

$$x_j \in \{0,1\},\ i \in N \tag{2-20}$$

$$y_{ij} \geqslant 0,\ i,j \in N \tag{2-21}$$

式中 N——$N=\{1,2,\cdots,n\}$，在研究对象中的 n 个需求点；

d_i——第 i 个节点的需求量；

C_j——设施节点 j 的容量；

$A(j)$——设施节点 j 所覆盖的需求节点的集合；

$B(i)$——$B(i)=\{j|i \in A(j)\}$，可以覆盖需求节点 i 的设施节点 j 的集合；

x_j——$x_j = \begin{cases} 1，假如该设施位于节点 j; \\ 0，假如该设施不位于节点 j; \end{cases}$

y_{ij}——节点 i 需求中被分配给节点 j 的部分。

式 (2-17) 最小化设施的数目，式 (2-18) 保证每个需求点的需求得到完全的满足，式 (2-19) 是对每个提供服务的服务网点的服务能力的限制，式 (2-20) 保证一个地方最多只能投建一个设施，式 (2-21) 允许一个设施只提供部分的需求。

对于像此类带有约束条件的极值问题，有两大类方法可以进行求解。一是精确的算法，应用分枝定界求解的方法，能够找到小规模问题的最优解，由于运算量方面的限制，一般也只适用于小规模问题的求解。这方法在运筹学方面的书籍上有详细的介绍，可以借鉴相应的参考书。二是启发式方法，所得到的结果不能保证是最优解，但是可以保证是可行解，可以对大型问题进行有效的分析、求解。这在后文有相应的介绍。

例 2 乡村医疗诊所选址问题

卫生部门考虑到农村地区的医疗条件的落后和匮乏，计划在某一个地区的 9 个村增加一系列诊所，以改善该地区的医疗卫生水平。它希望在每一个村周边 30km 的范围之内至少有一个诊所，不考虑诊所服务能力的限制。卫生部门需要确定至少需要多少个诊所和它们相应的位置。除了第 6 个村之外，其他任何一个村都可以作为诊所的候选地点，原因是在第 6 村缺乏建立诊所的必要条件。图 2-10 是各个村之间的相对位置和距离的地图。

第一步，找到每一个村可以提供服务的所有村的集合 $A(j)$，即它们距该村距离小于或等于 30km 的所有村的集合。例如从 1 村开始，2、3 和 4 村到 1 村的距离都小于 30km，这样它们都可以由 1 村的诊所提供服务，得到集合 $A(1)=\{1,2,3,4\}$；然后逐一地进行考虑计算，就可以得到所有的 $A(j)$，$j=1,\cdots,9$，并将所得结果填入表 2-6 中。

第二步，找到可以给每一个村提供服务的所有村的集合 $B(i)$。一般说来，这两个集合是一致，但是考虑到其他的一些限制条件，就可能出现差异。例如本例中，6 村由于本身条件所限不可能建立诊所，所以也不可能给别人提供相应的医疗服务。考虑 7 村，$B(7)=\{4,7,8\}$。相应地将其他的结果填入到表 2-6 中，得到进行选择评价的基本信息。

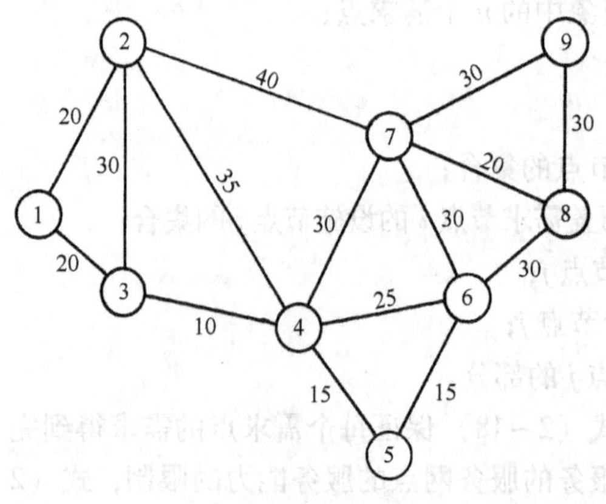

图 2-10 乡村距离和相对位置图

表 2-6 候选位置的服务范围

村编号	$A(j)$	$B(i)$
1	1,2,3,4	(1,2,3,4)
2	1,2,3	(1,2,3)
3	1,2,3,4,5	1,2,3,4,5
4	1,3,4,5,6,7	1,3,4,5,7
5	3,4,5,6	(3,4,5)
6	4,5,6,7,8	4,5,7,8
7	4,6,7,8	(4,7,8)
8	6,7,8,9	7,8,9
9	8,9	(8,9)

第三步，找到其他村服务范围的子集，将其省去，可以简化问题。2 村可以对 1、2、3 村提供服务，而 1 村可以对 1、2、3、4 村提供服务，2 村的服务范围是 1 村的服务范围的一个子集，可以忽略在 2 村建立诊所的可能性。在表 2-6 中带有括号的都是其他部分的子集，它们已经被排除在候选子集之外。(3,4,8)是候选点的集合。

第四步，确定合适的组合解。很显然，问题得到简化之后，在有限的候选点上选择一个组合解是可行的。(3,4,8)本身就是一个组合解，但是为了满足经济性要求，尽可能少地建立诊所，还需要从中剔除可以被合并的候选点。(3,8)则是可以覆盖所有村的一个数量最少的组合解：3 村的诊所可以覆盖村 1 村到 5 村，而 8 村的诊所覆盖 6 村到 9 村。

如果放宽一些问题的限制条件，例如一个诊所的服务半径增加到 40km，也可能会出现多解的情况。(3,8)，(3,9)，(4,7)，(4,8)和(4,9)都是可以覆盖所有的村而且数量最少的组合解。

(2) 最大覆盖模型　最大覆盖模型的目标是对有限的服务网点进行选址，为尽可能多的对象提供服务。它的相应目标函数是：

$$\max \sum_{j \in N} \sum_{i \in A(j)} d_i y_{ij} \tag{2-22}$$

约束条件为：

$$\sum_{j \in B(i)} y_{ij} \leqslant 1,\ i \in N \tag{2-23}$$

$$\sum_{j \in A(j)} d_i y_{ij} \leqslant C_j x_j,\ j \in N \tag{2-24}$$

$$\sum_{j \in N} x_j = p \tag{2-25}$$

$$x_j \in \{0,1\},\ j \in N \tag{2-26}$$

$$y_{ij} \geqslant 0,\ i,j \in N \tag{2-27}$$

式中　N——$N=\{1,2,\cdots,n\}$，在研究对象中的 n 个需求点；

d_i——第 i 个节点的需求量；

C_j——假如设施位于节点 j 时相应的容量；

$A(j)$——可以被位于节点 j 的设施覆盖的所有节点的集合；

$B(i)$——$B(i)=\{j|i \in A(j)\}$，其相应设施可以覆盖节点 i 的节点集合；

p——允许投建的设施数目；

x_j——$x_j=\begin{cases}1,\text{假如该设施位于节点}j;\\0,\text{假如该设施不位于节点}j;\end{cases}$

y_{ij}——节点 i 需求中被分配给节点 j 的部分。

式(2-22)是满足最大可能的对需求提供服务，也是目标；式(2-23)是需求的限制，服务不可能大于当前需求的总和；式(2-24)是设施的服务能力的限制；式

(2-25)则是问题本身的限制,也就是说最多可能投建设施的数目 p。其他两式同集合覆盖模型。

就前面提到的医疗站问题,如果仍旧不考虑其服务能力的限制,最多的诊所数目为2,用最大覆盖模型对其进行分析,由 Richard Church 和 Charles Re Velle 设计的贪婪算法就可以进行求解。该算法是一个空集合作为原始的解集合,然后在剩下的所有的其他候选点中,选择一个具有最大满足能力的候选点加入到原来的候选集合中,如此往复,直到到了设施数目的限制或者全部的需求都得到满足为止。

在医疗站的问题中,我们已经分析得到候选集合为(3,4,8)。初步确定解的集合 $S=\Phi$。然后比较 $A(3)$、$A(4)$ 和 $A(8)$ 的数目,4村可以提供服务的对象最多,将4村加入到解集合 S 中,$S=\{4\}$。接着比较3、8两个村,除去4提供服务的村1、3、4、5、6、7外,剩下只有{2,8,9},3村对2村提供服务,而8村可以对8、9两个村提供服务。8村将作为第二个投建点加入到解集合中去,$S=\{4,8\}$。这就是我们通过最大覆盖法得到的解集合,显然不是最优解,这也是启发式算法的特点。

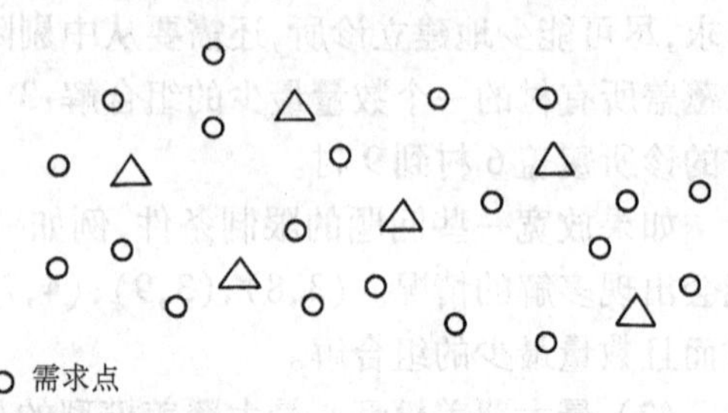

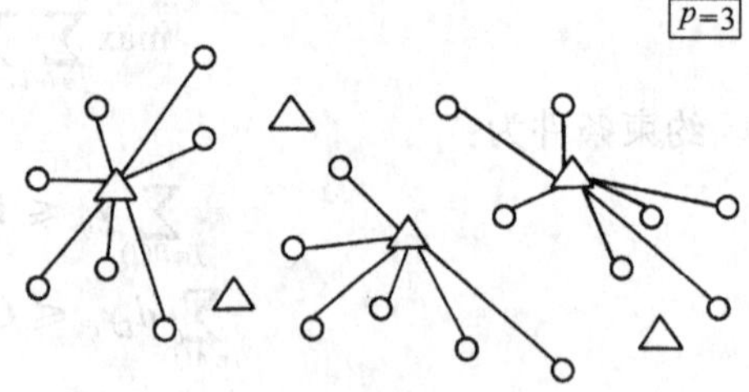

图2-11 P—中值模型的图形表达

2. P—中值模型

P—中值模型是指在一个给定数量和位置的需求集合和一个候选设施位置的集合下,分别为 p 个设施找到合适的位置并指派每个需求点到一个特定的设施,使之达到在工厂和需求点之间的运输费用最低。图2-11用图形的方式说明了P—中值模型的原理。

P—中值模型也可以通过精确的数学语言进行描述。在用数学语言进行描述时,需要准确地表达问题的约束条件、目标,还有合理的变量定义。一般P—中值问题的目标函数是:

$$\min \sum_{i \in N} \sum_{j \in M} d_i c_{ij} y_{ij} \tag{2-28}$$

约束条件为:

$$\sum_{j \in M} y_{ij} = 1, i \in N \tag{2-29}$$

$$\sum_{j\in M} x_j = p \tag{2-30}$$

$$y_{ij} \leqslant x_j, i \in N, j \in M \tag{2-31}$$

$$x_j \in \{0,1\}, j \in M \tag{2-32}$$

$$y_{ij} \in \{0,1\}, i \in N, j \in M \tag{2-33}$$

式中 N——$N=\{1,2,\cdots,n\}$，系统中的 n 个客户（需求点）；

d_i——第 i 个客户的需求；

M——$M=\{1,2,\cdots,m\}$，m 个投建设施的候选地点；

c_{ij}——从地点 i 到 j 的单位运输费用；

p——可以建立的设施的总数（$p<m$）；

x_j——$x_j = \begin{cases} 1, 假如在 j \in M 建立设施; \\ 0, 其他的情形; \end{cases}$

y_{ij}——$y_{ij} = \begin{cases} 1, 假如客户 i \in N, 由设施 j \in M 来提供服务; \\ 0, 其他的情形。 \end{cases}$

式(2-28)是P—中值模型的目标函数，约束条件式(2-29)保证每个客户(需求点)只有一个设施来提供相应的服务，约束条件式(2-30)限制了总的设施数目为 p 个，约束条件式(2-31)有效地保证没有设施的地点不会有客户对应。

从上面的两种P—中值模型不同表达方式中，可以看出，求解一个P—中值模型需要解决两方面问题：

(1) 选择合适设施位置(数学表达中的 x 变量)。

(2) 指派客户到相应的设施中去(表达式中的 y 变量)。

一旦设施的位置确定之后，再确定每个客户到不同的设施中，使费用总和 c_{ij} 最小就十分的简单了。

与覆盖模型相似，求解一个P—中值模型的设施选址问题，主要有两大类的方法：精确计算法和启发式算法。

P—中值模型一般适用于工厂或者仓库的选址问题，例如要求在它们和零售商或者顾客之间的费用最小。

例3 某饮料公司的仓库选址问题

某饮料公司在某新地区经过一段时间的宣传广告后，得到了8个超市的定单，由于该新地区离总部较远，该公司拟在该地区新建2个仓库，用最低的运输成本来满足该地区的需求。经过一段时间的实地考查之后，已有4个候选地址。从候选地址到不同的仓库的运输成本、各个超市的需求量都已经确定，如图2-12所示。

这里我们介绍一种启发式求解P—中值模型的算法——贪婪取走启发式算法(Greedy Dropping Heuristic Algorithm)。这种算法的基本步骤如下：

第一步，初始化，令循环参数 $k=m$，将所有的 m 个候选位置都选中，然后将每个客户指派给离其距离最近的一个候选位置。

第二步，选择并取走一个位置点，满足以下条件：假如将它取走并将它的客户重新指派后，总费用增加量最小。然后令 $k=k-1$。

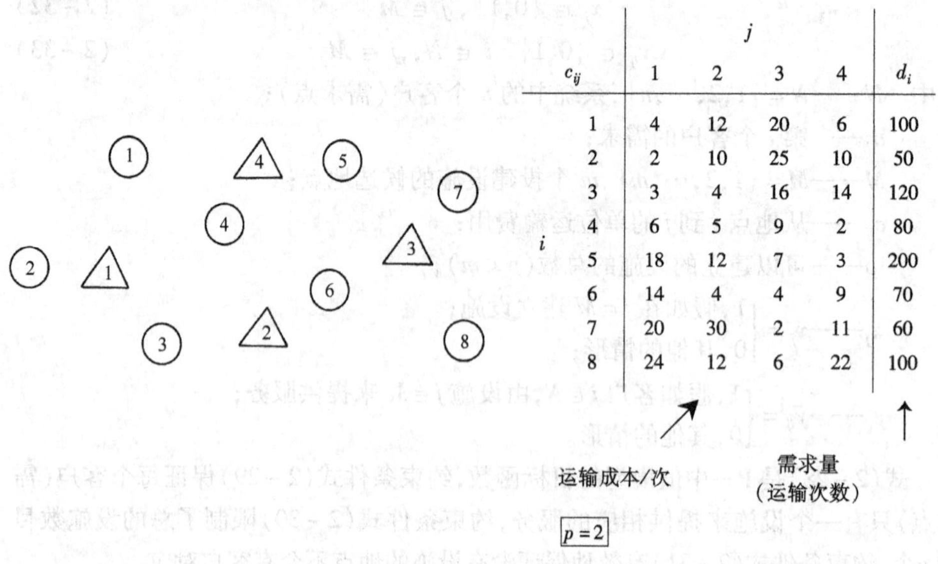

c_{ij}	1	2	3	4	d_i
1	4	12	20	6	100
2	2	10	25	10	50
3	3	4	16	14	120
4	6	5	9	2	80
5	18	12	7	3	200
6	14	4	4	9	70
7	20	30	2	11	60
8	24	12	6	22	100

图 2－12　饮料公司选址问题

第三步，重复第二步，直到 $k=p$。

对图 2－12 的运输成本进行比较，在初始化中，超市 1、2、3 由候选位置 1 来提供，超市 4、5 由候选位置 4 来提供，超市 6 由候选位置 2 提供，超市 7、8 则由候选位置 3 来提供，如图 2－13 所示。

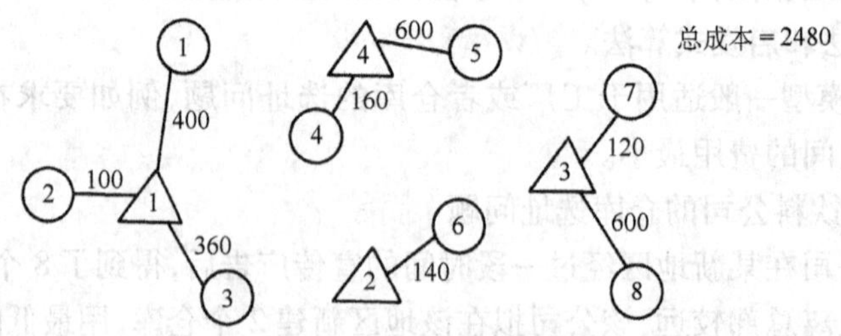

图 2－13　初始化指派结果

图 2－14～图 2－17 分别对移走候选点 1、2、3、4 进行了单独的分析，并对各自的增量进行了计算。移走第 2 个候选点所产生的增量 $\Delta=140$，是最小的，所以第一个被移走的候选点就是候选位置 2。

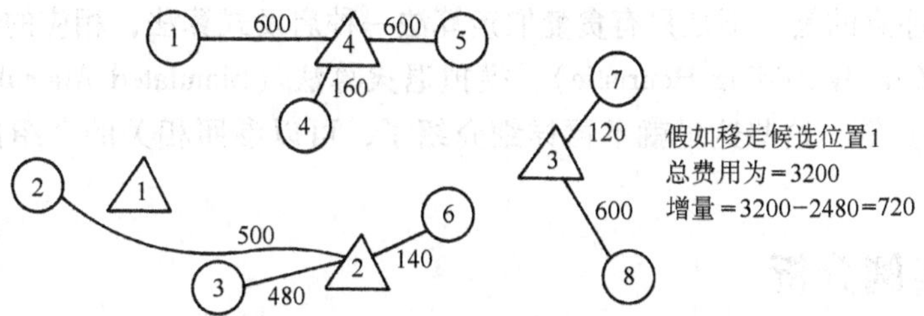

图 2-14　移走候选位置 1 后的变化

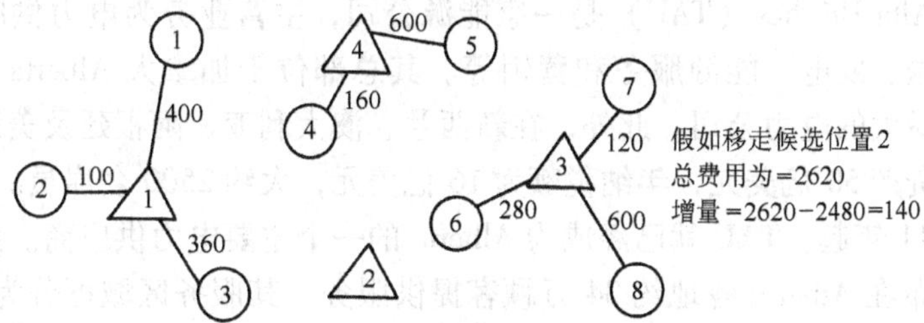

图 2-15　移走候选位置 2 后的变化

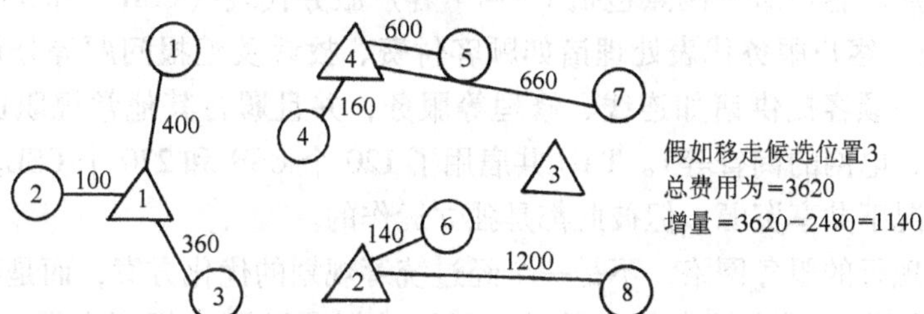

图 2-16　移走候选位置 3 后的变化

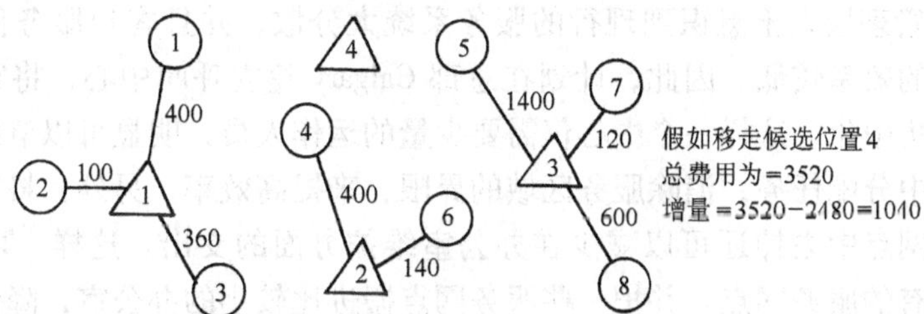

图 2-17　移走候选位置 4 后的变化

这样就得到了 $k=3$ 时的临时解。重复上面步骤，对图 2-15 分别移走候选位置 1、3、4 进行计算，可以发现移走候选位置 4 的增量最小，所以第二次移走第 4 个候选位置。最后的结果就是在候选位置 1、3 投建新的仓库，总的运输成本为：3740。

值得注意的是，不是只有贪婪取走算法一种启发式算法，相应的还有贪婪加入算法（Greedy Adding Heuristic）、模拟退火算法（Simulated Annealing）、Tabu 搜索（TS）等。这些这里就不再详细介绍了，可以参照相关的介绍优化方法的书籍。

2.6 实例分析

2.6.1 TransAlta Utilities（TAU）的服务网络重构规划㊀

TransAlta Utilities（TAU）是一家能源公司，主营业务为电力供应、天然气和电力配送、发电、能源服务和营销等。其总部位于加拿大 Alberta 的 Calgary，是加拿大最大的电力公司。此外，在新西兰、澳大利亚、阿根廷及美国也开展业务。公司资产 50 亿美元，年纳税额为 16 亿美元，大约 2500 名雇员。

从 1911 年起，TAU 就已经成为 Alberta 的一个主要电力供应商。到 1997 年，TAU 为分布在 Alberta 各地约 34 万顾客提供服务。其服务区域可分为 3 个大区，每个大区分为 19 个分区，每个分区设立一个服务网点，这样，公司共有 57 个客户服务网点。客户服务网点包括 1 ~ 4 个客户服务代表（CSR）和 5 ~ 20 个巡线员（CSL）。客户服务代表处理诸如顾客付费、投诉及汇报问题等公众事务，巡线员主要为顾客提供诸如连线、修理等服务，并且履行其他常规职责（如变电站的检查、电网的询查等）。TAU 共雇用了 120 个 CSR 和 270 个 CSL。尽管他们在紧急情况下共享资源，但彼此都是独立运作的。

由于现行的服务网络，不是一个经过统筹规划的优化方案，而是随着公司业务的逐步拓展而逐步扩大的，所以，TAU 计划通过网络规划来提高服务水平、降低运作成本。

TAU 管理层人士意识到现行的服务系统太分散，并且客户服务代表分散在各个分区的效率较低，因此，计划在总部 Calgary 建立呼叫中心，将客户服务代表的任务集中化。这样一个中心仅需要少量的运作人员，明显可以节约成本；同时通过集中分配任务，消除服务区域的界限，来提高效率。另外，将客户服务代表从服务网点中去掉还可以减少在办公室维护方面的支出。这样，TAU 可以卖掉一些现有的服务网点，并把一些服务网点搬进比较小的办公室，降低成本。

TAU 的管理者认为，在改变处理顾客需求方式的同时，他们应该仔细地分析一下整个服务系统。TAU 的服务网络规划部门对以下问题进行特别的考虑：

（1）TAU 需要多少服务网点？

（2）这些服务网点应该布置在哪里？

㊀ 改编自 Rrhan Erkut, Tony Myroon, and Kevin Strangway, TransAlta redesigns its service - delivery network, Interfaces 30（2）, 2000

(3) 一些专用设备如何分配?

(4) …………

1. 服务网点的数量

前已介绍，TAU 的服务网点包括客户服务代表及巡线员。客户服务代表处理顾客来电，并把信息传递给巡线员。同时，TAU 的顾客也可以在各服务网点付费。因此，各服务网点必须拥有较宽敞、舒适的办公室。如果没有客户服务代表，那么这个服务网点的作用就比较简单，只是巡线员的基地，即早上碰头、停放卡车、协调工作，以及存放通信设备、地形图和修理设备的地方。所以，处理掉这些高价的办公室，购买或租用一些更适用的服务网点，TAU 能够节约很多的成本。把这一方式极端化，那么即使在巡线员家中有这样一个小办公室，都可以认为是一个服务网点。

显然，配送系统中节点的最优数目是由节点成本和运输成本的权衡来决定的。节点越多，输送成本越少，但是节点成本就增加了。在这一案例中，评估运送成本是有一定重要性的。因此，我们通过假定不同数量服务网点的模型，考虑每种模型的劳动力成本，对其作业成本/利润进行分析，得到一个最小成本模型，来解决网点布置问题。

TAU 的管理者评估了一个比较广的可能范围。经过仔细分析、考虑后，确定 40 ~ 74 个服务网点是比较合理的范围。进一步研究发现，若使用 40 个服务网点，那么最大的响应时间太高，无法接受（超过了 TAU 所要求的在 1h 以内）。若使用 74 个服务网点，那么许多服务网点仅需要一个巡线员，且一部分人没有全时的工作量。在分析了 40、50、60 和 74 个服务网点所产生的结果后，重点放在了 55 ~ 60 个服务网点规模的情况。

2. 服务网点分布

P—中值模型被用来解决这个问题，目标是选择 p 个服务网点，来使服务网点与需求点的移动距离总和最小。

为了使用该模型，需要以下 4 部分数据。

1）需求点位置。

2）每个需求点的需求量。

3）候选的服务网点位置。

4）在需求点和候选位置点之间的距离。

（1）需求点位置 TAU 有 34 万个顾客。尽管 TAU 有每一个顾客的精确位置记录，但是在一个优化模型中，把每一个顾客都当作一个需求点来处理是不现实的。我们根据邻近原则把顾客整合，大约半数顾客在该省的 175 个城镇中，把每个人口中心作为一个需求点，并赋予其包括的顾客人数等量的权重。另一半 TAU 的顾客是非城镇顾客（来自油田、矿区、农场和村庄等）。TAU 为了记录方便，将他们的非城镇顾客集中归为约 900 个区，每一个区包括 20 ~ 1000 多个顾客，范围从几平方公里到几千平方公里不等。使用 TAU 的整合方法对非城镇地区的需求进行集中。利用一张详细的服务区地图及区域中随机 3 个顾客的确定位置来得到每一个区的中心点。总共得到了 1043 个需求点。用 GIS 将有关的位置资料数字化，如图 2 – 18 所示。图 2 – 18 中点的大小与需求点的顾客数量成正比，每一个圈代表一个整合后的需求点，表示大约 1 ~ 17 000 个顾客。

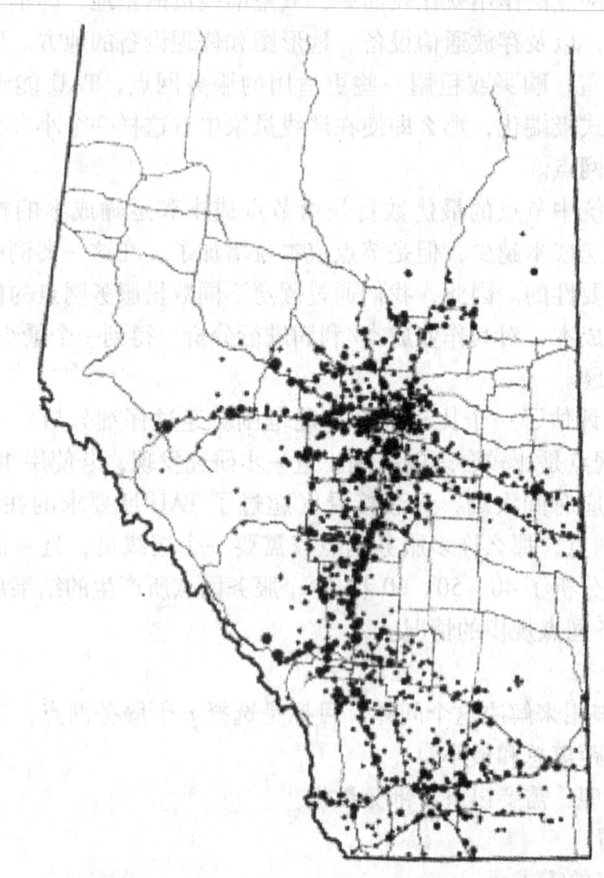

图 2 – 18　高速公路网和 TAU 顾客的位置（用黑点表示）

从 ERKUT 和 BOZKAYA 在 1999 年发表的关于 P—中值问题需求点整合的文献看，比较好的方法来实现集中就是要找到顾客群的重心所在（由 TAU 来定义或者由一定的聚类算法来定义）。但是，这需要针对所有的顾客数据进行数字化处理。但由于项目的时间限制无法将记录上的所有顾客地址转化为地理坐标，所以只好用一种直观近似的方法来综合。TAU 将这种转换任务视为今后的工作。

它可以在转化后，用更精确的需求点位置数据来重新构造服务网点位置。

(2) 各个需求点的需求量　为了确定各个点的需求量，根据 TAU 以往的统计做了电子数据表格，这个表格包含了在各个城镇中顾客的数量（包括家庭、街道、农场、油田、工厂等)。假设各个点的需求量就是该城镇所有顾客的总数(这就忽略了在这一阶段需求的随机性)。

(3) 候选的服务网点位置点　在标准的 P—中值模型，每一个需求点也是服务网点位置的候选点。但是，由于实际的候选位置比需求点少得多，这样似乎是一种不必要的冗余。TAU 管理层提供了 100 个候选位置（50 个一级的、30 个二级的、20 个三级的)。对这些位置作一些简单的空间分析之后，除去那些靠近首选位置点或者是靠近流量低的高速公路入口的位置点。经过重新审议，TAU 管理层决定了 74 个候选位置点（削减了大多数的三级位置点和一部分二级位置点)，如图 2 - 19 所示。图中的小方块标明了在服务网点选址研究中所要考虑的 74 个候选位置点，中心为黑色的小方块表示 58 个被选结果。在几乎所有的情况下，这些位置与需求点是重合的。

(4) 需求点和候选位置点之间的距离　为简化数据收集和管理，假设在需求点和候选位置点之间为折线距离。这在 Alberta 省是一个相当好的假设，因为这里的公路网十分发达，每 1mile 就有一条南北向的公路，每 2mile 就有一条东西向的公路。在一些情况下，这种折线距离会过高估计行驶距离；而在另外一些情况下（河流、湖泊、山脉)，这种距离会低估实际距离。而在一个战略规划模型中，尽管采用折线距离公式可能会带来误差，但是其计算量要比计算和存储数千个点间的最短距离要小得多。距离上的小误差不太可能会使最优服务网点位置有重大改变。

P—中值模型中的一些假设与现在所考虑的问题并不一致。最值得注意的是，尽管一个巡线员一天要拜访几个顾客（在不同的地点)，P—中值模型却假设到不同的需求点的行程不能结合。但是对在现实系统中达到最优服务网点布置而言，P—中值模型的目标是对近似集中行程距离足够理想的表述。

采用 Greedy Pairwise Exchange 算法（Dankin 1995）来解决 P—中值问题，折衷方案是 Teitz 和 Bart（1968）最先提出的。求解过程中使用了 30 个随机的初始解，以增大找到特定的 p 的最优解的可能性。将这个算法编进 QuickBasic，然后将给定服务网点数目问题的最优解输出到 ArcView 显示。利用 ArcView 来解答许多疑问和演示每个服务网点的 1h 覆盖区域的情况（以这个服务网点的位置为中心，半径 80km 的方形区域)。

(5) 最终配置　决定最终的配置是一个高度交互的过程。3 个 TAU 管理者评估了几个在 55 ~ 60 个服务网点之间的不同方案。根据提议的服务网点数，管理者们决定了服务网点最终的位置。

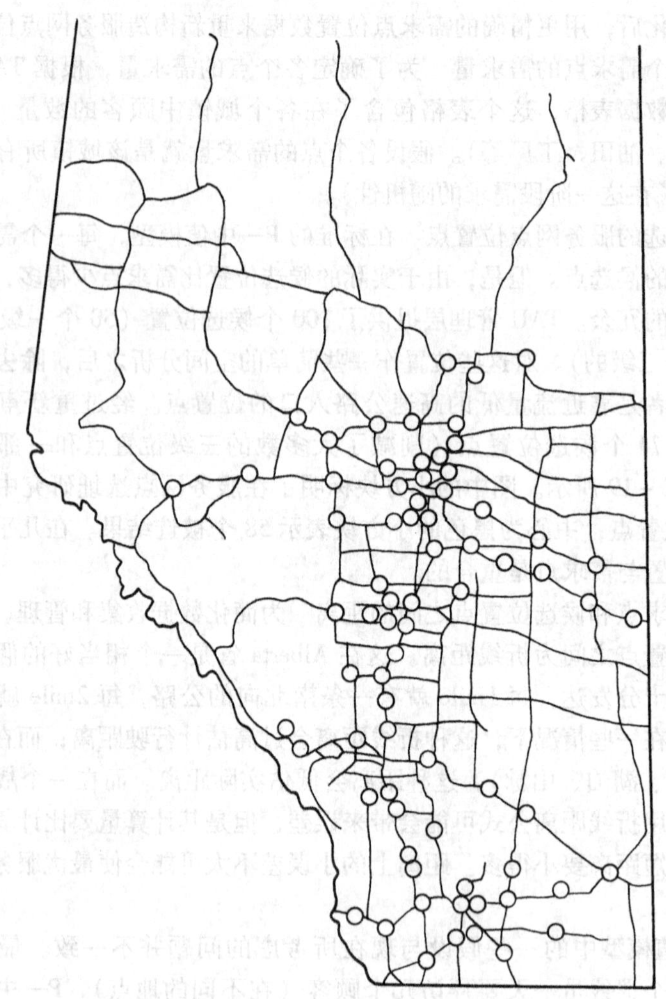

图 2－19　74 个候选位置点分布图

对于 P—中值模型得到的求解方案，公司基本接受。但是，对每一个解决方案他们都重新部署了一些服务网点。比如，TAU 公司在 Lethbridge 没有客户，因此，P—中值的解并没有选择这个城市而选择了 Coaldale。因为，后者拥有 TAU 的一些客户并且离 Lethbridge 只有几公里。但是 TAU 在 Lethbridge 拥有一个大型服务网点，所以管理者们决定在所有的解里将 Coaldale 换成 Lethbridge。在最后的选址方案里，管理者们选择了 58 个服务网点（图 2－20），关闭了 2 个已有的服务网点，新增设了 3 个服务网点。所有这些调整都与选址模型所推荐的一致。

3. 专用交通工具选址问题

TAU 拥有 7 辆铲斗车和 21 辆挖掘车，主要用来维护和修理街灯。一辆挖掘车可以配一辆铲斗车，也可以当作铲斗车用，但是铲斗车却无法用来代替挖掘车。用两个不一样的选址模型来布置车辆，并与管理层紧密结合起来，测试不同的配置，并与模型给出的最优解作比较。这里使用的是P—中值模型和最大覆盖模型。最大覆盖模型的目标函数是给定设备的有效距离后，给一定数量的车辆，在服务网点给定覆盖范围内使其覆盖到的需求点数目最大。

图 2-20　最终分配方案

把带有街灯的城镇作为需求点而用每个城镇的街灯数来衡量需求量。这些数据很容易得到，因为原始的客户数据库有很多表单，其中一个就是有关街灯的。从被选的服务网点中，确定了30个可以安置下一辆铲斗车或一辆挖掘车的地方作为候选位置。

P—中值模型以及解的算法与在选址阶段所使用的一样。在电子数据表格上建立了最大覆盖模型并用 Excel 求解器求解。P—中值模型把车辆放在较大的人口中心，而最大覆盖模型则把车辆分散在整个省。这两种解是基于两个不同的基准的。开始解 P—中值模型时，管理者们运用了一些假设分析来评估重新布置几个车辆后的牵涉状态（费用与覆盖面）。建议的变化导致了总距离的微小增加，但使车辆之间的工作量分配更为平均，如图 2－21 所示。

4. 结束语

通过应用 P—中值模型求解服务网络规划，TAU 作出了关闭 2 个现有服务网点和新增 3 个服务网点的决策。这个项目帮助 TAU 的管理者设计了一个高效率、低成本的服务系统，使该公司每年的运作费用减少了 4 百万美元。这个模型已经被其他部门用来决定资源优化的选址问题。详细内容请阅读参考文献［10］。

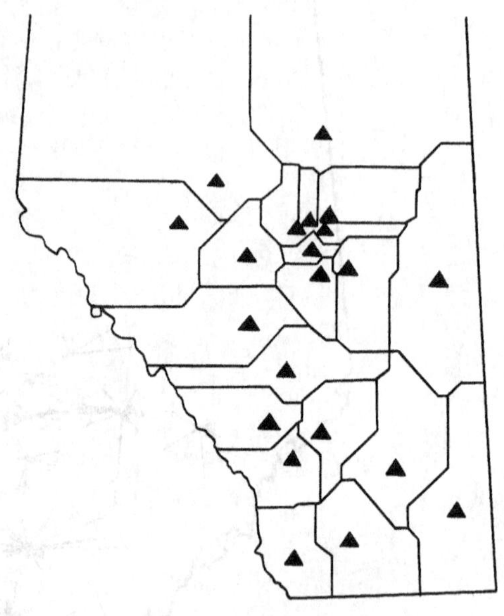

图 2－21　车辆选址分布图

2.6.2　Efes 饮料集团的新麦芽厂选址与配送[⊖]

1. 背景介绍

（1）公司现状以及一些相关重要信息　Efes 饮料集团是土耳其的一家啤酒公司，在土耳其拥有 3 个啤酒酿造厂、2 个麦芽厂以及 1 个啤酒花处理厂。土耳其的年人均啤酒消费量大约为 10L，近些年来一直稳定增长。Efes 公司的一项研究表明，大部分饮用啤酒的人们的年龄在 18～45 岁。该国的人口统计显示，即使总人口的增长速度减慢，这个年龄段的人口也将在今后的 20 年内显著增加。根据这些预测，Efes 计划新建新的酿造厂和麦芽厂来满足不断增长的需求。

1）Efes 已有 2 个麦芽厂，都靠近主要的大麦产区，分别位于 Konya 和 Afyon，如图 2－20 所示。每吨的大麦可以产出 750～800kg 的麦芽，产出的麦芽或被运到 Efes 的啤酒酿造厂或者被出口。

2）每船运进的大麦或者运出的麦芽需要大约 100 车次的卡车在港口和工厂

⊖ 改编自 Murat Koeksalan and Haldun Sueral, Efes Beverage Group makes location and distribution decisions for its malt plants, Interfaces, 29 (2), 1999

之间进行运输。

3）使用港口面临的问题：装卸过程不能在船停在港口的时候进行，大麦和麦芽必须存储在港口。这就使得公司必须支付存储费用和不能及时装卸的罚金，当然公司也必须支付至港口的来去运输费用。

4）兴建自己的港口：存储费、罚金都可以节约下来。如果公司只是准备投资独享的装卸设备就只能免除罚金。罚金是一个严格确定的费用，可以获得准确数据，存储费用由 Efes 员工给出一个粗略的估计，运输费用通过现有数据回归得到数学模型来得到。

5）考虑麦芽厂的选址问题时，时间范围确定，因为在固定的一段时间内，需求预测才会比较准确。

6）Efes 已经根据现有的技术、成本确定了新麦芽厂的生产能力，他们也确定了只要现有麦芽厂能满足需要就不建设新麦芽厂的原则。

7）问题就变成确定分别于 1998 和 2002 年新建的两个麦芽厂的位置以及相应的大麦和麦芽的配送问题。

考虑了 15 个大麦产区（其中 1 个表示进口），7 个新麦芽厂的备选厂址（Izmir、Ankara、Sakarya、Mersin、Tekirdag、Konya、Afyon）以及规划范畴内 4 个即将开工的酿造厂（Ankara 以及其扩建、Sakarya 以及其扩建），如图 2－22 所示。这些备选厂址还包括了好几个港口城镇但是没有投资港口设施的计划。Efes 使用 3 个港口进出口货物：Istanbul、Izmir 以及 Mersin。

每个工厂都使用最近的港口。另外，根据成本分析法，否决了起初的一个想法：投资兴建自己的港口并在港口建设工厂。

（2）具体研究目标　确定将于 1998 年开工的新麦芽厂的位置。初步分析表明，忽略决策的长期效果，过分强调固定成本而忽视运输费用将产生错误的结论。事实上，在为麦芽厂选址的时候，大麦和麦芽的运输费用是主要应考虑的因素。经过讨论，最终形成一个模型，既考虑选址问题，也考虑配送问题，希望在一个无限的时期内最小化总费用的现值。

2. 模型描述

（1）设定条件　这个问题可以作为一个混合整数规划问题进行研究。模型的时间阶段为 1 年。从无时限的角度来考察这个问题，只详细考察最初的 T 年。T 是规划域里面最可预测的部分，在这段时间内，现在考虑的新麦芽厂将开始运转并且达到最大生产能力。为了表示长期的运输费用，使用有代表性的年费用，并假定这个费用在 T 年外依然不变。

（2）模型目标　模型的解不仅确定了新麦芽厂的位置，同时也确定了每年各个地址间大麦和麦芽的运输量。模型的约束条件保证了每个酿造厂的麦芽需求得到满足，必要的大麦被运送到每个麦芽厂，麦芽厂的生产能力和各个地区可供的大麦量也都得到满足。模型的目标函数是求长期折现的总成本的最小值，总成本包括开设新工厂的固定费用和运输大麦、麦芽的费用。在附录中给出模型的详细描述。

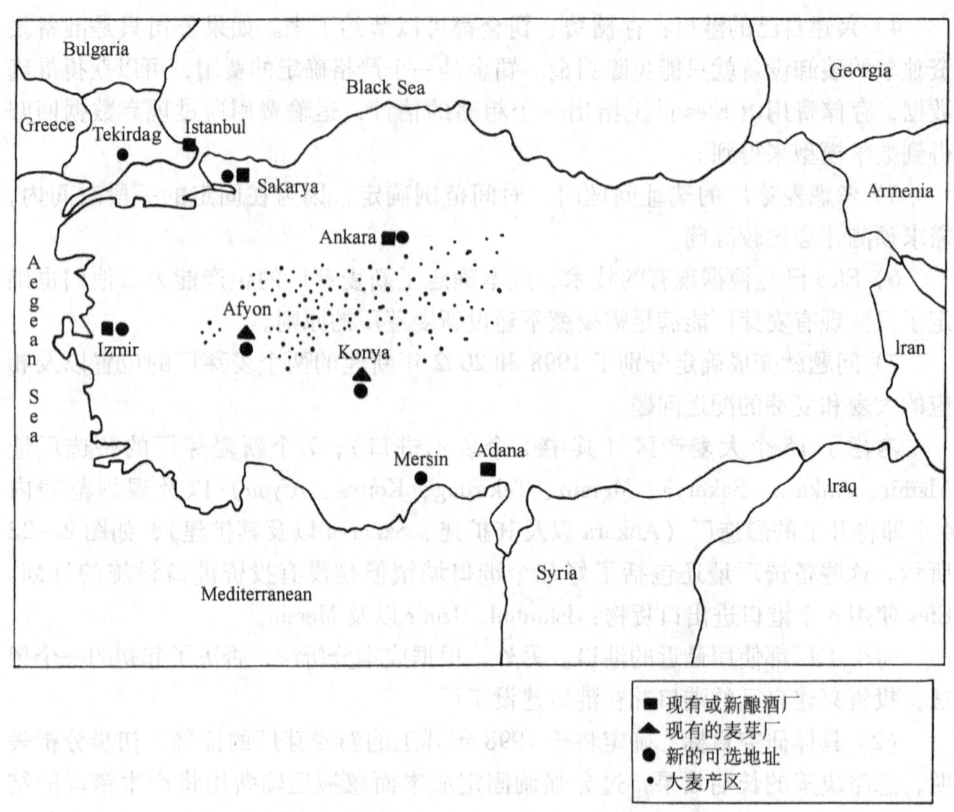

图 2-22　工厂和大麦产区

（3）税收的影响　进口的大麦会被征收一定程度的关税，除非用于生产出口的麦芽。因此，Efes 希望把大麦的进口量严格限定在与出口的麦芽成一定比例的规模内。出口的麦芽不如在国内市场有利可图。没有一个麦芽厂的经理想出口，因为这将减少他们的利润。公司的总部也不想强迫各个麦芽厂出口麦芽，即使这样使得整体费用更低。这样在模型中包含了一个约束，使得任何一个麦芽厂完成大部分出口不能成立。

（4）确定参数　各个大区的啤酒需求量预测以及年出口量由 Efes 提供，将这些需求数据代入为了确定各个酿酒厂的年产量提出的啤酒—配送模型中，然后计算各酿酒厂每年需要的麦芽量。通过把 Efes 整理的数据代入到一个线性回归模型中得出单位运输费用。结果表明费用中包括了一个与运输距离无关的每吨运输量的固定成本以及一个与运输距离成正比的可变成本。这样处理的费用，包括存储、装卸费用，对于靠近港口的厂址来说相对较小，因为其不需要在港口存储进出的货物。根据咨询客户的结果，用年10%的机会成本来计算折现率。

（5）模型求解　在一台PC上应用一个计算机程序互相调用几个软件模块：数据通过Lotus表格输入；一个Fortran程序读入这些数据，形成混合整数规划；模型通过Lindo求解；另外一个Fortran程序则把计算结果转换成适合目的的表格形式。得到的计算结果包括单独对第一个新建工厂位置的分析以及同时分析2个新建工厂位置。在这些分析中，保持现有的2个工厂在原来位置，且生产能力不变。下面单独进行分析现有的麦芽厂。

3. 讨论

（1）1个新建麦芽厂　尽管Efes计划在8年内开设2家麦芽厂，但首先考虑4年且只开设1个工厂的情况。这样操作有两个理由，首先，短期内的预测更为可靠，考察基于更为可靠数据的计算结果更为有意义；其次，考察第一个麦芽厂的位置对使用的时限是否敏感也很有意义。比较麦芽厂7个选址的成本：Izmir、Ankara、Sakarya、Mersin、Tekirdag、Konya以及Afyon。表2－7表明了Efes选择不同厂址引发的总费用的现值，以及超过最低成本方案的百分比。4个选址的成本非常接近，费用最高的2个位置为现有的2个厂址。

表2－7　选择1个麦芽厂的总费用比较

地　点	总费用 /×1000美元	高于最低费用点的百分比（%）	地　点	总费用 /×1000美元	高于最低费用点的百分比（%）
Izmir	40 224	0.00	Tekirdag	41 997	4.41
Ankara	40 460	0.59	Konya	42 975	6.84
Sakarya	40 592	0.91	Afyon	43 039	7.00
Mersin	40 775	1.37			

（2）2个新建麦芽厂　表2－8给出了多种不同组合的总费用的现值。在Sakarya开设第一个新麦芽厂，以及随后扩展其生产能力（Sakarya—Sakarya组合），结果证明为最优解；Izmir—Izmir、Izmir—Ankara分别为第二、第三最优解。对于2个厂址的选择一共有7×7＝49种可能组合 。其中，我们计算了21种比较有意义或者客户要求的组合，这些也是成本中比较有代表性的组合。好几个解的总费用与最优解的总费用非常接近。表2－7和表2－8的比较表明只考虑1个新工厂得到的结果并不阻碍实施考虑2个工厂问题的最优解中的一个，也就是说，表2－8中的最低成本解与表2－7中显示的最优位置并不冲突。

表 2-8　选择 2 个麦芽厂的总费用比较

地　址	总费用 /×1000 美元	比最低费用点高出的百分比（%）	地　址	总费用 /×1000 美元	比最低费用点高出的百分比（%）
Sakarya—Sakarya	57 091	0.00	Tekirdag—Ankara	59 049	3.42
Izmir—Izmir	57 225	0.23	Konya—Ankara	59 365	3.98
Izmir—Ankara	57 270	0.31	Mersin—Konya	59 653	4.49
Ankara—Sakarya	57 342	0.44	Afyon—Ankara	60 019	5.13
Ankara—Izmir	57 384	0.51	Konya—Mersin	60 586	6.12
Sakarya—Ankara	57 551	0.81	Afyon—Mersin	61 166	7.14
Mersin—Ankara	57 784	1.15	Afyon—Afyon	61 430	7.60
Izmir—Sakarya	57 875	1.37	Afyon—Konya	61 718	8.10
Mersin—Sakarya	58 113	1.79	Konya—Konya	61 928	8.47
Mersin—Mersin	58 548	2.55	Konya—Afyon	61 937	8.49
Ankara—Ankara	58 606	2.65			

（3）现有厂址的分析　现有麦芽厂的厂址被证明为最差位置。如果没有现有的工厂，而 1998 年直接开设 3 个工厂并保持总生产能力不变的效果如何？假定在各个位置建造新工厂的固定成本基本一致，在分析中也就只考虑运输费用。如表 2-9 所示结果最优解为 Ankara—Izmir—Mersin，总费用为 19 020 000 美元。另一方面，当限定模型使用现有的一个位置 Afyon 时，则余下的两个位置为 Izmir—Sakarya，总费用 19 622 000 美元。两个解的费用差很小。当固定 2 个现有厂址，即 Afyon 和 Konya 时，第三个厂址的最优解为 Sakarya，总费用为 21 167 000美元，相应的成本与第一个解差别就比较大了。当保存现有工厂的生产能力不变，新麦芽厂的生产能力如规划那样，最优解的总成本为 21 335 000 美元。这样，相对于第三个解的成本的增量比较小。注意到 Konya 以及 Afyon 的位置非常接近且靠近大麦的产区，以及在后两个解中占有大约 2/3 的总生产能力，可以得出结论，在大麦产区附近保持一定的麦芽生产能力（约 1/3）依然是一个比较好的选择。

表 2-9　选择 3 个麦芽厂的总费用比较

位置	总费用/×1000 美元	高出费用最低点的百分比（%）
Ankara—Izmir—Mersin	19 020	0.00
Afyon—Izmir—Sakarya	19 622	3.20
Afyon—Konya—Sakarya	21 167	11.00
Afyon—Konya—Izmir	21 335	12.17

(4) 其他变量　在模型中考虑了一些其他的变量，期望得到进一步的有用信息。在分析中，假定 2 个工厂的安装调试期都是固定的。考虑在 Efes 生产能力短缺时开设新工厂。一个更一般的方法是如果盈利则允许第二个工厂尽早开设。研究了这种情况，结论是尽可能晚地开设新的麦芽厂是最优的决策。这就意味着，交通费用的节约相比过早投资的成本来说是非常的小，除非机会成本接近 0。

(5) 灵敏度分析　啤酒的需求的不确定性，使得麦芽的需求也有不确定性。为了考察得到的解的鲁棒性，对求解结果对需求的地理分布变化的灵敏度作了研究。增加一个酿造厂的麦芽需求达一个特定的百分比，降低其他酿造厂的需求以保持总需求不变，这样就得到不同的外部条件。对应的结果表明上面的结论依然有效。当增加一个酿造厂的麦芽需求达 30% 并相应减少其他酿造厂的需求时，3 个最小费用解保持为最优解。最优的 3 个解的排序有了一些变化，但是关于费用接近的主要结论依然有效。

(6) 货物的进出　这里也分析了运进的大麦量，运出的麦芽量的变化对解的影响。正如预测的那样，相对应于港口城镇的位置对货物的进出量比较敏感。对这个量不太敏感的其他备选方案则较优，因为这一进出量有相当的不确定性。这样的鲁棒性较好的方案为 Sakarya—Sakarya 以及 Ankara—Sakarya（见表 2-8），而 Izmir 与 Mersin 则对进出量的变化反映较大。Ankara—Sakarya 组合是一个比较好的方案，因为当 2 个工厂都进行扩张时（由于技术原因，每个工厂只进行一次扩张），这个方案有一个潜在的额外费用节约。然而，当考虑在 2006 年开设第三个麦芽厂的影响时，2 个替代方案的结果都不能证实论点。对于 Sakarya—Sakarya 组合以及 Ankara—Sakarya 组合来讲，第三个麦芽厂的最佳位置分别为 Ankara 和 Sakarya，各自费用依次为 57 090 928 美元和 57 342 222 美元。这主要是因为以后累计费用现值非常小，不会影响替代方案的费用现值之差很多。

(7) 进出口的影响　这里考虑进口大麦和出口麦芽等限制的影响，下面探讨没有这些限制的情况。在这种情况下，Ankara—Izmir 表现为最优解，其总费用为 53 393 000 美元，Izmir—Ankara 组合的总费用也比较低，为 53 663 000 美元。这表明，如果 Efes 去掉这些限制，可以节约 7% 的总费用（或者说 20% 的运输费用）。也可以更为明确地处理进口大麦和出口麦芽的限制问题。对大麦进口的限制可以通过在目标函数中加入税款一项，这部分税款是对用于生产非出口的麦芽部分征收的。也通过给每个麦芽厂能出口的麦芽一个上限来消除这个限制，这样他们就可以自由出口麦芽。通过没有出口麦芽的企业向出口麦芽的企业的支付来补偿就显得比较合理，因为 Efes 可以通过这种方式来实现整体费用的减少。

4. 结论

在一个地方建设一个新的工厂需要的固定成本是最重要的数据。根据公司人员提供的粗略估算，各个地址的费用非常接近。公司在作出最终决策确定新厂址前再作一个更为详细的调查。开设一个新工厂的固定成本是总成本中非常重要的一个部分，当这些费用估算比较精确时，模型的求解结果可能有很大差别。公司人员认为在不同地址的运营和维护费用大致相同，因为麦芽的生产流程非常简单，且所考虑的厂址都位于发展得比较良好的地区。因此，这些成本没有计入到模型中去。如果 Efes 考虑这部分费用，需对模型作必要的调整。

目前情况下，对 Efes 来说，在啤酒酿造厂附近建设新的麦芽厂为最优方案，但公司在作出最终决策确定新厂址前再作一个更为详细的调查。把新酿造厂的选址和新麦芽厂的选址问题结合起来考虑。这个问题依然可以表述成一个混合整数规划问题。在计算上，如果模型被当作一个单阶段规划问题更容易操作。多阶段问题比较困难，一方面是由于存在大量的二进制变量，另一个方面是因为众多啤酒需求区域产生的大量连续变量。当然，模型对给定的一系列选址可以按年分割开，这样也就变得可解。为了把更小尺度的线性规划问题转换成可解，可以作一个前期的处理，去除掉一些备选厂址。在这类问题中还有许多依赖具体应用的特性可以被挖掘出来提高求解过程的效率。

5. 附录——模型说明

决策变量、符号和参数以及数学模型描述如下：

（1）决策变量：

X_{ijt}：第 t 年从 i 地区运到麦芽厂 j 的大麦吨数（$i=1$ 表示进口）。

Y_{jkt}：第 t 年从麦芽厂 j 运到需求地点 k 的麦芽吨数（$k=1$ 表示出口）。

$$Z_{jn}=\begin{cases}1 & \text{如果第 } n \text{ 个新工厂开设在第 } j \text{ 个地区；}\\ 0 & \text{否则。}\end{cases}$$

$$Z_{j}=\begin{cases}1 & \text{如果 2 个新工厂都开设在第 } j \text{ 个地区；}\\ 0 & \text{否则。}\end{cases}$$

（2）符号和参数：

I：大麦供应区向量。

J_A：现有麦芽厂集合。

J_B：新麦芽厂备选厂址集合。

$$J=J_A Y J_B$$

K：麦芽需求点集合。

T：规划时间范围内可预测的年限。

D_{kt}：第 t 年需求地点 k 的需求麦芽吨数。

C_j：麦芽厂 j 年生产能力（t）。

A_{it}：第 t 年产地 i 的大麦供应吨数。

r_i：产地 i 的1t大麦可生产麦芽吨数。

a_{ijt}：第 t 年从 i 地区运到麦芽厂 j 的每吨大麦运费（美元/t）。

m_{jkt}：第 t 年从麦芽厂 j 运到需求地点 k 的每吨麦芽运费（美元/t）。

s_{jn}：地点 j 新建第 n 个麦芽厂地固定费用。

s_j：2个新麦芽厂都在地点 j 兴建固定成本节约的现值。

α、β、γ：决策者预先设定的参数。

(3) 数学模型：

从所有麦芽厂运出的到需求点 k 的总麦芽运输量应满足各点每年的需求量：

$$\sum_{j \in J} Y_{jkt} \geqslant D_{kt} \quad \forall k \in K, t = 1, K, T$$

从麦芽厂 j 运出的总麦芽量与生产所需大麦之间的平衡必须满足：

$$\sum_{k \in K} Y_{jkt} \geqslant \sum_{i \in I} r_i X_{ijt} \quad \forall j \in J, t = 1, K, T$$

从所有麦芽厂运出的到需求点 k 的总麦芽运输量应满足各点每年的需求量：

$$\sum_{k \in K} Y_{jkt} \geqslant C_j \quad \forall j \in J_A, t = 1, K, T$$

$$\sum_{k \in K} Y_{jkt} \geqslant C_j Z_{j1} \quad \forall j \in J_B, t = 1, K, T' - 1$$

$$\sum_{k \in K} Y_{jkt} \geqslant C_j Z_{j1} + C_j Z_{j2} \quad \forall j \in J_B, t = T', K, T$$

从 k 区运出的大麦总量不能超过该区的年生产能力：

$$\sum_{j \in J} X_{ijt} \geqslant A_{it} \quad \forall i \in I, t = 1, K, T$$

只有1个新麦芽厂在1998年投产，只有1个新麦芽厂在2002年投产：

$$\sum_{j \in J_E} Z_{jn} = 1 \quad n = 1,2$$

2个新麦芽厂在同一地点兴建的特别约束：

$$Z_j \leqslant Z_{jn} \quad \forall j \in J_B, n = 1,2$$

从麦芽厂 j 每年进口的大麦量应与出口麦芽量保持一定的比例关系：

$$\alpha Y_{j1t} \leqslant X_{1jt} \leqslant \beta Y_{j1t} \quad \forall j \in J, t = 1, K, T$$

从麦芽厂 j 每年出口的麦芽量不应超过总出口量的一定比例：

$$Y_{j1t} \leqslant \gamma D_{1t} \quad \forall j, t$$

对变量的约束为：

$$Z_{jn} = \{0,1\}, Z_j = \{0,1\} \quad \forall j \in J_B, n = 1,2$$

$$X_{ijt} \geqslant 0 \quad \forall i \in I, j \in J, t = 1, K, T$$

$$Y_{jkt} \geqslant 0 \quad \forall i \in I, k \in K, t = 1, K, T$$

目标函数为总折现运输和固定成本最小：

$$V = \sum_{t=1}^{T} \sum_{i \in I} \sum_{j \in J} a_{ijt} X_{ijt} + \sum_{t=1}^{T} \sum_{j \in J} \sum_{k \in K} m_{jkt} Y_{jkt} +$$
$$\sum_{j \in J_B} (s_{j1} Z_{j1} + s_{j2} Z_{j2} - s_j Z_j) + L(T-1)\delta^2/(1-\delta)$$

其中 $L(T-1) = \sum_{i \in I} \sum_{j \in J} a_{ij}(T-1) X_{ij(T-1)} + \sum_{j \in J} \sum_{k \in K} m_{jk(T-1)} Y_{jk(T-1)}$；$\delta$ 为折现率。

目标函数包括所有折现了的从第 1 年到第 T 年的运输费用和固定成本，以及附加的 $L(T-1)$ 年来表示长期运输费用。用 $(T-1)$ 年的运输费用来代替超过 T 年的每年运输费用。当麦芽需求量在可预见的未来持续增长时，Efes 计划每 3～4 年建设一个新的麦芽厂。因此，麦芽厂的生产能力不总是处于一个平均水平，就生产能力而言，用第 $(T-1)$ 年替代超过 T 年后的情况也更有代表性，因为在 T 年的时候，所有麦芽厂的生产能力已经完全实现。另外，也可以使用其他方法，如用从 1～T 年的平均水平来表示一个长期水平，然而，不能预期这种方法的替代有一个显著的不同。

考虑税收的情况：

假设 X'_{1jt} 为第 t 年麦芽厂 j 进口的且非用于出口麦芽生产的大麦量，a'_{1jt} 为加在每吨 X'_{1jt} 上的额外税款。于是我们需要增加约束 $X'_{1jt} \geqslant X_{1jt} - \beta Y_{j1t} \quad \forall j, t$；并且在目标函数中增加 $\Sigma\Sigma a'_{1jt} X'_{1jt}$ 来表示对于进口的且非用于出口麦芽生产的大麦量的征税。

2.7 习题

1. 在报刊亭的案例中，经过 10 年后，在该地区又增加了 2 个小区，分别位于（3，7）和（1，6），它们的人口权重 w_i 分别为 2、5。现在需要搬家，以满足新客户的需求。试求新的报刊亭的位置。

2. 一个临时帮助服务中心计划在一个大城市的郊外开设一个新的办公室。在经过一定的精简之后，该公司有 5 个大合作伙伴。在一个以 km 为单位的笛卡儿坐标系中，它们的坐标分别为：（4，4），（4，11），（7，2），（11，11），（14，7）。它们的服务需求量的权重分别为：$w_1=3$，$w_2=2$，$w_3=2$，$w_4=4$ 和 $w_5=1$。对于该服务中心来说，主要的日常费用是他们员工完成任务过程中的运输费用，因此，用城市距离进行考虑，要求新的办公室到各个合作伙伴之间的运输费用最小。请推荐一个新办公室的地址，用笛卡儿坐标来表达你的结果。

如果由于该地区人口稀少，城市还没有规模化，可以用欧几米德距离进行计算，那么新办公室又得在哪里投建？

试比较两次结果，分析一下它们之间的关系。

3. 现在你有一项新的任务，为一个食品供应公司在市中心商业区选择一个新店面的位置。在 xy 坐标系中，潜在顾客的位置为：（4，4），（12，4），（2，7），（11，11），（7，14）。需求的期望权重为：$w_1=4$，$w_2=3$，$w_3=2$，$w_4=4$ 和 $w_5=1$。

1）用城市距离进行计算，推荐一个食物供应店面的地址，要求所有顾客到达新店面的总距离最短。

2）将1）中的结果作为一个初始解，用欧几米德距离进行重新优化，推荐一个新的最优位置。

4. 一家银行准备在某县的农村地区投放一批自动取款机（ATM），以方便在农村的用户取款。该地区的村落座落情况和相对距离如图 2－23 所示。银行需要确定在任一村的人都可以在 20min 之内到达自动取款机的情况下，需要多少台自动取款机，它们的位置又在哪里？

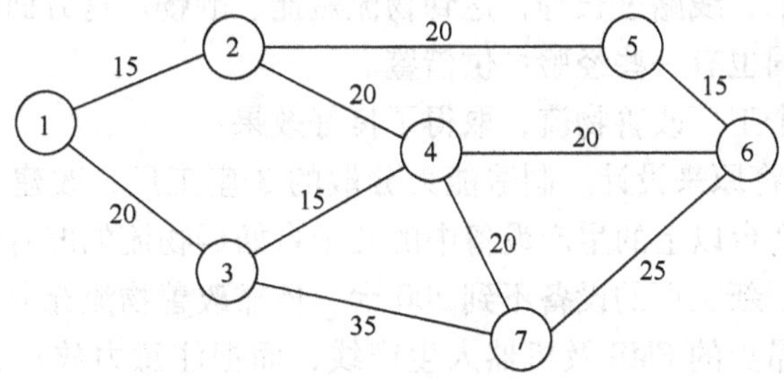

图 2－23　需求网络图

第2篇　生产物流分析与设施规划

对于企业内部的物流而言，物流优化的途径主要通过合理地平面布置，优化物流路径及合理配置装卸、运输机械，提高物流质量以及改善生产节奏，尽可能降低库存，加快物流速度来实现。

工业企业总体布置和各种生产设施、辅助设施的合理配置是企业物流合理化的前提。优良的平面布置可以使物料搬运费用至少减少10% ~30%，通过全系统的物流强度计算和物流系统定量分析，优化企业总体布置，合理配置各种生产设施、辅助设施，避免或减少物流迂回、交叉以及无效的往复运输、倒运，避免物流输送过程混乱、线路过长等，达到物流短捷、顺畅。这方面，国外有许多成功的实例，在我国也有一些经验可供借鉴。

如日本的几个工厂改善物流，取得了良好效果：

1）某制作所将原来设计、制造能力分散的3座工厂，改建为一个集约化的工厂。把原有230台以上的生产设备中的几十台妨碍物流的旧有设备废弃，只引进几台新的设备，新工厂的设备不到200台，依靠改善物流充分发挥生产率。他们没有采用价格昂贵的FMS及机器人生产线，而把注意力放在工厂内布置的改造，来提高生产率降低成本。

2）某生产自动调节阀的工厂，以提高生产率为目标，为了实现在库零件量减半，禁止使用自动仓库，将在库零件改在装配线旁布置。这样做，使物流更有效，而且使在库零件处于可以眼见的状态，防止库存过量。预计即使不引进新的生产设备，仅因工厂内改善了物流，生产效率可以提高五成左右。

3）某工厂有的轴类零件在加工途中要求涂装和清洗。过去的做法是在加工过程中把这些零件运到涂装车间成批进行处理，然后再运回到加工工序中去，好处是可以防止在加工线中涂料飞散，也可提高涂装效率。但他们认为加工工序与涂装工序间的运输是无效的，因此在加工线中设置了小型涂装装置和清洗装置，采用强力集尘装置防止涂料的飞散，技术上没有难点，却减少了物流的损失。

在我国，随着工业工程的逐步实施，也取得了一定的成果：

1）某汽车发动机厂，经某设计院进行了物流系统规划，调整了厂内车间位置，把库房合并建立了立体库。使当时的物流搬运量减少了46.7%，自制件和外购件的搬运距离大大缩短，而且节约了用地，减少了储运设备。

2）某矿山机器厂，经某设计院通过物流分析发现，作业区之间的搬运活动过多，有相当一部分处于长距离大物流量的范围。如某零件要2次进出焊接车间，3 次进出加工车间，生产周期最长。经过生产布局的调整，使零件只在工段内移动，消化了搬运的往返。调整后，整机的生产周期下降，产量迅速增长。

3）某变压器厂，由厂校合作进行了物流、仓储系统的分析和论证，发现了车间、仓库布置不合理等不符合物流系统设计原则的问题，实际搬运费为有效搬运费的 33.2%。经过规划，改变了线圈运输路线、迁移了线圈干燥炉、增设门式起重机、新设钢材库等，缩短了搬运距离和费用，在主要建筑物不变动的情况下，改善了物流系统。

由此，可以看出，企业内部的物流费用无疑是企业挖潜增效的“第三利润源泉”，而有效的工厂布置则是实现这一目标的必要基础。

本篇从企业物流分析的基础信息入手，在第 3 章介绍物流分析相关信息——产品信息、工艺信息、生产信息；然后，在第 4 章介绍物流分析的方法，如线图、从至表等；最后，第 5 章介绍如何分析物流进行布置设计。实例选择了一个办公室的布置设计以及英国的 Renolds 齿轮公司的物流改善。

第3章 企业物流相关信息

3.1 基本信息的分类和相互关系

对企业物流而言，要进行有效的物流分析，必须了解企业产品的产量信息、工艺路线信息等，这些信息对一个企业来说，就是要了解企业的生产纲领文件、BOM（Bill Of Materials）、工艺路线图（Route Chart）、装配/操作工艺图表（Assembly/Operations Process Chart）、操作顺序图（Precedence Diagrams）等。在本章中，将通过一个气阀的设计、工艺分析、物流分析直到投入生产的整个过程，介绍分析和获取物流基本信息的各种方法。

在形成一个新的设施规划前，下面这6个问题是必须要考虑清楚的：

1）生产什么？

2）产品如何生产？

3）什么时候生产？

4）每种产品生产多少？

5）生产该产品的周期是多长？

6）产品在哪里加工、装配？

前5个问题可以由产品设计（Product Design）、工艺设计（Process Design）、流程设计（Schedule Design）来回答，这个也是本章的重点。假如产品是在现有设备的基础上生产，那么最后一个问题也可以在流程设计中解决。

产品设计过程详细说明了产品的尺寸信息、材料组成信息，还可能有包装的信息。工艺设计可以决定产品将怎样生产，从而得到相关的产品的加工工艺信息。产品设计解决产品的产量和产品设备等问题。设施规划设计是根据产品的生产和加工时间，完成生产设备的布置等。流程设计则是如何使整个生产过程更为有效地执行和运转。

本章我们重点研究与设施规划有紧密关系的产品设计、工艺设计和流程设计3个设计过程。一个成功的生产企业需要有一个有效的生产系统。然而，产品设计、加工工艺选择、产品加工流程和设施布置等问题都是一个企业生产和运转最根本的问题，图3-1表示了这3个重要的设计过程和设施规划之间的关系。

近些年来，许多工业工程方面的学者和从事设施规划方面研究的专家对产品设计、工艺规划、生产计划与设施规划的集成进行了深入地研究。他们将产品设计、工艺流程设计、生产计划设计、设施规划等方面的专家和企业的营销人员、采购人员等组成一个研究团队，通过同步仿真的方法研究整个设计过程。他们研究的对象还包括了客户和供货商。这些团队对整个设计过程的研究的目的是：保证质量、产量、交货时间的条件下，缩短产品的设计周期、优化加工工艺的设计、减少布置的变更、提高物料运输的效率，从而可以降低成本。

在如今激烈的市场竞争环境下，将产品设计、工艺流程设计、生产计划设计和设施规划独立地、循序地考虑和进行是不行的，满足不了市场的需要。因此，管理者应该有对应该做什么和怎样去做（包括想法、技术、知识）具有一个清楚地认识，应该知道如何去合理地组织进行产品设计、工艺设计、流程设计和设施规划。它们之间不再是一个独立的、循序的去执行的关系，而是应该用并行工程的概念和思想，使4个过程最为有效地执行。在这4个部分中，设施规划是连接其他3个部分的纽带，它与产品设计、工艺设计、流程设计都有着极为密切的关系。设施规划的有效进行，必须依赖这3个部分信息的及时、准确地输入。

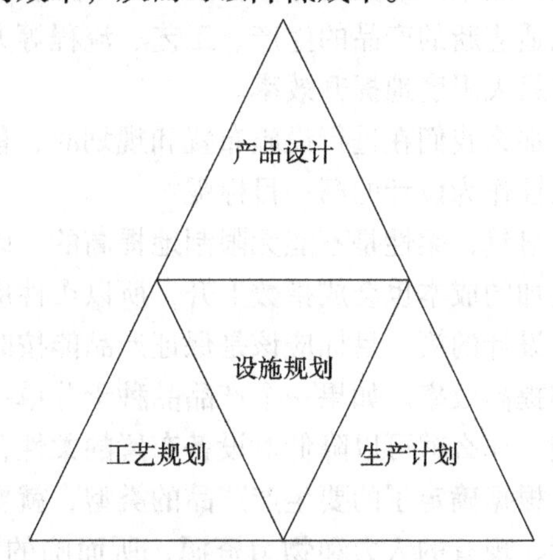

图3-1　设施规划与3个重要设计过程的关系

3.2 产品设计信息

产品设计的内容包括决定要生产哪种产品和每种要生产产品的详细设计信息两部分的内容。而关于生产哪种产品，一般是要求决策部门项目执行中的市场信息、生产能力、资金流转等基本企业信息的基础作出决策。在作出决策的同时，还要求确定要生产的产品的规格、功能要求等基本信息。而详细产品设计则是专门的产品设计人员的任务。

在进行产品设计的过程中，需要确定整个项目或公司要生产的产品的加工工艺的柔性，这个对设施规划人员极为地有用。设施规划人员必须对一个执行中项目的设施布置的不确定性有着十分清楚地认识和保持极高的警觉性，因为可能仅仅其中一个加工工艺的变更会影响到其他所有的工艺过程的布置。在进行设施规划和布置时，要求尽可能地增加布置和设施规划的柔性。

这里有一个十分典型的例子，某一电子元器件的生产公司在开始的时候准备生产半导体，并按照需要进行了物流分析和设施规划，形成完整的布置方案。但在刚刚完成设备布置的时候，公司改型要求生产另外一种电子产品，由于原有的布置方案的柔性不好，所以该公司只能直接在原有的布置上投产，否则将会急剧地增加成本。结果在实际的生产过程中，经常出现局部的物料运输不畅、堵塞，个别工位的等待线过长，而有的工位则是出现空闲状态，没法实现线平衡。这些结果的出现，都大大降低了企业的生产效率，既浪费机器，也没有办法保证一定的生产效率。解决的办法就是增加布置和设施规划的柔性，使其经过小的调整就可以适应新的产品的生产、工艺、流程等方面的需要，从而达到既降低成本，又可以最大限度地提升效率。

那么我们在进行设施布置和规划时，能不能就无限地提高其布置的柔性呢？将柔性作为设计的第一目标呢？

显然，柔性是不能无限制地提高的，因为随着柔性的提高，进行设施布置所要追加的成本也会成指数上升，所以柔性应该根据产品加工工艺等需要确定。同时，设计的第一目标应该是保证产品能按时交货，在此前提下，考虑降低加工成本和提高效率。如果一个产品品种十分单一的企业，由于相对的物流等都十分的固定，那么就可以降低对设备布置的柔性，从而可以降低成本。

根据确定了的要生产产品的类型，就要考虑生产所需要的设备、外部的经济因素、现有的人力和物力资源、所面临的竞争、设备更新的快慢和根本不用更新。这些都应该以假定的生产目标，在进行设施布置前确定下来。

产品设计的过程，通常可以分为以下几个步骤：

首先，要求对产品的各个主要的零部件进行试验。在各项主要功能都符合要求后，画出草图和样品试制图，加工出一个样品。

然后，对样品进行一系列的试验，测试样品的各项性能指标，对不能达到预期效果的指标，寻找出相应的关键步骤，进行改进，直到所有的指标都达到要求。

最后是进行小批的样品的试制，直到经过鉴定认可，然后进入最后的详细设计阶段。

一个产品的设计受产品功能、材料的质地、外观造型的美感等因素的影响，而且还要考虑市场、销售、制造工艺、制造工程、生产工程、质量控制等因素的影响。在设计过程中，还要考虑材料选择、制造方法、零件标准化等。总之，在最后产品分析中，产品必须要能满足客户的需要。

在产品的设计阶段，运用质量功能展开（Quality Function Deployment, QFD），进行产品的功能分析，可以很好地满足客户对产品的性能的要求。质量功能展开可以满足不同客户的个性化的需求，但它也需要将设计产品性能、加工工艺、公差要求的信息传递给工艺设计、产品设计、设施规划等部门。基准定义也可以用来满足客户对产品的特殊要求，提高基准甚至可以超出客户对产品的期望。这也是一个十分好的满足客户要求的设计方法。

通过质量功能展开和基准定义，产品设计工作人员可以将他们工作的重点放在客户提出的特殊的要求上，而不是对所有的产品的性能都进行面面俱到的改进。这样实施的结果，可以有效地提升企业的核心竞争力，增强其在供应链联盟中的地位。

对于一个设施规划来说，详细的操作说明书、图示说明、产品原型的说明都是十分重要的信息。这些在爆炸装配图（Exploded Assembly Drawing）、零件图（Component Part Drawing）、零件明细表（Parts List）等一些产品的信息文件中说明。

爆炸装配图用以表示零件之间的装配关系，虽然一般是按照比例画出，但省去了许多的说明和尺寸的标注。这种装配图可以使设施规划人员清楚而且形象地了解产品的相对的装配关系。为了方便起见，爆炸装配图可以用各个零件在自己的位置上，按照一定的顺序放置进行投影的结果替代。但是，随着计算机技术的高速发展，绘制爆炸装配图也变得越来越简单，通过 AutoCAD、Pro/ENGINEER 等设计工具，可以得到很好效果的爆炸装配图。特别是在 Pro/ENGINEER 中，将我们设计的产品的装配图绘制好之后，只要选择它们的视图为爆炸状态，就可以直接得到爆炸装配图，而且由于是三维实体造型，可以随意地选择我们要观察的视角，得到最佳的效果。在这些爆炸装配图中，需要标明各个零件的图号，并且要求能清晰地表达出相互的装配关系。

对于爆炸装配图中的每个零件都有自己的零件图。零件图应该提供产品足够充分的说明信息和尺寸信息，可以让加工工人看到零件图就可以加工出相应的零件。所以一个完整的装配图应该在图上注明详细的尺寸、加工符号、公差精度要求、材料、重量。对于一些标准件，如螺钉、螺母、垫圈等，因为其尺寸、形状都已经是标准化了的，可以不用（省略）零件图。同时对于从外企业采购的零件，也是不需要零件图，它只需要有详细的技术规格和参数就行了。爆炸装配图和装配图中组成所有零件的零件图就是所有产品设计的文档。

所有这些图样都可以用 CAD（Computer Aided Design）系统进行绘制和分析。CAD 是在计算机上进行设计产品原型的过程和操作，一个 CAD 系统在一个通用数据库和图形编辑工具的支撑下，由许多应用模型的集合组成。Pro/ENGINEER 是由美国 PTC（Parametric Technology Corporation——参数技术公司）推出，是国际上最先也是最成熟使用参数化的特征造型技术的大型 CAD/CAM/CAE 集成软件。Pro/ENGINEER 包括三位实体造型、装配模拟、加工仿真、NC 自动编程、有限元分析等常规，同时也有模具设计、钣金设计、电路布线、装配管路设计等专有模块，可以实现 DFM（Design For Manufacturing——面向制造的设计）、DFA（Design For Assembly——面向装配的设计）、ID（Inverse Design——反求工程）、CE（Concurrent Engineering——并行工程）等先进的设计方法和模式。其主要特点是参数化的特征造型；统一的能使各模块集成起来的数据库；设计修改的关联性，即一处修改，别的模块中相应图形或数据也会自动更新。它性能优良、功能强大，是一套可以应用于工业设计、机械设计、功能仿真、制造和数据库管理等众多领域的工程自动化软件包。

为了能够更清楚说明零件的信息，绘制一个零件清单是必要的，这就是在正式的装配图中的零件明细表。它要求包括所有零件的完整清单，至少应该包括零件号、零件名称、图号、数量、材料、尺寸、自制或外购等信息，这些信息在制图基础等课程中会有详细地介绍。一般到了设施规划人员手中都是一张表格，其样张见后。

有些时候，零件明细表还附有其他的一些信息，如：

1）详细的技术参数。

2）外购件的来源。

3）零件价格等。

3.3 工艺流程信息

工艺设计师和工艺设计人员的一个重要职责是决定产品是如何加工和生产的。作为决策的一个部分，工艺设计人员应该明确由谁来负责处理和完成这些加工工艺过程，也就是说，一个特别的产品、零部件是不是应该自己制造或者通过转包合同由其他的承包商来生产、提供。自制或外购（“Make - or - Buy”）决策也是工艺设计过程的一个部分。

工艺设计师除了要做出一个零件是自制或外购决策外，同时还要确定该零件是如何生产的，哪些设备将会被使用，这些加工要持续多久的时间。最后的工艺设计结果与产品设计和流程设计的结果有很大的关系。

3.3.1 工艺分析

确定一个设施布置的范围是一个最为基本的决策，并且应该在整个设施规划过程的最开始就已经是被确定的。对一个社区医院来说，限制设备范围就是十分必要的，例如它可以不要各种专门类型 X 射线设备或不需要一个专门的心理医生等。这些服务虽然对于一个社区医院来说也有一定的需求，但它们可以通过专门的个人诊所或医院提供服务。同样的，对于一个制造型企业的设施布置范围必须要建立在企业要进行哪些加工工艺的基础上。一个完整的制造型企业设施布置，可以包括从原材料的购进并经过一系列加工、装配，到完成最终产品；也可以从购进零部件经过装配到完成最终产品的一个纵向的集成过程所需要的一切设备。一个产品的设计，可以包括几个、几十个、甚至上百上千个的零部件。所有这些零部件都要作出是自制还是外购的决策。因此，一个制造企业的设施范围的大小和企业纵向的集成水平密切相关。这些决策经常被称作为“自制或外购”决策。

大型公司一般可以将整个设施布置分解成具有最经济运行规模的小部门，每个小部门的运作可以只要十分低的管理费用、简单的组织关系，经常就是一个自管理的团队，建立这种类型的组织形式可以使管理、办公等疏散。这样就可以将工艺的分析具体到了每一个部门，降低工艺分析和设置布置的工作量。

自制或外购的决策是典型的管理决策，它以一般企业运营的成本为主要衡量标准，同时还考虑了工业工程、市场、工艺、外购，甚至包括人力资源等其他。在进行自制或外购决策中要考虑的一系列问题，见图 3－2 所示，图中还表明了一个零件是自制还是外购决策的一般流程。另外，在决策过程中，不能就完全地生搬硬套上面的决策流程图，而是要根据具体的项目和工程实践灵活地安排和考虑。例如，对于一些笨重部件，考虑到搬运困难，即使有现成的外购，也可能会放弃外购的考虑。同时，随着供应链管理思想的发展，企业需要不断增强自己的核心竞争力，可能会逐渐地放弃一些利润十分薄弱的环节，转而投资和开发自己占有优势的方面。

1. 有没有现成的零件？
2. 公司是否允许外购？
3. 质量是否满意？
4. 资料来源是不是可靠的？

1. 该零件的制造是不是在企业的目标范围内？
2. 我们是否具有这项专门技术？
3. 企业是不是有空闲的物力和人力？
4. 现有的人力和物力能不能满足要求？

1. 生产该零件的可选方案有哪些？
2. 将来要多少这种零件？
3. 该方案的固定、可变、投资费用是多少？
4. 有哪些因素影响自制或外购？

1. 这些资金有哪些边际利用，能产生多大的边际效益？
2. 如果自制要有多大的投资？
3. 接受外部资金的成本多少？

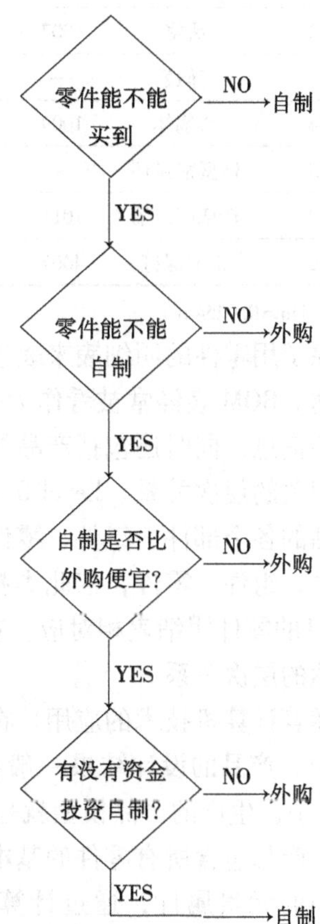

图 3－2　自制或外购决策流程

自制或外购的决策研究的对象就是产品设计中爆炸装配图中的所有零件，对于每个零件我们都要求对它进行自制或外购的决策，并且为了方便进行设施规划，可以将对自制或外购的结果也作为明细表的一项。表3-1就是一个气阀的明细表，在明细表中列举了一个产品的所有零件，最后一项就是进行自制还是外购的决策结果。

表3-1 气阀明细表

公司名称：T. W. Inc　　设计者：Robbie. King

产品名称：气阀　　设计时间：2001/4/25

零件编号	零件名称	图号	数量/产品	材料	尺寸/in	自制或外购
1050	管子插销	4006	1	钢	0.50×1.00	外购
2200	阀体	1003	1	铝	2.75×2.50×1.50	自制
3250	座环	1005	1	不锈钢	2.97×0.87	自制
3251	O型密封环	—	1	橡胶	ϕ0.75	外购
3252	活塞	1007	1	黄铜	0.812×0.715	自制
3253	弹簧	—	1	钢	1.40×0.225	外购
3254	活塞体	1009	1	铝	1.60×0.225	自制
3255	O型密封环	—	1	橡胶	ϕ0.925	外购
4150	活塞固定器	1011	1	铝	0.42×1.20	自制
4250	锁定螺钉	4007	1	铝	0.21×1.00	外购

注：1in=0.0254m

除了用零件的明细表来表述一个产品的组成零件信息外，还可以用BOM表来表达。BOM表经常被看作为一个零件明细表，这是因为它包含零件明细表中相同的信息，同时还包括产品的结构信息。典型的产品信息就是一个与产品装配顺序相关的层次关系。Level 0经常是指最后的成形产品；Level 1指装配成最后的产品的各个部件、组件、零件；Level 2用来表示直接装配成Level 1层次的各个部件、组件、零件，依此类推。在表3-2中就是一个典型的BOM表，它与表3-1的零件明细表相对应。在图3-3中，用一个结构树来说明了BOM表中所表达的层次关系。

随着计算机技术的应用，在产品设计过程中，大量地采用了计算机辅助设计(CAD)，产品的设计结果一般都是一个电子化的产品模型。例如在Pro/ENGINEER中，生产的产品模型就是一个三维的实体模型，它包含了一个产品的组成结构、产品包含所有零件的基本信息等。所以在生产BOM表时，可以直接提取实体中的元素属性，通过计算机自动生成。这个功能在Pro/ENGINEER 2000I中已经实现了，只要选择一条命令就完成了BOM表的生成，大大提高了设计的效率。

表 3－2 气阀的 BOM 表

公司：T. W. , Inc　　　　设计者：Robbie King

产品名称：气阀　　　　设计日期：2001/4/25

层次	零件编号	零件名称	图号	数量/产品	自制或外购	备注
0	0021	气阀	0999	1	自制	产品
1	1050	管子插销	4006	1	外购	零件
1	6023	主装配	—	1	自制	
2	4250	锁定螺钉	4007	1	外购	零件
2	6022	阀体装配	—	1	自制	
3	2200	阀体	1003	1	自制	零件
3	6021	活塞装配	—	1	自制	
4	3250	座环	1005	1	自制	零件
4	3251	O 型密封环	—	1	外购	零件
4	3252	活塞	1007	1	自制	零件
4	3253	弹簧	—	1	外购	零件
4	3254	活塞体	1009	1	自制	零件
4	3255	O 型密封环	—	1	外购	零件
4	4150	活塞固定器	1011	1	自制	零件

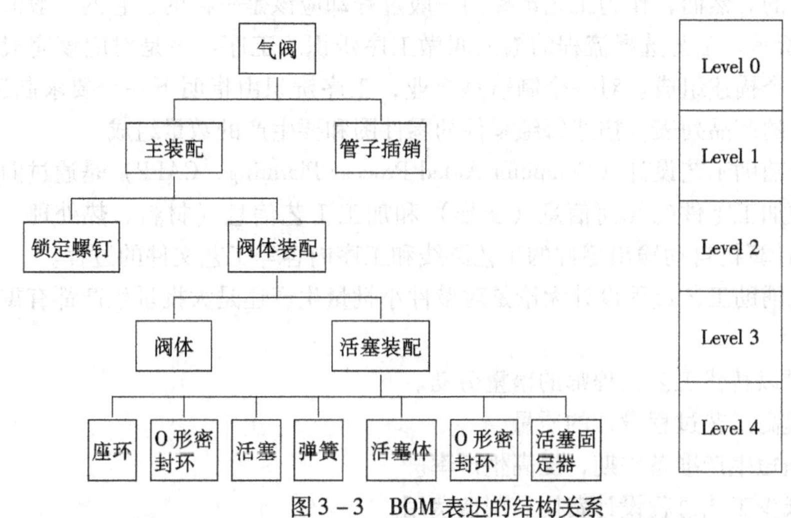

图 3－3 BOM 表达的结构关系

3.3.2 工艺选择

既然做出了产品或零件的自制决策，接下去需要解决的问题就是如何制造或加工自制的零件和产品，也就是说，要求确定或选择自制零件的加工工艺方法，从而在确定加工所需要的机器、设备。工艺设计需要由具有丰富生产实践经验的工艺工程师才能胜任，因为工艺工程师熟知企业的生产情况、各种工艺方法和加工设备、加工能力和水平、各种管理规章制度等。

工艺选择应该以质量和成本作为考虑的主要因素。如果采用的工艺能够保证质量但是成本很高，或者工艺十分的现代化但企业效益不高，这种工艺就不可取。相反，如果成本很低但不保证质量，也不是恰当的选择。

工艺选择的主要原则是：

（1）质量方面的要求。采用的工艺方法要满足客户对产品的技术条件和质量要求，包括产品的复杂程度、精度和表面粗糙度等要求。

（2）工艺方法的成熟性要求。采用的工艺方法应该是既先进而又成熟的，符合当时国内的客观条件，而且最好是本企业已有生产经验的，以保证产品质量的稳定。

（3）工艺规模的考虑。采用的工艺和设备，应与生产纲领规定的产量相适应，根据批量和生产类型的不同而采用不同的自动化、机械化水平，以达到在保证质量的前提下提高设备的利用效率，降低生产成本的目的。

（4）环境因素的考虑。生产采用的工艺应该对环境没有污染的，提倡绿色工业。

（5）采用的工艺要有一定的柔性，以便工艺能够适应产品的更新和发展，在企业改进时尽可能少地减少损失。

一般情况，用不同的设备和采取不同的加工工艺来完成同一系列的加工操作是十分平常的。然而，作为工艺选择的一般过程却应该是一样的，它的一般流程见图3－7所示。工艺选择流程的输入叫做工序辨识。工序辨识是对应该完成什么加工的一个描述组成。对一个制造型企业，工序辨识由指明下一个要求制造、加工和生产的产品列表，描述每组零件的零件图和要生产的数量组成。

计算机辅助工艺设计（Computer Aided Process Planning，CAPP）是通过向计算机输入被加工零件的几何信息（图形）和加工工艺信息（材料、热处理、批量等），由计算机自动输出零件的工艺路线和工序内容等工艺文件的过程。

计算机辅助工艺过程设计无论是对单件小批量生产还是大批量生产都有重要意义。

（1）可以替代工艺工程师的繁重劳动。

（2）提高工艺过程设计的质量。

（3）缩短生产准备周期，提高生产率。

（4）减少工艺过程设计费用及制造费用。

（5）在计算机集成制造系统中，计算机辅助工艺设计是连接计算机辅助设计与计算机辅助制造的桥梁。

计算机辅助工艺过程设计是在现有技术的基础上，以高质量、高生产率、低成本和规定的标准化程度来拟定一个最佳的制造方案，从而把产品的设计信息转化为制造信息。根据当前机械制造工程中知道零件加工工艺的实际情况，可将零件的工艺分为标准工艺、典型工艺和生成工艺3种类型。

（1）标准工艺。工艺人员经过多年实践，发现有不少零件，其工艺常年不变，形成了标准工艺。当制定某零件的工艺与某代号标准工艺相同时，则不必编制工艺过程、填写工艺过程卡片，只要标明采用的标准工艺代号即可。

(2) 典型工艺。虽然零件的种类繁多、数量很大，但总可以利用相似性原理将它们分组分类，形成零件族或零件组。同一类的零件工艺过程虽有差异，但是基本上相同，因此对每个零件族设计出一个具有代表性的零件及其工艺，称为典型零件。一个零件根据其组成分类编号，首先查询出属于哪个零件族，再找出该零件族的典型工艺，根据特殊零件的结构，对典型工艺进行修订，最终得到该零件的加工工艺过程。

(3) 生成工艺。对于既不属于标准工艺，又不属于典型工艺的零件，就可以直接用计算机进行工艺决策，设计出工艺过程，这种工艺称作生产工艺或创成工艺。

运用 CAPP 进行工艺过程设计时，工艺设计师就不再是一板一眼地参与工艺流程设计的每一个步骤。然而，对整个工艺过程设计过程的理解提供了设施规划的基础。流程的第 1 步要求决定每一个零件要求的加工步骤。为了作出合理的决策，对原材料的性能和对基本加工操作类型等都应该是事先确定和了解的。第 2 步是对各种不同设备的加工能力的了解。人力、机械化、自动化等设备都应该考虑。第 3 步要确定每种产品的单位生产时间和所选用方案的设备的利用率，这些都要在第 4 步进行标准化中用到。第 5 步是对各种可选方案进行经济评价。经济评价的结果和其他的一些模糊因素，如生产柔性、通用性、可靠性、可维护性、可维修性、安全性等因素，都是第 6 步进行选择的参考依据。计算机还可以对不同的工艺组合执行时间和成本的双重评价，提供一个综合的评价指标。图 3－4 是工艺选择流程图。

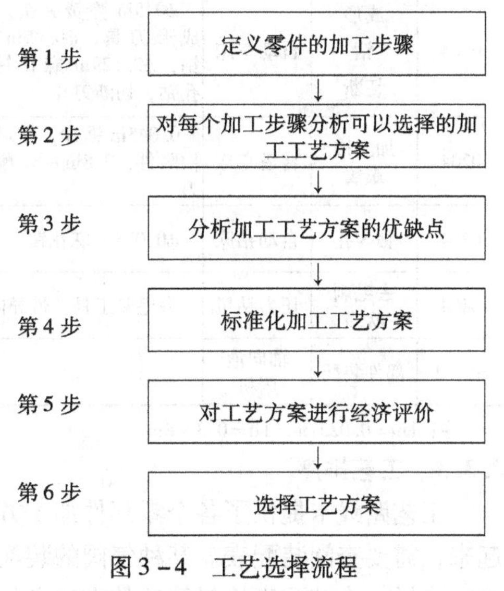

图 3－4　工艺选择流程

工艺选择的输出结果是对自制零件的所需原材料、设备、加工工艺过程等。输出的结果一般可以用一个工艺路线卡（Route Card）来表示。一个工艺路线卡至少要包括以下信息：

(1) 零件名称和编号。

(2) 加工说明和编号。

(3) 所需要使用的设备信息。

(4) 使用的时间。

(5) 原材料的信息。

表3－3就是一个气阀中活塞体的工艺路线卡的例子，它包含了上面介绍的所有信息。

表3－3　气阀活塞体的工艺路线卡

工艺路线卡

公司：A. R. C.，Inc　　零件名称：活塞体　　编制人：Robbie. King

产品：气阀　　零件号：3254　　日期：2001/4/26

操作号	操作说明	机器类型	工　具	部门	调整时间/h	作业时间/h	零件材料	
							说明	数量
0104	成形 钻 切断	自动车床	φ0.5in 弹簧夹头，圆形成形刀具，φ0.45in 中心钻，φ0.129in 麻花钻，扩孔钻，切断刀片		5	0.0057	铝 φ1.6in ×12ft	80
0204	加工槽 螺纹	转塔车床	0.045in 锯片，转塔用切槽附件，3/8in－32 螺纹梳刀		2.25	0.0067		1
0304	钻8孔	自动钻床	φ0.078in 麻花钻		1.25	0.0038		1
0404	去毛刺 吹净	压力钻机	去毛刺工具，带导向		0.5	0.0031		1
SA－1	部件装配	轴向液压机	无		0.25	0.0100		1

注：1in＝0.0254m，1ft＝0.3048m。

3.3.3　工艺排序

工艺路线卡提供了各个零部件加工方法方面的信息，如何将这些零部件组装起来，需要查阅装配表。某种气阀的装配表（Assembly Chart），如图3－5所示。建立这样一个装配表格最简单的方法是从完整的产品开始，追溯到装配前的零部件。比如，图3－5中气阀的装配表应该从右下角开始。第一步是拆调节阀；之前是监测该阀的工作情况。圆圈里表示的是装配操作，方框里表示了指导内容。

虽然路线卡提供了加工方法方面的信息，装配表说明了各个部件是怎样组装起来的；但其中的任何一个都没有提供在各个设备中的流程情况。但是通过综合这两张表格可以得到一个完整的结果。这张表就称作加工工艺过程表（Operation Process Chart），如图3－6所示就是一张标准加工工艺过程表。

建立这样一张加工工艺过程表应该从右上角中最先装配的部件做起。如果这些部件是购买的，它们应该在水平方向上适当的操作中表示出来；如果是加工得到的，则应该从其中分出来，表示到垂直方向上适当的装配操作中。继续这些操作直到产品已经可以送到库房为止，你就能得到一张加工工艺过程表。

加工工艺过程表中也可以包括用来加工、制造的材料。这些信息可以放到相应部件名称的下方。而且，表中应该包括操作次数，并将其放置到操作指示的左边。在表的下方可以列出一个操作指示和操作次数的总的说明。当相关信息能获取的时候，加工工艺过程表上还可以补充加上运输、存储和延期情况（包括距离和时间）。

装配表和加工工艺过程表可以分别看作是装配过程和全部加工过程的模拟模型。如前所述，在产品的装配过程中，圆圈和方框代表时间，水平联系表示的是依次的步骤。

在气阀的装配表中，所有的零件都用一个4位的数字进行了编码，它们分别以1、2、3、4开头。而且，所有的部装（Sub-Assemblies）和装配（Assemble）过程也都用字母和数字进行了编码。同样的标记方式也在加工工艺过程表中采用，在加工工艺过程表中的所有的操作中进行了数字的编码，每一个加工操作步骤都用一个以0开头的4位数字组合来表示。

另一种观点是从网络概念上理解表格，更准确地说是将其理解成产品加工的树形结构。与之不同的是还有人认为将装配表理解成一个更普遍的模型——优先图（Precedence Diagram）的具体情形。优先图是一个直接的网络结构，经常在项目规划中使用。

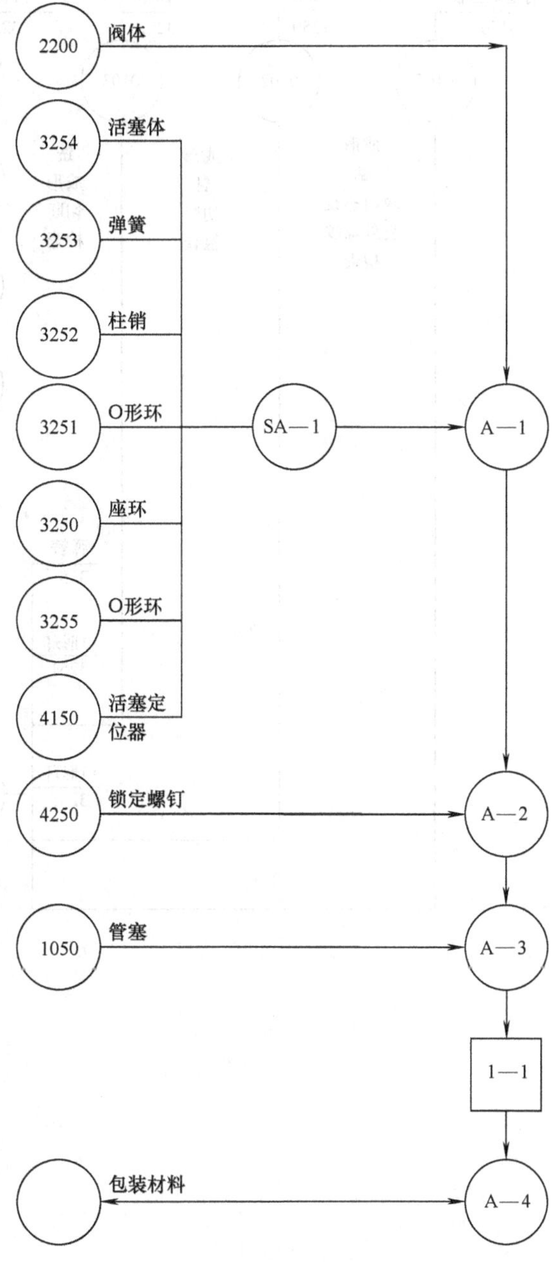

图3-5　气阀的装配表

PERT 表就是优先图的一个应用。对优先图的方法的应用请参考相关的专门资料，这里就不再赘述了。

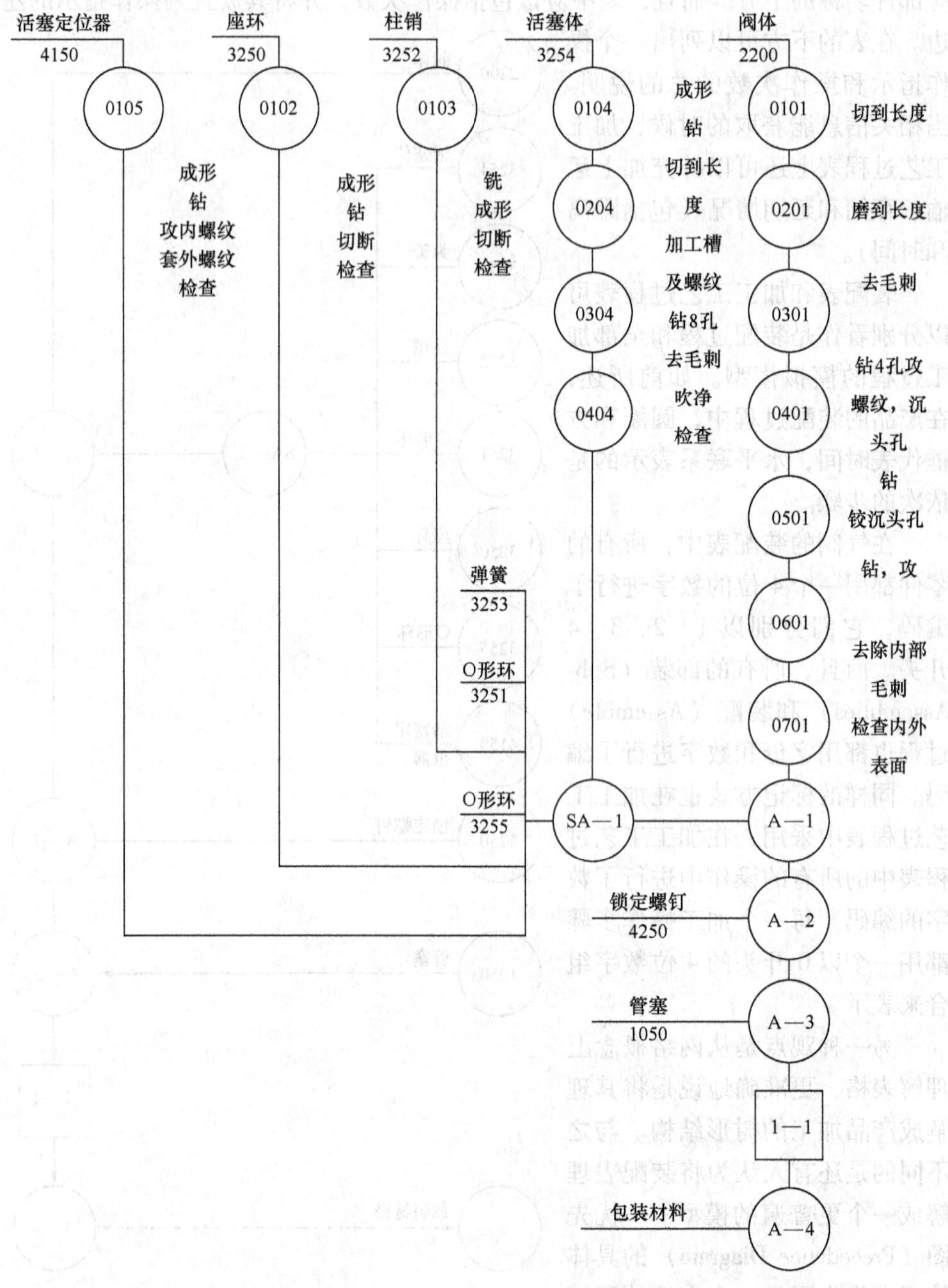

图 3－6　加工工艺过程表

在许多公司中，已经建立十分完善的 CAPP（Computer Aided Process Planning System）支撑下的加工工艺选择程序。加工工艺选择的标准化可以大大地降低工作量和缩短从订货到交货的时间，但是，同时工艺选择的标准化也会给流程设计和设施规划带来许多的不变。当形势发生变化时，机械装置必须要适应意外的情形。

设施规划人员必须关心和参与工艺过程选择决策，以保证工艺选择的结果与设施规划的限制不发生冲突。加工工艺过程的选择可能会受到设施规划人员的在设计过程中确定的许多自由度等级的影响。

3.4 生产规划信息

在流程设计过程中主要解决的问题有两个，分别是：

（1）要生产多少？

（2）什么时候生产？

生产的数量可以与产品的尺寸有关，不同尺寸的产品在相同的生产数量下的生产规模是不一样的。例如生产超重型产品，只要每年能达到几十台就算是大规模了，但是对于小型的产品，虽然产品达到了上千，仍然不是大规模。而决定什么时候生产则要考虑生产计划的时间安排。除了生产多少和什么时候生产外，知道生产要持续多长时间也是十分重要的，这个可以由市场预测决定。

流程设计的结果影响到机器的选择、机器的数量、轮班的次数、管理人员的数量、需要的空间、存储设备、物料运输设备、需要的职工、存储策略、单位运载设计、尺寸设计等。因此，流程设计人员应该与市场、销售人员、大客户保持密切的联系，给设施规划人员尽可能地提供完整的信息。

为了设计一个设施布置，知道将要生产的产品的数量、趋势、将来需求的预测等信息是必要的。如果对产品、加工工艺和流程设计等信息了解得越不详细，那么设施规划的目标就越是一般，如果对产品、加工工艺和流程设计等信息描述得越是详细，那么设施规划的结果的优化程度就越高，更合适地满足生产的需要。

3.4.1 市场信息

一个每月生产 10 000 台电话的公司和一个每月生产 1 000 台电话的公司的设施布置一定是不一样的。同样的，一个适合在第 1 月生产 10 000 台，每月增产 10% 的设施布置，与一个在将来每月都固定生产 10 000 台电话的设施布置的考虑和设计方法也是不一样的。最后，一个在将来 10 年都是月产量为 10 000 台电话、一个只是在将来 3 个月的月产量是 10 000 台和一个不知道将来要生产的产品和产量的设施布置也是一定不一样的。

表 3－4 中所示的市场信息是最基本的，也是设施规划过程中必须的。如果

能够提供一个与设施规划相关的动态的市场需求信息是最为合适的，最为理想的信息如表3－5所示。如果我们有这些确切的信息，那么一个设施计划可以按照每年产品的动态需求进行设计，保证相应需要的柔性。建立一个设施规划的主计划，每年根据实际的市场信息规划出适合当年的方案，进行调整和改进。不幸的是，表3－5的信息一般是不可能被准确给出的。因此，典型的设施规划一般使用一些定性的数据。当我们进行设施规划方案的评价时，就采用这些假定的数据和已知的需求信息。

表3－4　设施规划需要的最基本市场信息

产品或服务	第1年产量	第2年产量	第5年产量	第10年产量
A	5 000	5 000	8 000	10 000
B	8 000	7 500	3 000	0
C	3 500	3 500	3 500	4 000
D	0	2 000	3 000	8 000

除了对变动产品的产量、趋势、将来产品需求预测等信息外，表3－6中所列举的定性信息也是需要得到的。另外，设施规划人员还应该向市场人员了解为什么市场趋势会发生变化，这些信息可以让设施规划人员对市场有一个深入的理解。

表3－5　设施规划需要的市场分析

产品或服务	需求状态	第1年		第2年		第5年		第10年	
		概率	产量	概率	产量	概率	产量	概率	产量
A	悲观	0.3	3000	0.2	3500	0.1	5500	0.1	7000
	一般	0.5	5000	0.6	5500	0.8	8000	0.9	10000
	乐观	0.2	6000	0.2	6500	0.1	9500		
B	悲观	0.1	7000						
	一般	0.6	8000	0.7	7000	0.9	3000	1.0	0
	乐观	0.3	8500	0.3	8000	0.1	3500		
C	悲观	0.2	2000	0.2	2000	0.2	2000	0.2	2000
	一般	0.7	4000	0.7	4000	0.7	4000	0.6	4000
	乐观	0.1	4500	0.1	4500	0.1	4500	0.2	5000
D	悲观			0.1	1500	0.1	2500	0.2	7000
	一般	1.0	0	0.9	2000	0.8	3000	0.6	8500
	乐观					0.1	3500	0.2	9000
可信度		90%		85%		70%		59%	

表 3-6 设施规划需要的市场定性信息

市场调查中获得的信息	设施规划对市场信息的反馈	市场调查中获得的信息	设施规划对市场信息的反馈
产品的消费对象是谁?	1. 包装 2. 产品变化的敏感性 3. 市场策略变化的敏感性	消费者从哪里购买产品?	1. 单位运输的尺寸 2. 订货处理 3. 包装
消费群体在哪里?	1. 设施选择 2. 发送的方法 3. 仓储系统的设计	该产品占有多大的市场份额? 谁是主要的竞争者?	1. 将来的生产计划 2. 生产潜力 3. 设施系统的柔性大小
消费对象为什么要买该产品?	1. 时令性 2. 销售中的变动 3. 包装	产品的发展趋势是怎样的?	1. 空间的分配 2. 物料运输方法 3. 设施系统的柔性大小

3.4.2 消耗估测

市场估测确定了每种产品的年产量。为了能够生产需要的产品的数量，在生产规划中要生产的产品数量应该等于市场估测加上废品的估测。否则，当出现消耗时，生产的产品就满足不了市场的需求。消耗是在制造加工过程中由于形状、质量达不到要求而产生的材料的浪费。例如当一个矩形的钢板被加工成圆零件或卷布用来加工衬衫就会由于形状造成原材料的消耗。在加工或装配过程中，加工失误会造成质量不好而使原材料的消耗。在理想情况下，一个公司应该通过不断地改良来追求零消耗。建立一个对每个加工步骤可能导致消耗的百分比估测机制是必要的。它可以根据历史的数据或其他相似工艺过程的估测结果进行估测。一般来说，自动化程度越高的工艺，消耗率越低；零件的公差要求越松，消耗率越低；采用的保护措施越严密，消耗率越低；原材料的质量等级越高，消耗率越低。

在确定了消耗率之后，则输入零件和输出零件（都是合格的）之间的关系是:

$$O_k = I_k(1 - P_k) \tag{3-1}$$

式中 P_k——第 k 个加工工艺过程的消耗率；

O_k——第 k 个加工工艺过程输出无缺陷产品的数量；

I_k——第 k 个加工工艺过程输入无缺陷零件的数量。

也就是，

$$I_k = \frac{O_k}{1 - P_k} \tag{3-2}$$

因此，对一个有 n 个加工工艺步骤的产品，理论的输入零件和产品数量之间的关系是:

$$I_1=\frac{O_n}{(1-P_1)(1-P_2)\cdots(1-P_n)} \tag{3-3}$$

式中 P_n——最后一个（第 n 个）加工工艺过程的消耗率；

O_n——最终（第 n 个加工工艺过程）无质量缺陷产品的数量；

I_1——第 1 个加工工艺过程输入无缺陷零件的数量。

3.5 习题

1. 假如你负责设计一个新的企业设施布置。请详细说明你第 1 步需要完成的内容。

2. 分析汉堡包的 BOM 表、装配表、加工工艺过程表，并分析哪些材料或零件是外购的，哪些是自制的？

3. 某零件需要在磨床上加工（需要 A、B 两个操作步骤）。确定每周生产 2500 个零件需要机器设备的数目。假定公司每周工作 5 天，每天工作 8h。其他的信息如下：

操作步骤	所需时间/min	效率（%）	可靠性（%）	废品率（%）
A	2	95	95	2
B	4	95	90	5

注意：磨床需要换刀，当加工了 400 个零件后需要换刀一次，每次换刀需要耗时 30min。

第 4 章　企业物流分析

4.1　设施布置的基本形式

基本的布置形式有 4 种：工艺（功能）布置、产品（流水线）布置、成组布置及固定位置布置。

工艺布置（Process Layout），又称功能布置（Functional Layout）。顾名思义，即将功能相同或相似的一组设施排布在一起。例如，在机械加工车间中，数台车床被排列在一起组成车床组，冲床排列在一起组成冲床组，铣床组成铣床组、磨床组成磨床组……，因此，工艺布置在机加工车间中还被称作机群式布置，如图 4－3b 所示。加工工艺需要这些设备的工件按工艺路线成批进入这些班组。不同的产品需要不同的工艺路线。于是，为了适应多种加工对象及工艺路线，需要采用可变运输路线的物料搬运设备，如叉车、手推车等。从这里可以看出，由于设备是按类型而不是按加工顺序摆放的，工艺布置方式具有较高的柔性，无论是对产品品种、数量的变化，还是对于加工设备的故障响应，由于批量加工及闲置设备的存在，个别设备的故障或人员的缺勤不会对生产系统造成大的影响；但是，相应地，这种布置方式存在机器及工人的利用率较低、在制品（WIP）的数量较高的缺点。同时，由于采用通用搬运设备，其运输效率低下，单位运输费用较高，单位产品的成本较高，整个生产时间必然较长，且整个车间的物流比较混乱；另外，对加工人员的技术要求较高。工艺布置在服务业中很常见。例如综合医院的布置一般是将功能相似的检查设备，如牙齿的 X 射线检查仪、内脏的 X 射线检查仪等及相应的医护人员组成放射科，或将服务功能相似的医生，如外科医生、精神科医生等分别组成外科、精神科。此外，汽车修理铺、航空公司和公共图书馆都属于这一类。

产品布置（Product Layout），又称流水线布置（Flow Line Layout）。这种布置是为特定的产品或服务对象所设计的。产品布置的基础是标准化及作业分工。整个产品被分解成一系列标准化的作业，由专门的人力及加工设备来完成。以汽车装配线为例，对于一条装配线而言，其车型基本不变或变化不大㊀，整个装配顺序固定不变，这样，通过作业分工将汽车装配分解为若干标准化的装配作业，各个工作站配备有专用的装配设备来完成固定的装配作业，不同工作站间的运输

㊀ 这里指单一车型装配线。

采用专用的、路径固定的运送设备，如在汽车装配线上的地链、积放链，发动机分装线上的传送带等。这样，加工对象的运输效率较高，单位运输费用较低；加工对象在工作站的停留时间短，WIP 的数量较少；整个生产时间较短，单位产品的成本较低，这也正是福特的 T 型车神话的原因所在。由于服务业中，服务对象的个性千差万别，流水线布置的应用相对较少。但可以分解为一系列标准作业的服务也可以采用这种布置方式，如自助餐厅服务线（如图 4－1 所示）及汽车的自动清洗服务等。产品布置的缺点主要在于对产品种类及产量变化、设备故障等情况的响应较差，工作单调乏味，为了避免停产，设备备用件的库存可能比较大。

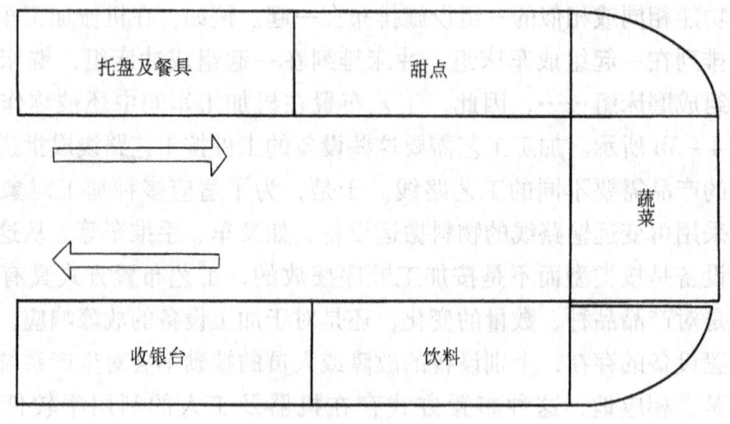

图 4－1　自助餐厅服务线

成组布置（Group Layout），在制造业中又称单元制造（Cellular Manufacturing），是一种较为先进的布置方法。其基本要素是零件族及机器组。一系列相似工艺要求的零件组成零件族。针对一个零件族的设备要求所形成的一系列机器，称作机器组。这些机器组即制造单元。成组布置可以认为是产品布置的缩影，是将工艺/功能布置系统转化为伪产品布置系统/流水线布置系统。相比于工艺布置，由于经过分族，其加工时间较短、物流效率较高、WIP 较低、准备时间较短，同时又具有工艺布置的柔性的特点，因而是一种具有发展潜力的布置方式。尽管这种布置概念来自于制造业，但是其思想对服务业也同样存在。例如，在国际机场中，将国际航班及国内航班的旅客分类处理，可以提高输送旅客的效率；自助餐厅中将中餐顾客及西餐顾客分组处理。

固定布置（Fixed Position Layout/Static Layout），指加工或服务对象位置固定，而加工或服务设备围绕着该固定位置移动的一种布置方式。这种方式主要用于飞机、轮船等难以移动的加工对象的布置。此外，建筑物的施工、外科手术、手工艺品加工场地的布置形式也都属于固定位置的布置。这类布置往往是大型项目的布置，因此项目管理在这里十分重要。例如，对于建筑工地，必须协调保证各个部分的进度，同时要保证所需建筑材料及设备及时、足量地到达制定位置。

上述各种布置方式的特点比较如表 4－1 所示。每一种布置形式均有其最佳的应用条件。这个条件可以从图 4－2 的产品种类产量图上反映出。

表 4－1　布置类型及其特征

类　型	产品布置	工艺布置	成　组	固定位置
生产时间	短	长	短	中
在制品	低	高	低	中
技术水平	低	高	中—高	混合
产品灵活性	低	高	中—高	高
需求灵活性	中	高	中	中
机器利用率	高	中—低	中—高	中
工人利用率	高	高	高	中
单位产品成本	低	高	低	高
加工/服务对象路径	固定	不固定	固定	无路径
维护性	难	易	中	—
设备投资规模	大	小	中	—

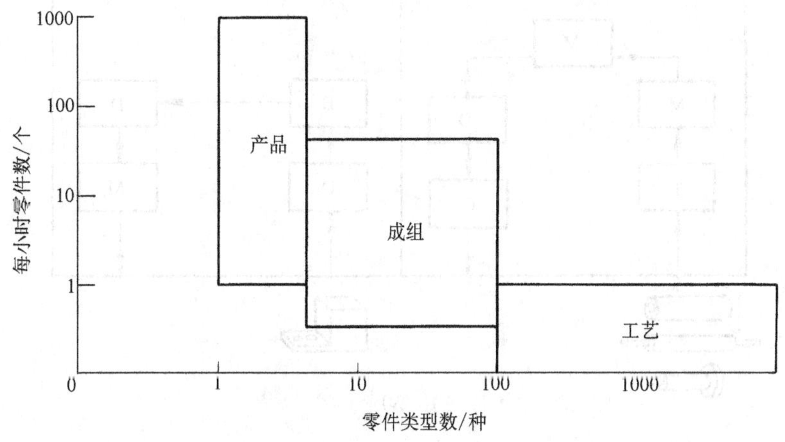

图 4－2　产品种类产量图

不同布置之间的区别，可以从图 4－3 所示的物流流动路线的差别来区分。

需要指出的是，各种布置形式不是截然分开的，往往是各种形式的混合。例如，企业的总体上是按照功能布置的，如生产车间、动力部门、办公部门等；但具体到生产车间，有可能是按照产品布置的流水线生产系统，也有可能是成组布置的单元制造系统。一个医院，基本上是按照功能布置的，内科、外科、放射科等，而一项外科手术可以认为是按照固定位置布置的。

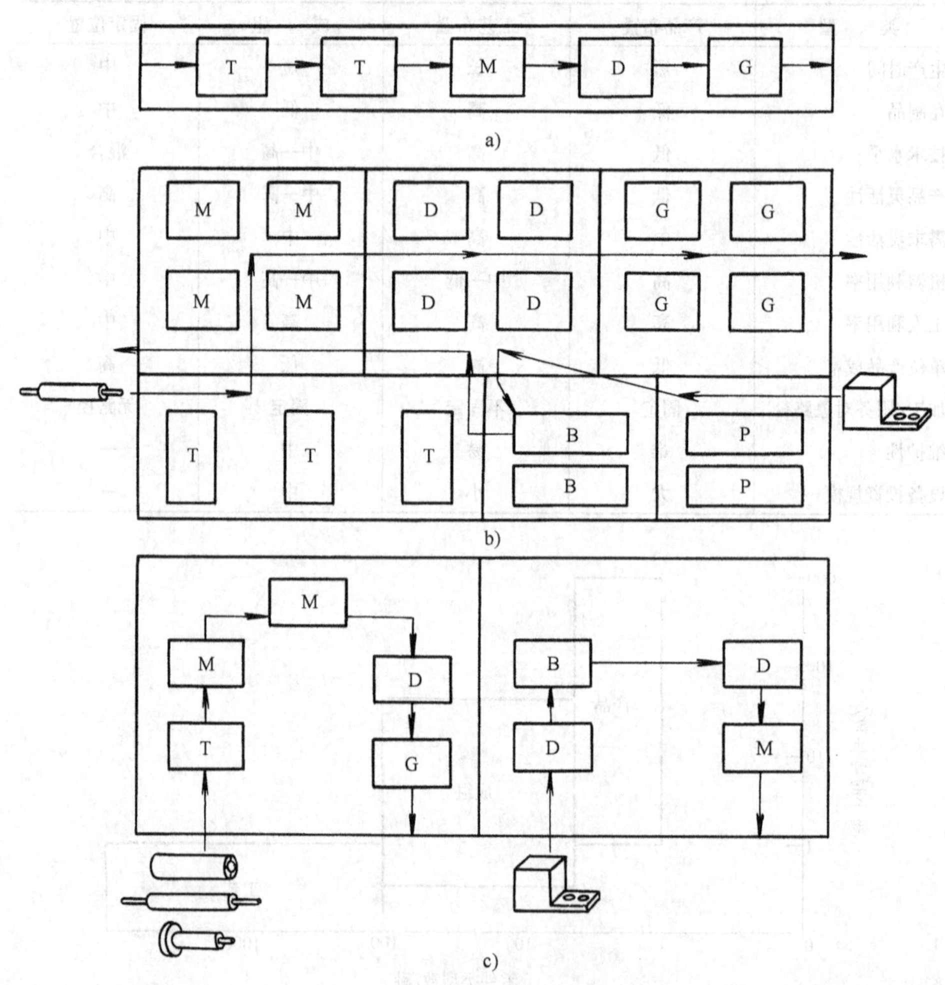

图 4－3　基本布置形式的区别

a）产品原则布置　b）工艺路线布置（每种零件单一路线）　c）成组技术的布置

以上介绍了设施布置的4种基本形式，本书将主要针对前3种，即工艺布置、产品布置、成组布置方式分别进行介绍，其方法、原理可以应用于固定位置的布置方式中。

4.2 设施布置的目标

设施布置问题数学模型是一种组合优化问题。组合优化问题有3个基本要素：变量、约束和目标函数。在求解过程中选定的基本参数称为变量，对变量取值的种种限制称为约束，表示可行方案衡量标准的函数称为目标函数。平面布置问题的变量是各个设施在空间中的位置组成的向量；约束就是各个设施在空间中的位置约束；目标可以是单个的，也可以是多个的，大多数的设施布置问题都是以设施间物料搬运费用最小为目标。

车间平面布置问题的目标函数可以抽象为如下形式：

$$\min\left(\sum_{i}\sum_{j}c_{ij}d_{ij}+\sum_{j}f_{ij}(i)\right) \tag{4-1}$$

式中 c_{ij}——放置在第 i 个位置的设施与放置在第 j 个位置的设施间的物流量；

d_{ij}——第 i 个位置与第 j 个位置间的距离；

$f_{ij}(i)$——第 i 个设施布置在第 j 个位置所需的固定费用。

4.3 企业物流的基本形式

企业物流的常见形式如图4-4所示。直线型及L型流动是最简单的物流形式。U型流动使得生产线的接受与发运处于工场的同一位置。这样利于物料搬运,如叉车可以一次完成接受及发运任务,接受发运站台可以只建一个等。此

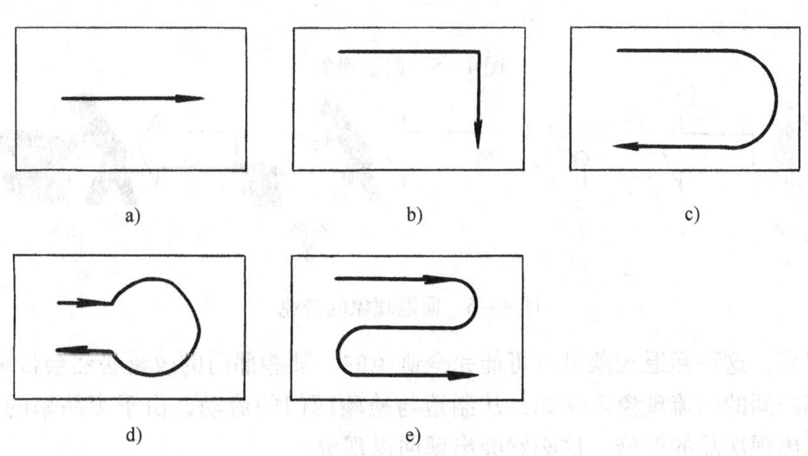

图4-4 物流基本形式

a）直线型 b）L型 c）U型 d）O型 e）S型

外，U 型线还是一种利于 JIT 布置的物流形式。工人位于 U 型的中心，因而可以互相看到彼此的进展并且易于合作。O 型流动常见于由物料搬运机器人服务的制造单元中。S 型流动常被用于长的装配线布置中，如汽车装配线。

4.4 物流分析的图表方法

4.4.1 物流优化的目标

前面已经介绍，进行物流分析的目的是为了较少物流费用，使物流成本所占生产成本最小，这样，就要求尽可能地减少移动次数，缩短移动距离。从物流路径上，要尽可能地避免出现回退（Back Flow）及交叉（Cross Flow）现象。

所谓回退现象，就是某两部门之间的流动与产品的主流方向相反。以图 4－5 的布置为例，产品的主流方向为从左至右，依次经过接料、加工、检测、包装 4 个部门，其中从加工到检测的物料流动与主流方向相反，自右向左，因此这两个部门之间发生了回退现象。毫无疑问，回退现象会增加物流成本，因此应该尽可能地避免。回退现象的发生与设施的布置密切相关，在某些情况下，可以通过布置的改变而避免。以 4－5 图中的回退为例，如果将加工及检测部门的位置互换，则避免了回退的发生，如 4－6 图所示。

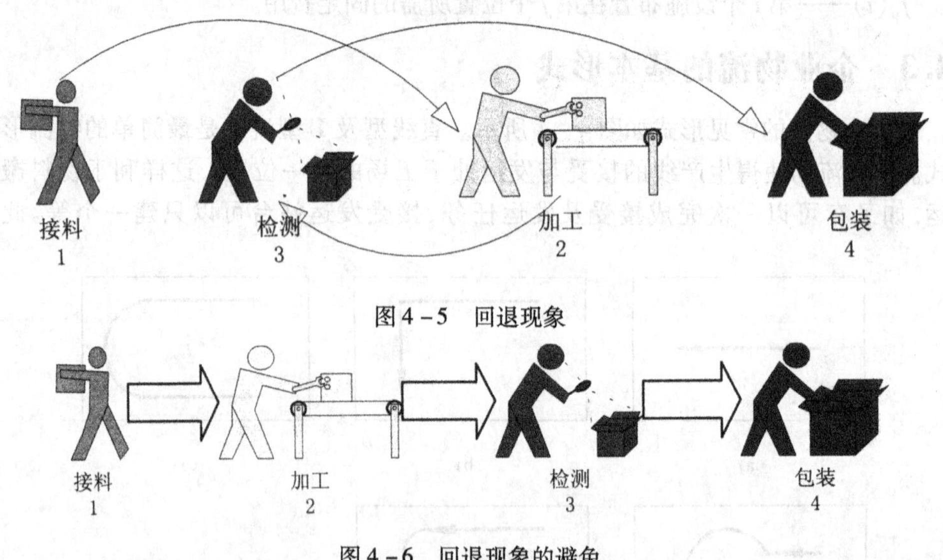

图 4－5　回退现象

图 4－6　回退现象的避免

但是，这种回退现象是不可能完全避免的，某些部门的改善必然会带来另外一些部门间的回流现象。又如，从制造与检验部门的流动，由于废品率的存在，必然会出现次品的返修，这必然会出现回退现象。

交叉现象非常易于理解，因为物流的交叉点往往会造成交通阻塞，使运输发生等待，降低物流效率，增加物流成本，因此必须尽可能地通过布置的设计减少交叉点。

图 4 –5 所示为一种简单的回退现象，很容易看出来，并且通过变化部门间的位置就可以解决。但在多部门、多种产品路径复杂交织作用的情况下，就需要进行一些图表分析方法或者物流仿真技术进行物流的分析。下面将介绍几种简单图表分析方法。

4.4.2 物流分析的图表方法

常用的物流图表分析方法有线图、多种产品工艺图、从至表、工艺流程表图、物流布置简图等。

1. 线图

线图就是用节点代表各个部门，再将各个部门间发生的物流流动用直线或弧线连接起来，直观地分析物流强弱的一种物流分析方法。直线用来表示相邻部门间发生的物流，弧线用来表示不相邻部门间发生的物流，上方的弧线表示跳跃，下方的弧线表示回退，采用不同的线形来区分不同的物流内容，如图 4 –7 所示。

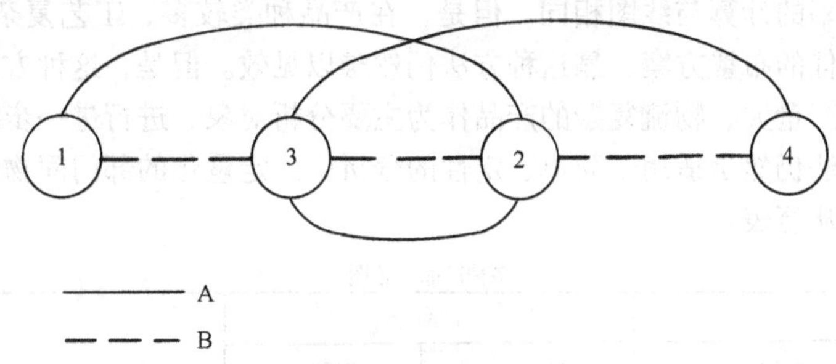

图 4 –7 线图 1

图 4 –7 表示了各部门名称如图 4 –5 所示的两种产品的流动过程。第一种产品 *A* 经过接料、加工、检验、包装；第二种产品 *B* 只是经过接料、检验、包装。从上面这个线图中，我们只能看到哪里发生回退，哪里的物流较频繁，难以得到定量的信息。从线图中，唯一可以得到的定量信息是一定布置下，物流路径的效率，其计算方法为：

$$\frac{\text{起始部门至终了部门间最短单位间隔和}}{\text{起始部门至终了部门间实际的总单位间隔和}} \times 100\%$$

如图 4 –7 所示的布置中，*A*、*B* 产品物流路径的效率为[(3 +3)/(5 +3)] × 100% =75%；如果交换 2、3 部门的位置，则线图变为如图 4 –8 所示，其布置效率为[(3 +3)/(3 +5)] ×100% =75%。由于未考虑产量的信息，尽管两种布置的效率完全一样，但是究竟应该采用那一种布置，不得而知。另外，可以想象，如果产品种类非常多的话，线图会密密麻麻，难以区分物流的疏密程度。因此，线图的主要作用只是作为一种辅助手段，进行简单的分析。

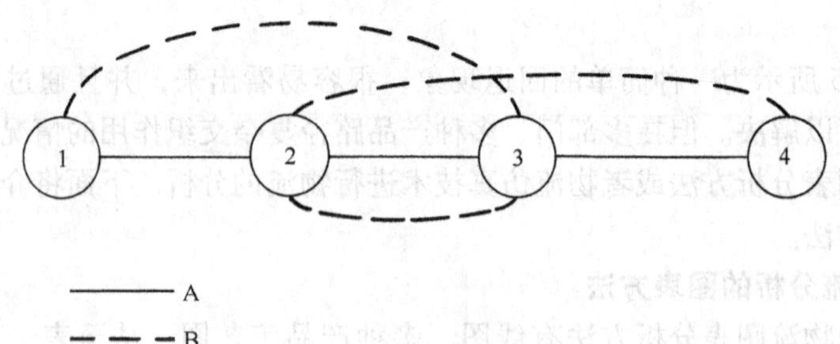

图 4-8　线图 2

2. 多种产品工艺图

多种产品工艺图是将不同的产品分别列成图表，节点代表部门，直线表示正向物流，斜线表示回退，如图 4-9 所示。与线图相比，这种图可以考虑到产量；而且在产品种类较多时，可以比较直观地显示每一种产品的物流情况，而不是混杂难分。效率的计算与线图相同。但是，在产品种类较多、工艺复杂的情况下，如何寻找最佳的布置方案，靠这种方法仍然难以见效。但是，这种方法可以帮助分析者寻找产量大、物流复杂的产品作为主要分析对象，进行进一步的分析。因此，这种方法仍然是适用于简单、定性的分析中。定量化的部门间物流分析需要下面介绍的从至表。

多种产品工艺图

	产品号		
产量/件	*A*(1000)	*B*(500)	总单位间隔
1			
3			
2			
4			
Step	5	3	8
Min Step	3	3	6
		效率	75%

图 4-9　多种产品工艺图

3. 从至表（From-To Charts）

从至表是为了表示不同部门之间物料流动的大小而提出的，可以认为是一种定量化的物流分析工具。从形式上看从至表是正方矩阵，其行（列）数等于部门或工作站的数目，行（列）中的部门按照统一的顺序排列。该矩阵中的元素（i，j）代表从行中的部门 i 到列中的部门 j 之间的物料流动的总量。在制定从至表时，首先必须确定不同的部门之间物流量的大小。这就需要对产品的工艺及产量信息进行分析。可以提供有关产品零部件流动信息的主要是工艺文件，如 BOM 表、工艺路线图、装配/操作工艺图表、操作顺序图等；关于产品产量的数据则可以从产品预测中得到。这样，将工艺数据和产量数据结合在一起，就可以确定在工作站/部门之间物料流动的数量。

从至表是非常直观简单的一种物流分析方法，这里希望注意以下几个问题：

（1）部门内的流动与部门间的流动　在从至表中，主对角线的元素为（i，j），即部门内的物流流动。由于我们主要讨论部门之间的物流流动，暂时不考虑部门内的流动。所以，矩阵的主对角线上的元素全部为零。

（2）当量物流量　为了保证进入矩阵的物流流量具有可比性，采用当量物流量的概念。一般采用重量或物料搬运单元来计算当量物流，物料搬运的单位可以是货筐、托盘或箱子。例如，如果 1000 件零件 X 在部门 1 和 2 之间移动，100 件零件 Y 在部门 3、4 之间移动，并且 Y 的重量是 X 的 100；那么，部门 1、2 之间的重量当量物流为 1，部门 3、4 之间的重量当量物流为 10。有时候，如果被移动的零件十分昂贵并且在搬运期间容易损坏，物流可以由风险及零件的价值来表示。两个部门之间的所有物流是两个部门之间移动的各种零件的当量物流之和。

（3）主流方向与回退现象　在从至表的制定中，存在着行（列）中各部门的顺序问题。仍以图 4－5 的一种产品 A 的加工过程为例。产品依次经过接料、加工、检测、包装 4 个部门。如果按照图 4－5 中的布置顺序建立从至表，则会得到表 4－2 所示的矩阵：

表 4－2　物流从至表 1

From/To	1	3	2	4
1	0	0	X	0
3	0	0	0	X
2	0	X	0	0
4	0	0	0	0

其中，X 可以是重量单位，或物流搬运单位数量（托盘、箱子等），或某种价值单位（贵重物品）。

观察这张从至表，可以发现：以主对角线为界，图 4－5 中的回退，即部门 2→部门 3 的物流处于下三角矩阵。如果不按照图 4－5 的布置建立物流从至表，而是采用1、2、3、4的顺序，则建立从至表如表4-3所示。观察发现，下三角矩阵中不再有物流元素，也就是不再有回退现象，如图4-6所示。这就说明建立从至表时，应尽可能选择物流量大的几个部门建立布置的主流方向。

表4-3　物流从至表2

From/To	1	2	3	4
1	0	X	0	0
2	0	0	X	0
3	0	0	0	X
4	0	0	0	0

注：除了第一排次对角线上有值外，其余元素均为零，这种矩阵在线性代数中称作上 Hessenberg 矩阵。

需要注意的是，交换部门的顺序，会引起从至表矩阵的变化，但是，作为从至表的基本元素的部门间的物流量是不会发生变化的，因为该值是由工艺及产量确定的。换言之，矩阵中的元素不变，只是元素的位置发生了变化。相应地，部门间的距离也就发生了变化。从式（4-1）可以看出，如果不考虑部门的建设费用，物流费用也就是部门间物流量与部门间距离的乘积。这样，每次交换各部门的位置，用新的距离乘以不变的物流量，便可以得到不同的物流费用。寻求一个最小的物流费用，对应的布置方案即为优化的设施布置方案。这也就是最早的计算机化布置程序——CRAFT的布置思想。我们将在后面专门介绍。

（4）矩阵的秩　这里，我们可以简单采用矩阵的秩来代替物流费用，比较不同布置方案的优劣。矩阵的秩定义为：

$$\text{moment} = \sum_{(i,j)} d_{ij} f_{ij} \qquad (4-2)$$

式中　d_{ij}——部门j距主对角的距离；

f_{ij}——部门ij之间的物流量。

这样，选择矩阵的秩较小的布置，即为优选方案。以表4-4和表4-5所示的从至表为例。

表4-4　物流从至表3

From/To	1	2	3	4
1	0	2	5	0
2	0	0	0	1
3	0	2	0	4
4	0	0	0	0

moment =2(1) +5(2) +1(2) +4(1) +2(1) =20

表4-5　物流从至表4

From/To	1	3	4	2
1	0	5	0	2
3	0	0	4	2
4	0	0	0	0
2	0	0	1	0

moment =5(1) +2(3) +4(1) +2(2) +1(1) =18

从而，1、3、4、2 的布置方案要优于 1、2、3、4 的布置方案。为了强调回退现象，还可以对下三角矩阵，即回退区的物流量乘以 10 的惩罚，若乘以 10，则上述两个矩阵的秩分别变为 38 及 27。

（5）物流从至表的具体制定过程　首先，通过每一个零件的工艺卡确定零件加工中所要经过的部门，同时由产品的产量预测及 BOM 表确定零件的数量，然后根据具体情况转换成当量物流量，最后将任意两部门间的所有当量物流量相加便形成物流从至表。

下面举例说明。

例： 设某企业生产5种零件，由产量预测及查询 BOM 表得到产量及重量信息，如表 4－6 所示。查询各个零件的工艺路线卡得到工艺路线信息如表 4－7 所示，对其进行物流分析。

表 4－6　零件产量及重量

零件号	每天产量/箱	重量/kg	总重/kg	当量重量
1	2 000	0.5	1 000	1.0
2	2 000	9.0	18 000	18.0
3	2 000	0.5	1 000	1.0
4	2 000	15.0	30 000	30.0
5	2 000	3.75	7 500	7.5

表 4－7　工艺路线

零件号	工艺路线
1	RABDCFS
2	RBDCAS
3	REFBACDS
4	RFACDS
5	RCADS

首先，绘制线图如图 4－10 所示。

多种产品工艺图如图 4－11 所示。

根据部门间的当量物流量累积，形成如表 4－8 所示的物流从至表。

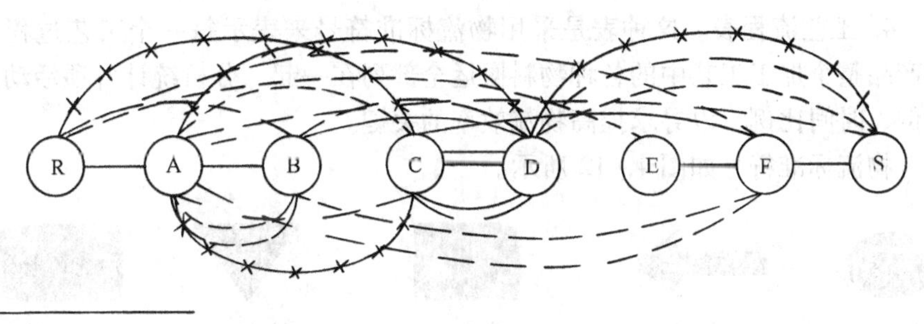

图 4－10　线图

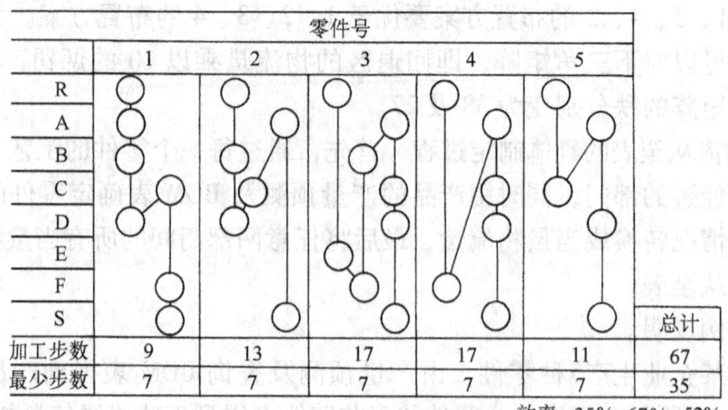

图 4-11　多种产品工艺图

表 4-8　物流从至表分析

From/To	*R*	*A*	*B*	*C*	*D*	*E*	*F*	*S*
R		1	18	7.5		1	30	
A			1	1+30	7.5			18
B		1			1+18			
C		18+7.5			1+30		1	
D				1+18				1+30+7.5
E							1	
F		30	1					1
S								

4. 工艺流程表。这种表是采用物流标准符号来表示每一个工艺过程。将某种产品整个加工工艺中的各种物料搬运全部列在一起，分析统计各项活动的次数比例、时间比例，以寻求提高物流效率的关键。

物流标准符号如图 4-12 所示。

图 4-12　物流标准符号

表 4-9 采用工艺流程表对电动机轴的加工过程进行了分析，从分析结果中可以看到，停滞过程无论是从次数比例还是从时间比例均高居各项过程之首，因此要重点考虑。

表 4-9 电动机轴加工工艺流程示意表

说 明	距离 /mm	时 间 /min	加工	搬运	检验	停滞	合计
材料仓库							
圆钢搬运到锯床（手推车）	16	1.60					
等待加工		120.00					
用锯床切断圆钢		8.75					
放在零件台上		30.00					
运到车床的材料架上（手推车）	18	1.80					
等待加工		48.00					
粗车		12.45					
放在车床的材料架上（人工搬运）	3	0.23					
精车		45.00					
放在车床用零件台上		138.00					
搬运到铣床的材料架上（人工搬运）	19	1.07					
等待		16.00					
在铣床上铣键槽		23.50					
放在铣床用零件台上		18.00					
运到磨床的材料架上（轨道手推车）	22	2.20					
等待加工		36.00					
磨削		55.00					
放在磨削用零件台上		24.00					
运到车床的材料架上（人工搬运）	12	1.08					
等待加工		12.00					
精车		3.80					
放在车床用零件台上		8.00					
运到钳工零件台上（人工搬运）	12	1.08					
等待加工		90.00					
钳工加工		2.50					
放在钳工零件台上		108.00					
运到检验间（人工搬运）	20	1.80					
接受检验记录		120.00					
拿到检验台上	3	4.30					
检验		90.00					
运往装配车间（手推车）							
	次数 /次		7	8	1	14	30
	比例		23.3	26.6	3.4	46.7	100
	时间 /min		151.00	15.16	90.00	768.00	130
	比例		14.7	1.5	8.8	75.0	100
	距离 /m		—	125	—	—	—

5. 物流布置简图。物流布置简图是对不同布置方案各部位的不同物流强度进行计算分析，并标明在以不同布置方案为基础绘制的布置图上，以便于综合论证比较。这是进行企业物流诊断经常采用的一种图。图 4－13 是一生产车间的物流布置简图，部门间的物流强度用不同粗细的连线表示，从而可以清楚地观察车间内的物流状况。

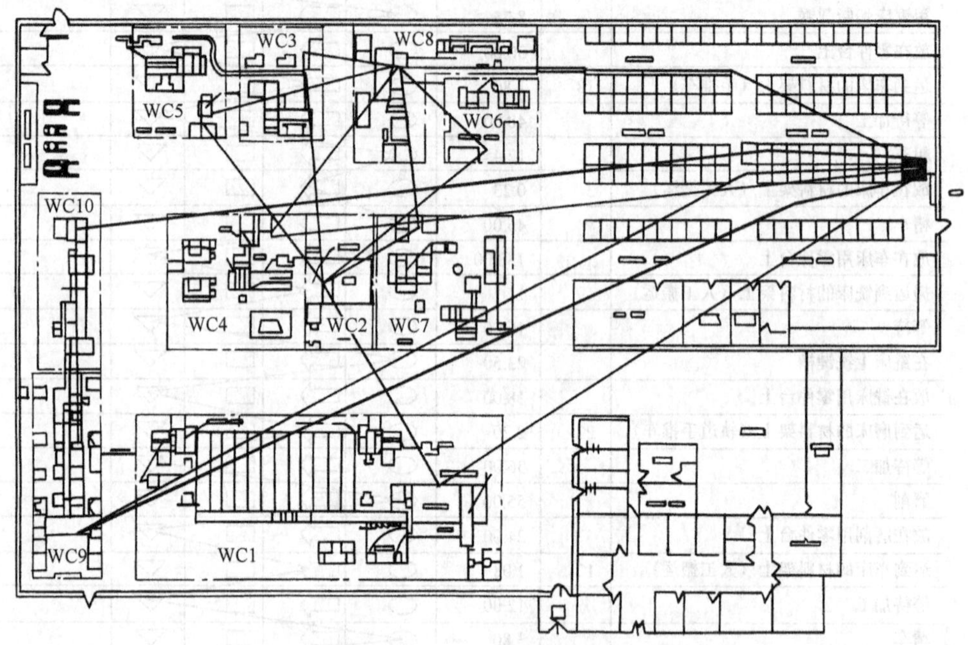

图 4－13　物流布置简图
WC—表示不同的工作单元

4.5　非物流因素分析技术——作业单位相互关系分析

以上介绍了物流分析的基本方法。在一些设施布置中，尤其是服务设施或办公室的布置设计中，往往更多地是受非物流因素的影响。在这种情况下，关系图的分析方法是一种有用的工具。

关系图的形式如图 4－14 所示。关系图方法中，将部门间所有的关系分为 6 种，即 A、E、I、O、U、X。其含义分别为：

A：Absolutely important，绝对重要；

E：Especially important，特别重要；

I：Important，重要；

O：Common ，一般；

U：Unimportant，不重要；

X：Forbiden，禁止。

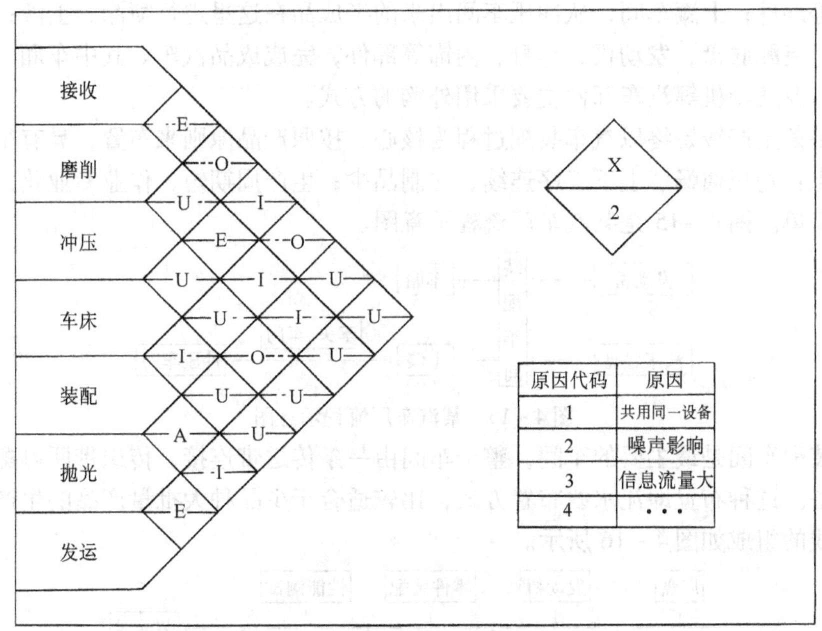

图 4－14　活动关系图

对于关系代码，一般采用表 4－10 所示的色彩或线型区分。根据 Heragu 的建议，一般来说，一个布置内，A、E、I 级的关系，不超过 10%～30%，其余为一般关系（O、U 级），X 的关系需视具体情况而定。

表 4－10　关系代码及表示方法

关系代码	A	E	I	O	U	X
色彩	红色	橙色或黄色	绿色	蓝色	无色	褐色
线型	4 条平行线	3 条平行线	2 条平行线	1 条平行线	无	折线
占有比例（%）	2～5	3～10	5～15	10～25	25～60	待定

将划分各部门间关系的所有原因列成编码表。然后，根据编码表，逐一确定每两个部门间的关系，并将原因代码选出，将关系及其原因代码一同写入关系图的菱形框中，即完成了关系图的绘制。

4.6　实例分析——某汽车厂设施布置分析

以某汽车厂的一些设施布置的实例，来对设施布置的原则、布置的基本形式，以及流动模式做一个简单的分析。

该汽车厂产品单一。从整个工厂布置来看，它是采用产品原则来进行总体布置规划的。整个生产线分成了几个部分：冲压车间，主要生产汽车所需的车头、车门等部件；上漆车间，从冲压车间出来的半成品在这里进行喷涂、上漆；装配车间，装配底盘、发动机、车身、内饰等部件，完成成品汽车。其中车厢、汽车底盘以及发动机等汽车部件主要采用外购的方式。

整条生产线始终以汽车装配过程为核心，按照产品原则来布置，具有很明显的优点：物流通畅、上下工序连续、在制品少；生产周期短，作业专业化；生产计划简单。图 4－15 是某汽车厂流程示意图。

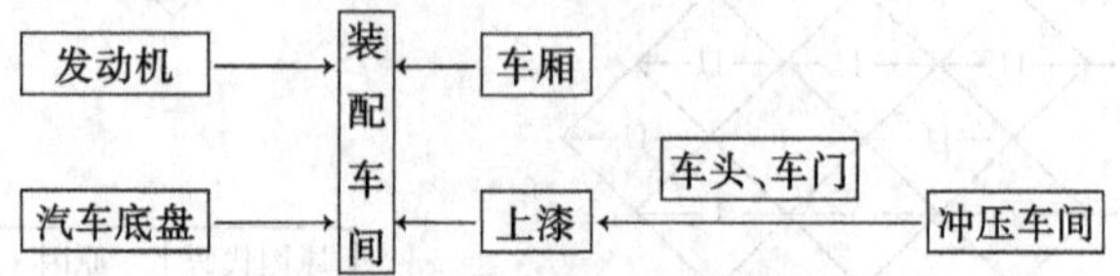

图 4－15　某汽车厂流程示意图

装配车间是最主要的车间，整个车间由一条传送带连接，传送带两侧配备装配设备。这种布置即流水线布置方式，比较适合于少品种大批量产品的生产。总装配线的组成如图 4－16 所示。

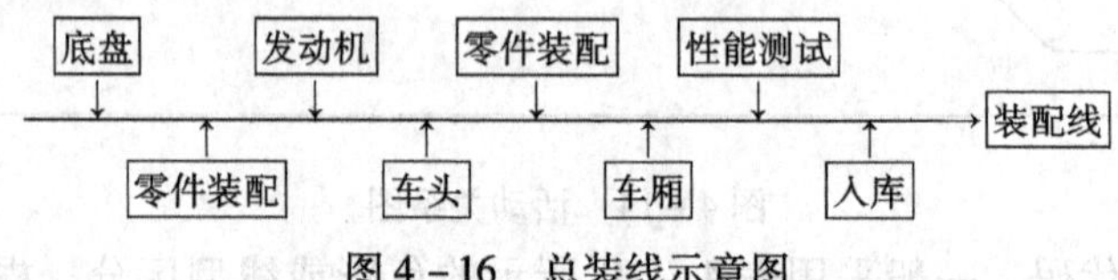

图 4－16　总装线示意图

在装配车间里，先是来自外购的汽车底盘进入生产线，加上来自本厂冲压车间自制的车头、车门，再加上发动机和车厢，从而完成整个装配，最后是检验工作。

冲压车间采用工艺原则来布置，如图 4－17 所示。

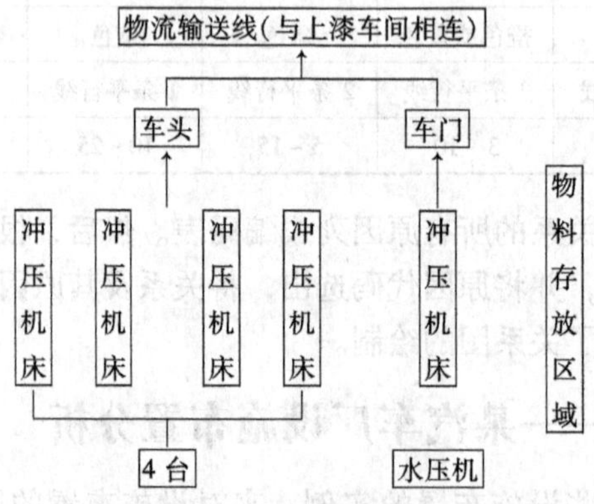

图 4－17　冲压车间流程示意图

工艺原则布置是将同类设备和人员集中布置在一个地方。该汽车厂的冲压车间，将来自不同国家的 2 种冲压机床布置在 2 个地方，一个地方用于生产车头部件，另一个地方用于生产冲压车门。然后将公用的大型水压机布置在机床旁边。

在车间的一侧是统一进行物料存放的区域，所有物料的存取均采用叉车。

4.7 习题

1. 绘制你所熟悉的医院的平面布置，以及内、外科的不同就诊路径，体会功能布置以及流水线布置的区别。

2. 用物流分析技术分析你每天的生活，计算效率，思考改进的方法。

3. 结合人因工程学知识，分析肯德鸡快餐店的布置方式及其与芳香鸡或其他餐厅的布置方式。有区别吗？优缺点是什么？

第 5 章　设施布置方法

5.1　系统化设施布置方法——SLP

5.1.1　经典的 SLP 方法

由于影响工厂总平面设计的因素很多，设计目标不十分明确，长期以来，设计人员凭经验和主观判断进行总平面布置。近年来才逐步形成了一些先进的设计方法，其中具有代表性的是理查德缪瑟提出的 SLP（Systematic Layout Planning，系统布置设计）法。该方法提出了作业单位相互关系的等级表示法，使设施布置由定性阶段发展到定量阶段。

采用 SLP 法进行工厂总平面布置的首要工作是对各作业单位之间的相互关系作出分析，包括物流和非物流的相互关系，经过综合得到作业单位相互关系表，然后，根据相互关系表中作业单位之间相互关系的密切程度，决定各作业单位之间距离的远近，安排各作业单位的位置，绘制作业单位位置相关图，将各作业单位实际占地面积与作业单位位置相关图结合起来，形成作业单位面积相关图；通过作业单位面积相关图的修正和调整，得到数个可行的布置方案；最后采用加权因素对各方案进行评价择优，并对每个因素进行量化，得分最多的布置方案就是最佳布置方案。自 SLP 法诞生以来，设施规划设计人员不但把它应用于各种机械制造厂的设计中，而且不断发展应用到一些新领域，如公司办公室的布置规划、连锁餐厅的布置规划等服务领域。

在 SLP 方法中，Muther 将研究工程布置问题的依据和切入点，归纳为 5 个基本要素，抓住这些就是解决布置问题的“钥匙”。5 个基本要素是：（1）P 产品（材料）。（2）Q 数量（产量）。（3）R 生产路线（工艺过程顺序）。（4）S 辅助部门（包括服务部门）。（5）T 时间（时间安排 ）。

上述 P、Q 两个基本要素是一切其他特征或条件的基础。只有在上述各要素充分调查研究并取得全面、准确的各项原始数据的基础上，通过绘制各种表格、数学和图形模型，有条理地细致分析和计算，才能最终求得工程布置的最佳方案。整个设计被划分为 4 个阶段：

（1）确定位置。

（2）总体区划。

（3）详细布置。

（4）实施。

SLP 程序模式示意图如图 5－1 所示。

从图 5－1 中可以发现，信息采集分析、物流分析及作业关系分析是系统布置的基础，该部分已在上一章中进行了介绍，这里我们的重点放在如何由相互关系图产生空间关系图。

Muther 提出的 SLP 中采用了线型图来“试错”生成空间关系图。定义用 4 条平行线段表示两部门间的 A 关系；三条平行线表示 E 关系；两条，I 关系；一条线段为 O 关系；U 关系不连线；X 关系采用折线表示。首先将 A、E 级关系的部门放进布置图中，现同级别的关系用相同长度的线段表示。调整，使 E 级关系的线段长度约为 A 级关系的 2 倍。随后，按同样的规则布置 I 级关系。若部门较多，线段混乱，可以不必画出 O 级关系。但，X 级关系必须表示出。调整各部门的位置，以满足关系的亲疏程度。最后，将各个部门的面积表示进布置图中，生成了空间关系图。经过评价、修改，便获得最终布置。

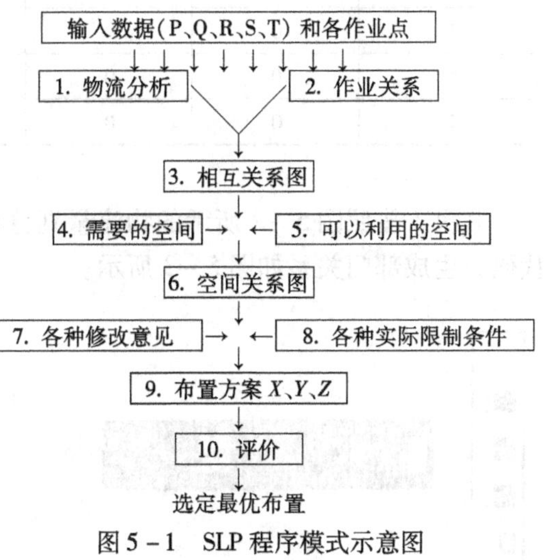

图 5－1 SLP 程序模式示意图

下面举例说明。

例 1 设有3种零件 A、B、C，其工艺路径及日产量如表 5－1 所示（1～5 为 5 个部门）。

表 5－1 工艺路线及产量

零件名称	工艺路线	日产量/个	单件质量/kg
A	1—2—5	20	2
B	1—2—4—5	50	1
C	1—3—2—5	30	0.5

经过面积需求计算，5 个部门的面积分别如表 5－2 所示。

表 5－2 部 门 面 积

部　门	1	2	3	4	5
面积/m^2	20	40	40	60	20

首先，对上述 5 个部门进行物流分析，以质量作为当量物流量，构建从至表如表 5－3 所示。

表5-3 从 至 表

从/至	1	2	3	4	5
1	—	40+50	15	0	0
2	0	—	0	50	40+15
3	0	15	—	0	0
4	0	0	0	—	50
5	0	0	0	0	—

其次，按照图5-2所示的物流量划分标准，将部门间的物流量转化为关系代码，生成部门关系如图5-3所示。

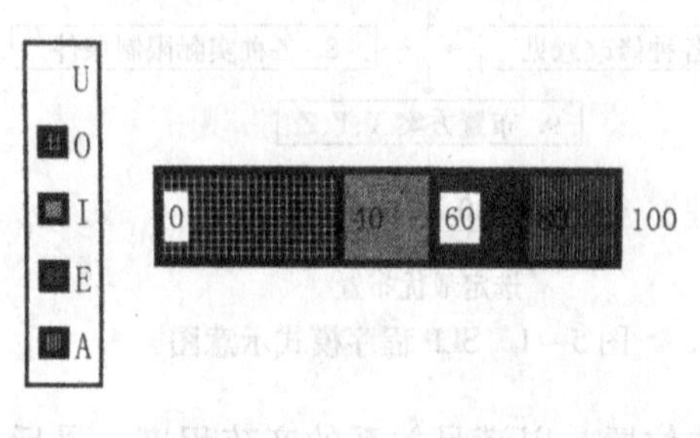

图5-2 物流量等级划分

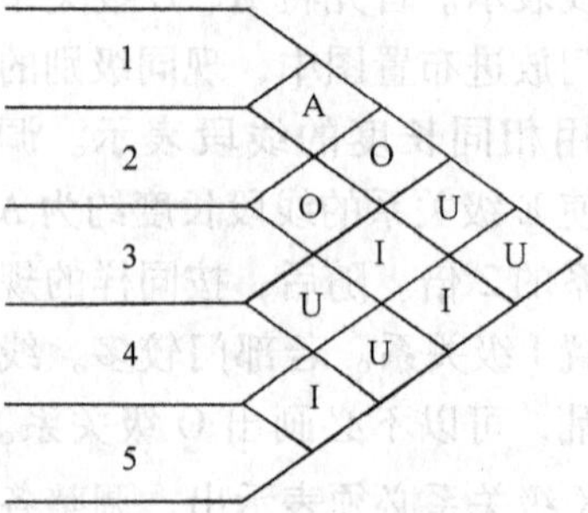

图5-3 部门关系图

由图5-3，采用试错法，初步生成线型图如图5-4所示，再将面积的约束加入，生成如图5-5所示的空间关系图。

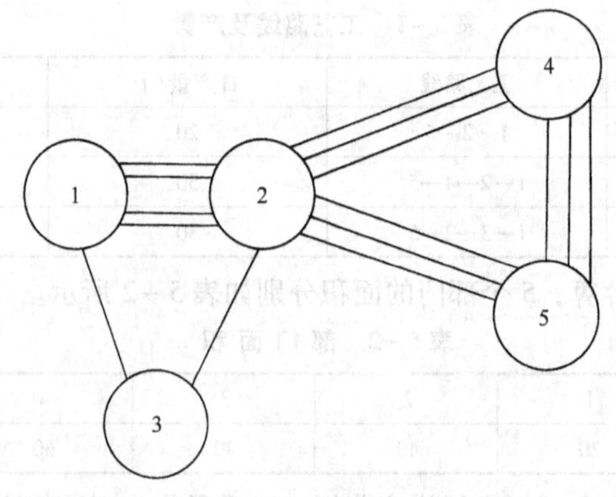

图5-4 线型关系图

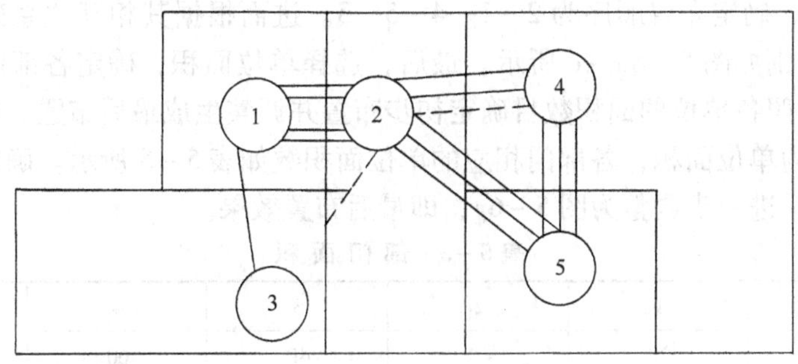

图5－5　空间关系图

5.1.2　关系表技术

经典的SLP中，由关系图生成空间关系图中，采用试错法完成。这一点对于初学者往往需要经过多次的尝试，而且定量性不强。Tompkins介绍了一种关系表（Relationship Diagramming）的方法，布置可以按照一定的逻辑关系进行。其步骤如下：

（1）转化物流与作业单位相互关系图为关系表。

（2）选择A级关系最多的部门作为第一部门优先进入布置。

（3）选择与第一部门具有A级关系的部门作为第二部门进入布置。

（4）按照与第一二部门为AA、AE、AI、A*的排列顺序选择第三部门。

（5）依次选择直至结束。

（6）根据面积进行实际面积的布置。

仍然以例1为例，首先由关系图5－3列出关系表5－4。

表5－4　关　系　表

部门	1	2	3	4	5
A	2	1			
E					
I		4，5		2，5	2，4
O	3	3	1，2		
U					
X					

由表5－4，部门2具有1个A关系，2个I关系，所以选择部门2作为首选部门；其次，选择与部门2具有A关系的部门，即部门1；接下来，分析其他部门与部门2、部门1的关系组合，部门4、部门5均为IU，任选部门4；随后，分析其他部门与部门2、部门1、部门4的关系组合，部门5被选中；最后是部

门3。这样，确定布置顺序为2—1—4—5—3。进而根据其相互关系确定空间大致位向，分别如图5－6a～e所示。最后，选择单位面积，确定各部门的单位面积数目，按照各单位的面积数目确定初步布置并调整生成最后布置。本例中，选择20m^{2}作为单位面积，各部门相应的单位面积数如表5－5所示。确定初步布置如图5－6f，进一步调整为图5－6g，即最后布置效果。

表5－5 部门面积

部门	1	2	3	4	5
面积/m^2	20	40	40	60	20
单位面积数/20m^2	1	2	2	3	1

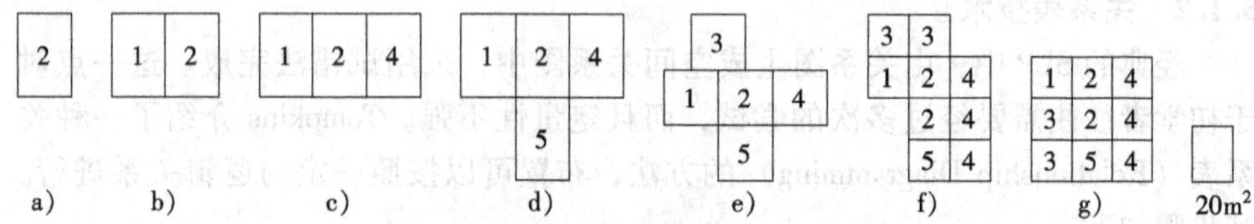

图5－6 关系表法的布置过程示意图
a)～e)空间大致位向 f)初步布置 g)最后布置效果

5.2 计算机化布置方法

这一节将介绍几类采用计算机辅助求解的布置方法，如CRAFT、CORELAP、ALDEP及MULTIPLE等。总的讲，这些方法可以分为两大类：构建型及改进型。前者是由物流、非物流信息出发，从无到有，生成一个布置图，如CORELAP、ALDEP；后者则是对已有布置的改进，寻找一种更好的布置图，如CRAFT、MULTIPLE。除了这种分类方法，还可以按照这些布置的信息基础来分，有的基于物流从至表，如CRAFT、MULTIPLE，有的基于关系图，如ALDEP、CORELAP；按照应用范围是单层还是多层设施，还可以分为，单层布置方法，如CRAFT、CORELAP；多层布置方法，如ALDEP、MULTIPLE。

整个方法基本都可以分成这样3个步骤：选择，放置，评估。选择，即选择各个部门进入布置图的顺序，也可以称作确定布置顺序矢量；放置，指如何将各个部门放置在布置图中；评估即是对各种布置结果进行评估，何种布置方案最好。

5.2.1 CRAFT

CRAFT（Computerized Relative Allocation of Facilities Technique）是Buffa等人于1964年提出的。这是一种改进型的算法，需要用户提供初始布置方案。在CRAFT中，选择具有公共边或相等面积的部门进行交换，其他无公共边或面积不相等的部门不能交换。这样做的目的是为了使相交换部门的位置互换不致引起其他部门位置的变化。这种交换通常是以两两交换的方式进行的，也可以采用3部门交换的交换方式，交换的最大次数小于$n(n-1)/2$，n是部门的数目。

CRAFT的评估标准是物料搬运费用（物流量×距离×单位距离成本）。每一轮交换中，选择搬运成本节省最多的布置作为交换结果。重复这种交换，直到交换位置不能引起移动成本的进一步降低为止。距离的计算采用部门中心间的折线距离。

仍然采用例1说明这种方法的原理。设图5－6g为初始布置方案。表5－3为物流从至表。为了方便，统一列在下面，如图5－7、表5－6所示。由初始布置方案得到的距离表如表5－7所示。为了便于计算，这里距离为单位距离数，由图5－6g知，单位距离＝3.3m。单位距离成本设为1。表5－7为距离表，表5－8为搬运费用表。

1	2	4
3	2	4
3	5	4

图5－7　初始布置方案

表5－6　从　至　表

From/ To	1	2	3	4	5
1	—	90	15	0	0
2	0	—	0	50	65
3	0	15	—	0	0
4	0	0	0	—	50
5	0	0	0	0	—

表5－7　距　离　表

From/ To	1	2	3	4	5
1	—	1.5	1.5	3	3
2	1.5	—	2	1.5	1.5
3	1.5	2	—	2.5	1.5
4	3	1.5	2.5	—	2
5	3	1.5	1.5	2	—

表5－8　搬运费用表

From/ To	1	2	3	4	5	合计
1	—	135	22.5	0	0	157.5
2	0	—	0	75	97.5	172.5
3	0	30	—	0	0	30
4	0	0	0	—	100	100
5	0	0	0	0	—	0

由表 5-6 ~ 表 5-8 可知初始布置的总搬运费用为 460。

下面开始交换。

首先选择可以进行交换的部门分别是 1—2，1—3，1—5，2—3，2—4，2—5，3—5，4—5。交换 1—2，则布置图如图 5-8 所示，距离表变为如表 5-9 所示，搬运费用表变为如表 5-10 所示。

表 5-9　距 离 表 2

From/ To	1	2	3	4	5
1	—	1.5	1.5	1	1
2		—	2	2.5	2.5
3		2	—	2.5	1.5
4				—	2
5					—

表 5-10　搬运费用表 2

From/ To	1	2	3	4	5	合计
1	—	135	22.5	0	0	157.5
2	0	—	0	75	162.5	237.5
3	0	30	—	0	0	30
4	0	0	0	—	50	50
5	0	0	0	0	—	0

总的搬运费用变为 475；费用增加 15，故取消该布置，继续下一个交换，1—3 交换，直至找到最小搬运费用的一种布置，结束本轮交换。

2	2	4
3	1	4
3	5	4

图 5-8　1—2 互换

第一轮交换结束后，确定出首轮布置图。针对这一布置图，再次进行具有公共边及面积相等的部门的交换，直至搬运费用不再降低为止。作为习题，请运用 CRAFT 思想，编程计算本例的布置。

CRAFT 是应用较为广泛的一种设施规划方法，因此，得到了不断地完善、改进。1963 年，Hillier 发展了可以进行非相邻单元交换的方法；1982 年，Johnson 发展了可以考虑多层车间及非线性物料搬运成本的 SPACECRAFT。

5.2.2　CORELAP

CORELAP（Computerized Relationship Layout Planning），是 Lee R. C. 和 Moore J. M. 于 1967 年提出的一种构建型算法。这种算法的出发点是部门之间的关系图（Relation - Chart），布置的目标是实现部门之间最大的密切度。

CORELAP 的选择方法，即布置顺序矢量的产生方法，是根据各部门所有关系的总和来确定的。首先将关系图中的每一个关系代码，按照表 5－11 所示的对应关系数值化，再对每个部门所有关系值求和，即得到关系总和 TCR（Total Closeness Rating）。选择 TCR 最大的部门作为最先进入布置的部门。若最大的 TCR 值有多个部门，即出现“结”，则选择面积最大的部门解“结”；若依然解不开，则随机选取。第二个部门选择与第一个部门具有最高级别关系（A 级）的部门，依次选择 E 级、I 级，……，如果在同一关系级别中出现多个部门（“结”），选择这些部门中 TCR 最大的部门先布置（解“结”）。在布置中，部门的形状尽可能设计成正方形。

表 5－11　关系代码转化表

关系码	A	E	I	O	U	X
数值	6	5	4	3	2	1

生成了布置矢量后，开始向布置图中放置。放置原则是保证进入布置图的部门与前面进入的相邻部门的关系值的和 NCR（Neighbor Closeness Rating）最大。在图 5－9 中部门 1 有 3 种放置方法。放置在位置 1a，则与 3、4 相邻，$NCR_{1a}=CR_{13}+CR_{14}$、$NCR_{1b}=CR_{14}$、$NCR_{1c}=CR_{13}$，所以应该选择位置 1a 进入布置图。

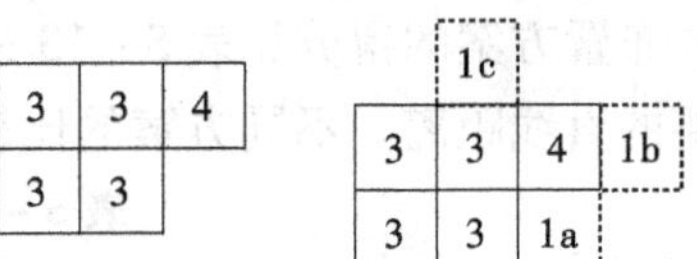

图 5－9　放置方法

对布置图的评估方法为：任意两部门间的关系值 × 该两部门间的最短直线距离的总和。根据该和值可以比较不同方案的优劣。

下面仍然采用例 1 说明这种方法的原理。为方便起见，将关系图 5－3 移到这里，如图 5－10 所示。

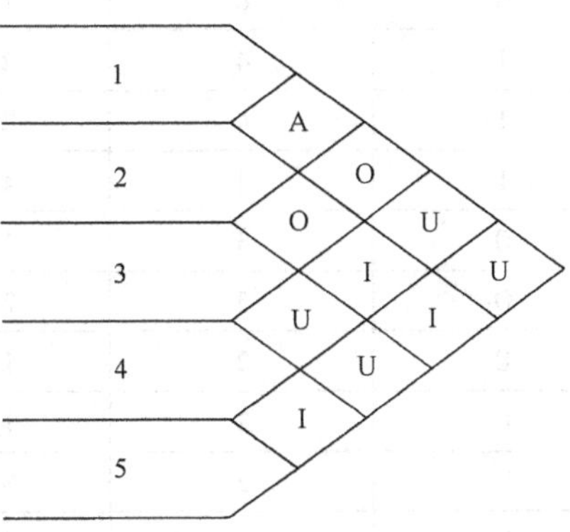

图 5－10　部门关系图

（1）求 TCR，如表 5－12 所示。

表 5－12　TCR 表

部门	1	2	3	4	5	关系总和
1	—	6	3	2	2	13
2		—	3	4	4	17
3			—	2	2	10
4				—	4	12
5					—	12

(2) 根据各部门与其他部门关系总和及相互关系，确定布置顺序。

从表 5 - 12 中可以看到，部门 2 的总和最高，所以首先布置该部门。其他部门中，部门 1 与 2 具有 A 级关系，所以随后布置部门 1。部门 4、部门 5 与部门 2 同属 I 级关系，且 TCR 值相等，但部门 4 的面积大，所以先 4 后 5，最后布置与部门 2 具有 O 级关系的 3 部门。这样，布置顺序矢量为 21453。

(3) 根据各部门面积确定最终布置。

根据例 1 的面积，如表 5 - 2 所示，即可生成最终布置图，如图 5 - 11 所示。

2
2

1 2
  2

1 2
4 2
4 4

1 2 5
4 2
4 4

1 2 5
4 2 3
4 4 3

图 5 - 11　CORELAP 布置过程

(4) 评估布置方案

布置方案的得分见表 5 - 13 所示，其中 2 个单元间的距离为到达公共边最少需要的直线距离。不同方案的比较，总得分越小的方案越优。

表 5 - 13　CORELAP 的评估

关系代码	关系值	从	至	距离	乘积
A	6	1	2	0	0
I	4	2	4	0	0
I	4	2	5	0	0
I	4	4	5	2	8
O	3	1	3	2	6
O	3	2	3	0	0
U	2	1	4	0	0
U	2	1	5	1	2
U	2	3	4	1	2
U	2	3	5	0	0
				布置分	18

5.2.3　ALDEP

ALDEP (Automated Layout Design Procedure)，其布置基础是关系图。

在 ALDEP 中，第一个布置部门的选择方法是随机选取的方法。随后选择方法是根据与第一个部门的关系进行排队，直到排到设定的最低关系密切度 TCR (Threshold Closeness Rating)。所谓 TCR，这里就是指一个关系代码，比如说 TCR = E，则只选择与先布置部门具有 A、E 关系的部门进入布置排列。对于与先布置部门均为 A 或 E 的布置部门，则随机选择进入布置。

ALDEP 的放置方法是将选定布置顺序的各部门，按照其单位面积数，以设定的宽度，从布置图的左上角向下，蛇行蜿蜒，直至布置完所有的部门，如图 5 - 12 所示。其中设定的宽度即“扫描”宽度（Sweep Width）。

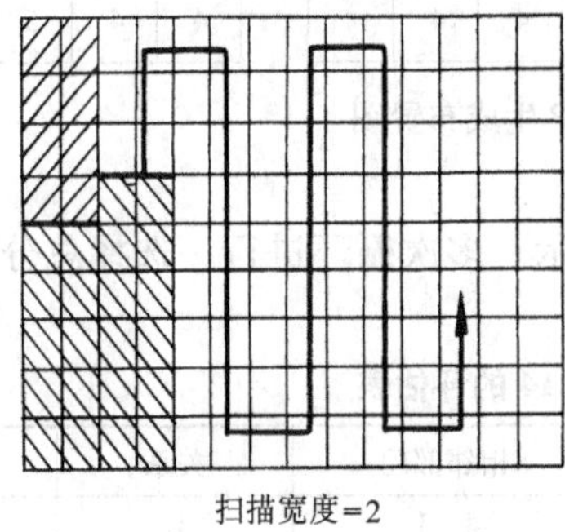
扫描宽度=2

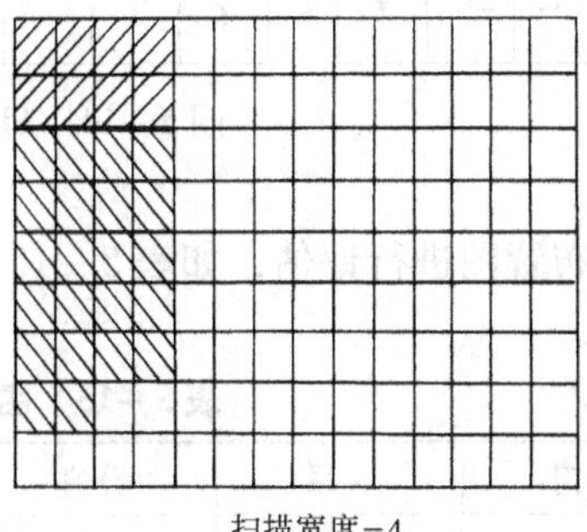
扫描宽度=4

图 5 - 12　“扫描”宽度

由于初始布置部门是随机选择的，评估在 ALDEP 中非常重要。ALDEP 的评估思想是寻求相邻部门的关系总和最大的布置为最后布置方案。为此，首先需要将关系代码按照表 5 - 14 所示的对应关系数值化，然后计算所有相邻部门的关系值，并求和。

表 5 - 14　ALDEP 的关系码转化表

关系码	A	E	I	O	U	X
数值	64	16	4	1	0	- 1024

下面仍然采用例 1 说明这种方法的原理。为方便起见，将关系图 5 - 3 移到这里，如图 5 - 13 所示。

设 TCR = I，“扫描”宽度为 1。随机选取第一个部门，比如说部门 3。寻求与部门 3 具有 A 关系的，没有；E 关系的，没有；I 关系的，没有；结束寻找。再随机选择第二个部门，比如说选到 4，则寻求与部门 4 具有 A 关系的，没有；E 关系的，没有；I 关系的，有部门 2、部门 5，随机选取，若选到 2，则在未分配部门中，寻求与已布置部门具有 A 关系的部门，这里选到部门 1。最后获得布置顺序矢量为 34215。

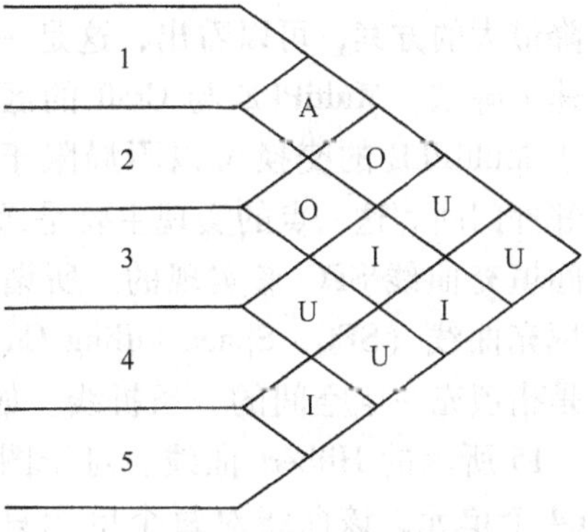

图 5 - 13　部门关系图

设整个布置区为 3 × 3 个单位长度，则生成34215布置图的过程如图5－14所示。

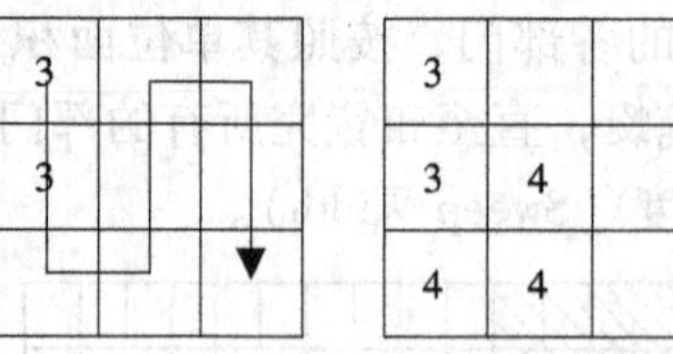

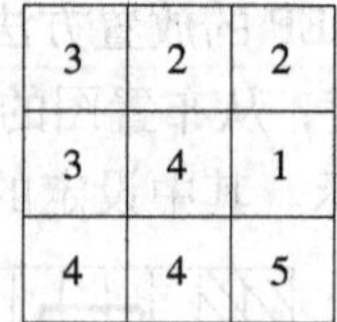

图5－14　ALDEP生成布置图

对该布置图进行评估，如表5－15所示。多次循环进行，选择总分值最大的一个方案。

表5－15　图5－14的评估表

相邻部门	关系	分值	相邻部门	关系	分值
1—2	A	64	4—1	U	0
1—4	U	0	4—2	I	4
1—5	U	0	4—3	U	0
2—1	A	64	4—5	I	4
2—3	O	1	5—1	U	0
2—4	I	4	5—4	I	4
3—2	O	1		总计	146
3—4	U	0			

5.2.4　MultiPLE

MultiPLE（Multi—floor Plant Layout Evaluation）是类似于Craft的一种改善型软件，输入数据为从至表，目标函数为基于距离的目标函数，距离计算采用中心点直线距离。部门间的交换采用2部门交换。在每次迭代中选择布置成本下降最大的方案，可以看出，这是一种最速下降法。MultiPLE与Craft的区别在于MultiPLE的交换可以不局限于两相邻部门间。这一点的实现主要是通过空间填充曲线SFC来实现的。所谓空间填充曲线（SFC，Space Filling Curve），是指填充一定空间的一条折线。如图5－15所示的Hilbert曲线。对于图中的64个单元，该曲线对每个单元只访问一次，恰能游历整个64个单元。这样，

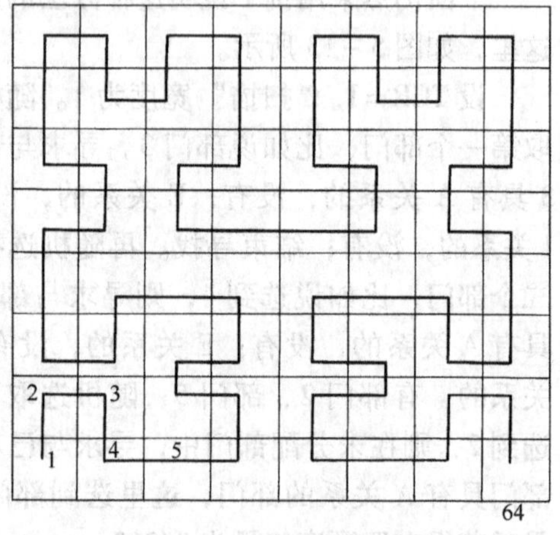

图5－15　Hilbert曲线——空间填充曲线SFC

在布置顺序矢量一定后，各部门就根据自己的面积，沿着 SFC 进行放置，直至生成整个布置。

例 2 图5－15中，6个部门的面积分别为 16、8、4、16、8、12 个单位面积，布置矢量（布置顺序）为 1—2—3—4—5—6，则根据 SFC 的布置如图 5－16 所示。

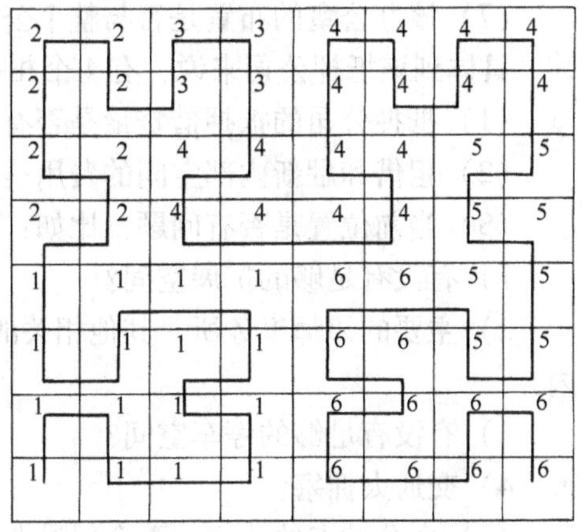

图 5－16 采用 SFC 进行布置

这样，对例 1 来说，可以任意生成一个初始布置顺序矢量，比如，1—3—2—4—5，并根据 SFC 生成初始布置；然后，任意进行部门交换，如 1—2 交换，则布置矢量变为 2—3—1—4—5。根据 SFC 生成布置，并计算各部门中心间的直线距离，计算物流费用。循环往复，直至寻找到最低物流费用的布置方案。

5.3 实例分析

5.3.1 某抵押公司的办公室布置规划

首先介绍一个相对简单的办公室布置规划项目来讨论 SLP 的具体运用。该项目是关于一个中等规模的抵押公司的办公室布置。该办公室布置规划包括 4 个主要的阶段。

（1）公司运作分析。

（2）规划。

（3）位置选择。

（4）设计和布置。

1. 公司运作分析

这个阶段要分析公司运作和战略规划、市场、客户服务，以及包括内部装饰和家具的购置、改建、租赁或租借费用在内的各种相关成本。这一步是整个布置规划的第一步，也是十分必要的一步，因为它将确定该新办公室的布置规划是否合理。办公室运作检查中提出的典型问题如下：

（1）该公司是否有可以得到的空间？

（2）该空间是否太贵？

（3）该建筑是否在合适的位置？

（4）一个新的办公室布置会怎样影响整个组织？

（5）办公运作是过于集中还是过于分散？

(6) 该办公室结构是否支持战略规划?

(7) 该办公室的布置是否与整个公司的布局协调一致?

具体到该抵押公司来说，有4个相关的运作检查问题:

(1) 抵押公司的抵押借贷量是否有显著的增加?

(2) 租借和翻新内部空间的费用是否太高?

(3) 当前位置是否有问题? 比如:

1) 有没有足够的扩展空间?

2) 主要的律师事务所、其他相关的财政部门和饭店是否在一个合理的距离内?

3) 有没有足够的停车空间?

4) 交通太拥塞?

(4) 办公地点的改变是否会促进业务?

2. 规划

规划是办公室布置项目中最重要的一步。这一步将要花很多的时间，因为第4步中设计和布置的质量将直接依靠第2步中仔细彻底的规划。第2步中包括4个不同的任务。

(1) 对当前的空间利用率进行检查。这一个任务是通过对组织中每个部门进行检查来得到当前空间的详细清单。在北美抵押有限公司中，有以下部门:

1) 客户服务部 (Customer Service, CS)。

2) 抵押处理和市场部 (Mortgage Processing, MP)。

3) 信用监察部 (Credit Check, CC)。

4) 结账和保险部 (Closing/Underwriting, C/U)。

5) 业务审计部 (Operation/Audit, O/A)。

6) 高层管理部 (Top Management, TM)。

除此之外，休息室、客户等待区、会议室、档案室和复印室等日常辅助服务部门也包含在空间利用检查中。每个部门和辅助服务部门的实际的使用面积 (包含通道面积) 都要被列出。

(2) 决定空间方案。这也是关键的一步。在计算空间需要时要考虑到相关的战略规划，因为战略规划给出了整个组织的发展远景，尤其是公司在将来会有什么样的组织结构，以及:

1) 组织中的哪个部门的重要性会增强，哪个会减弱。

2) 是否有些部门会扩展，或者萎缩，甚至被其他部门合并。

从组织结构可以规划全体主要和辅助服务部门的空间。在这个阶段中，高层管理部门的作用非常关键，因为他们制定了公司的战略规划。

在规划员工需求时，必须清楚地列出所有部门员工的分类和数目。下一步是决定不同部门的员工所需要的空间。表 5－16 列出了该抵押公司的空间需求。注意，这个表格也列出了当前雇员的空间需求。

表 5－16　北美抵押公司目前和计划的员工空间需求　（单位：ft^2）

部门名称	目前/将来的需求	高级管理人员	高级职员	职员	书记员/秘书	净空间需求	毛空间需求（净的 150%）
客户服务部	目前面积/人		150	100	75		
	员工数/个		1	4	1		
	目前总面积/类		150	400	75	625	938
	未来面积/人			120	75		
	员工数/个			6	1		
	未来面积/类			720	75	795	1193
抵押处理和市场部	目前面积/人		200	100	75		
	员工数/个		2	10	2		
	目前总面积/类		400	1000	150	1550	2325
	未来面积/人	250	200	100	75		
	员工数/个	1	1	15	1		
	未来面积/类	250	200	1500	75	2025	3038
信用监察部	目前面积/人			100	75		
	员工数/个			10	1		
	目前总面积/类			1000	75	1075	1613
	未来面积/人			80			
	员工数/个			5			
	未来面积/类			400		400	600
结账和保险部	目前面积/人		185	100	100		
	员工数/个		1	3	1		
	目前总面积/类		185	300	100	585	878
	未来面积/人		185	100	100		
	员工数/个		1	3	1		
	未来面积/类		185	300	100	585	878
业务审计部	目前面积/人	200	100	90	75		
	员工数/个	2	4	15	5		
	目前总面积/类	400	400	1350	375	2525	3788
	未来面积/人	250	100	100	75		
	员工数/个	3	4	20	2		
	未来面积/类	750	400	2000	150	3300	4950
高层管理部	目前面积/人	250	200		100		
	员工数/个	5	2		5		
	目前总面积/类	1250	400		500		
	未来面积/人	250	200		100		
	员工数/个	5	4		8		
	未来面积/类	1250	800		800	2850	4275
汇总	当前总面积	1650	1535	4050	1275	8510	12，767
	未来总面积	2250	1585	4920	1200	9955	14，934

注：$1ft^2 = 0.092903m^2$

在确定空间需求（当前和将来）时，必须考虑到每种办公室的特殊性。比如，管理层需要相对封闭的结构，而秘书的空间则比较开放。

下面对服务设施部门（如表5-17所示）作类似的分析。对于该抵押公司来说，辅助服务有：

1）复印、打印室（Copying/Printing，C/P）。

2）档案室（Files Storage，FS）。

3）顾客等待室（Customer Waiting，CW）。

4）会议室（Conference Room，CR）。

5）员工休息室（Employee Break Room，EBR）。

6）洗手间（Rest Rooms，RR）。

表5-17　目前和将来的辅助服务空间的计划　（面积单位：ft^2）

辅助服务区	目前的净面积	目前毛面积（净面积的150%）	将来的净面积	将来毛面积（净面积的150%）
复印/打印室	300	450	465	700
档案室	300	450	80	120
顾客等待室	300	450	800	1200
会议室	500	750	1000	1500
员工休息	200	300	850	1275
洗手间	200	300	500	750
总计	1800	2700	3695	5545

注：$1ft^2 = 0.092903m^2$

（3）确定部门之间的相互作用。这个关键步骤要从数量和重要性上确定部门和辅助部门之间的相互作用。通过大量数据分析，得到关系表如图5-17所示。

（4）进行特殊考虑。考虑其他的特殊因素，比如：

1）到律师事务所和饭店的合适距离。

2）第一层的位置。

3）开辟一块地方放置公司标识。

3. 位置选择

详细知识见第2章，这里不作为重点讨论。

4. 设计和布置

利用关系表和空间需求表，画出活动关系图、面积关系图和初步

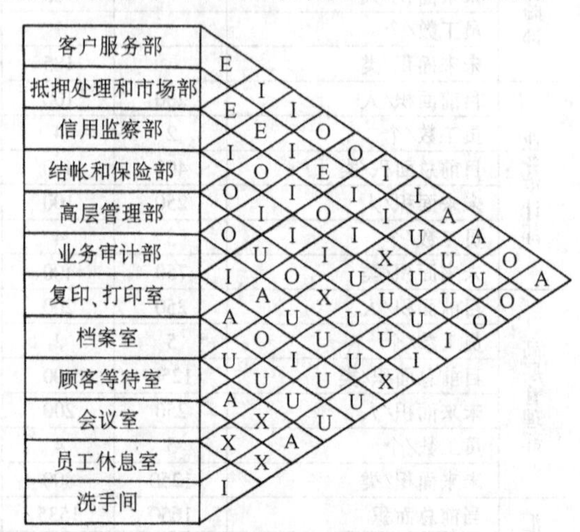

图5-17　北美抵押公司关系表

的布置，分别如图5-18、5-19和5-20所示。

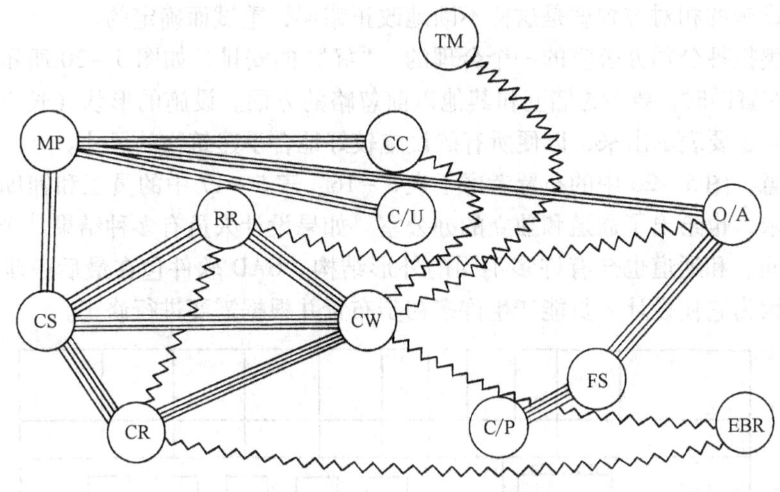

图5-18　北美抵押公司的活动关系图

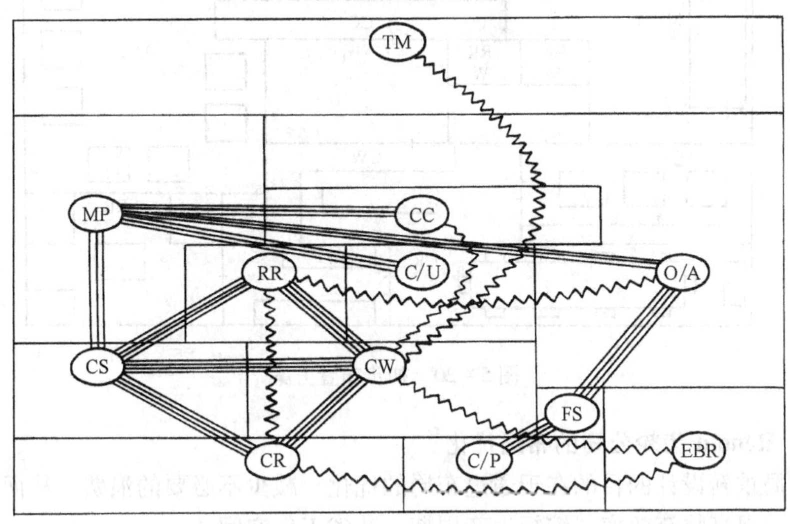

图5-19　北美抵押公司面积关系图

图5-18用不同的线表示了设施之间的相互作用程度。A关系是4条线，E关系为3条线，U关系为无线，X关系为波浪线。为了图像的清晰，O关系（通常用2条线）和I关系（通常用1条线）在图5-18中没有绘出。活动关系图没考虑活动区域，所以下一步要画出面积关系图，它不仅表示了设施之间的关系，而且表示了它们的面积。

利用面积关系图中的信息，确定设施之间的相对位置。使具有A关系的2

个设施彼此靠近，具有 X 关系的相互远离。具有 E 关系的也要尽量靠近，依此类推。设施的相对位置就是这样不断地改正错误，重试而确定的。

北美抵押公司办公室的一个合理的、“好”的安排，如图 5－20 所示。在画初步的布置图时，要考虑墙壁和其他以前忽略的方面。设施的形状（长方形或正方形的）也要表示出来，以便所有的设施较好地合乎建筑物的尺寸。

注意，图 5－20 中的布置考虑了表 5－16、表 5－17 中的员工和辅助服务的空间需求，也绘出了通道和独立的办公室。如果设计人员有多种结果，个人办公室、房间、和通道也会有许多不同的外形结构。CAD 软件包在最后一步是很有效的，因为它使设计人员能产生许多初步布置并根据需要进行修正。

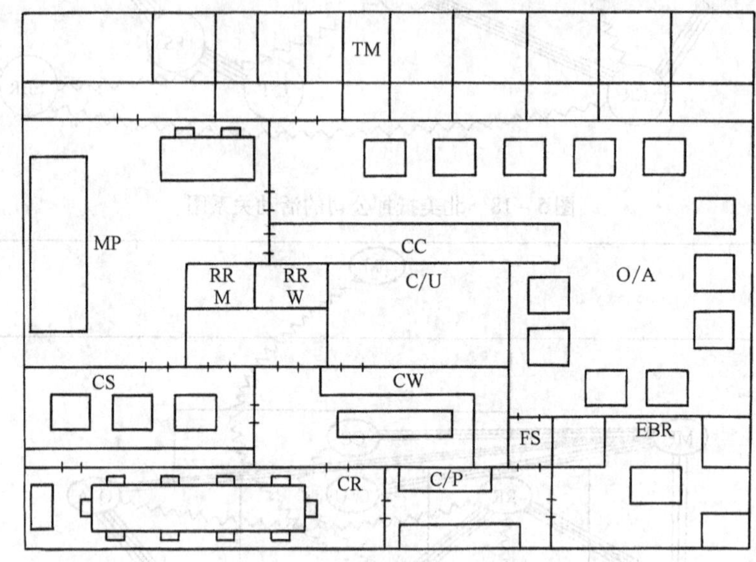

图 5－20　初步布置方案

5.3.2　Renold 齿轮公司的布局优化[^1]

布局重新设计的目的在于通过布局的优化，减少不必要的浪费，从而降低物流成本、提高物流效率、缩短生产周期、节省工作空间。

Renold（Bradford）是一个生产液压及机械减速机的工厂，拥有 64 名员工，生产 11 种减速机，年产值 250 万英镑。随着电动减速机的出现，企业的市场份额逐渐减小，面临激烈的竞争。企业意识到只有有效控制成本、提高产品质量、缩短生产周期，才可能维持并扩大市场份额。为此，企业计划从布局的重新设计、工人的培训、节约能源等几个方面着手进行企业的改革。

---

[^1]: 改编自 M K Khan，S H Gwee. Plant layout improvements to a medium volume manufacturing system using systematic techniques to form just－in－time manufacturing cells. Proc Instn Mech Engrs，1997，211（B）

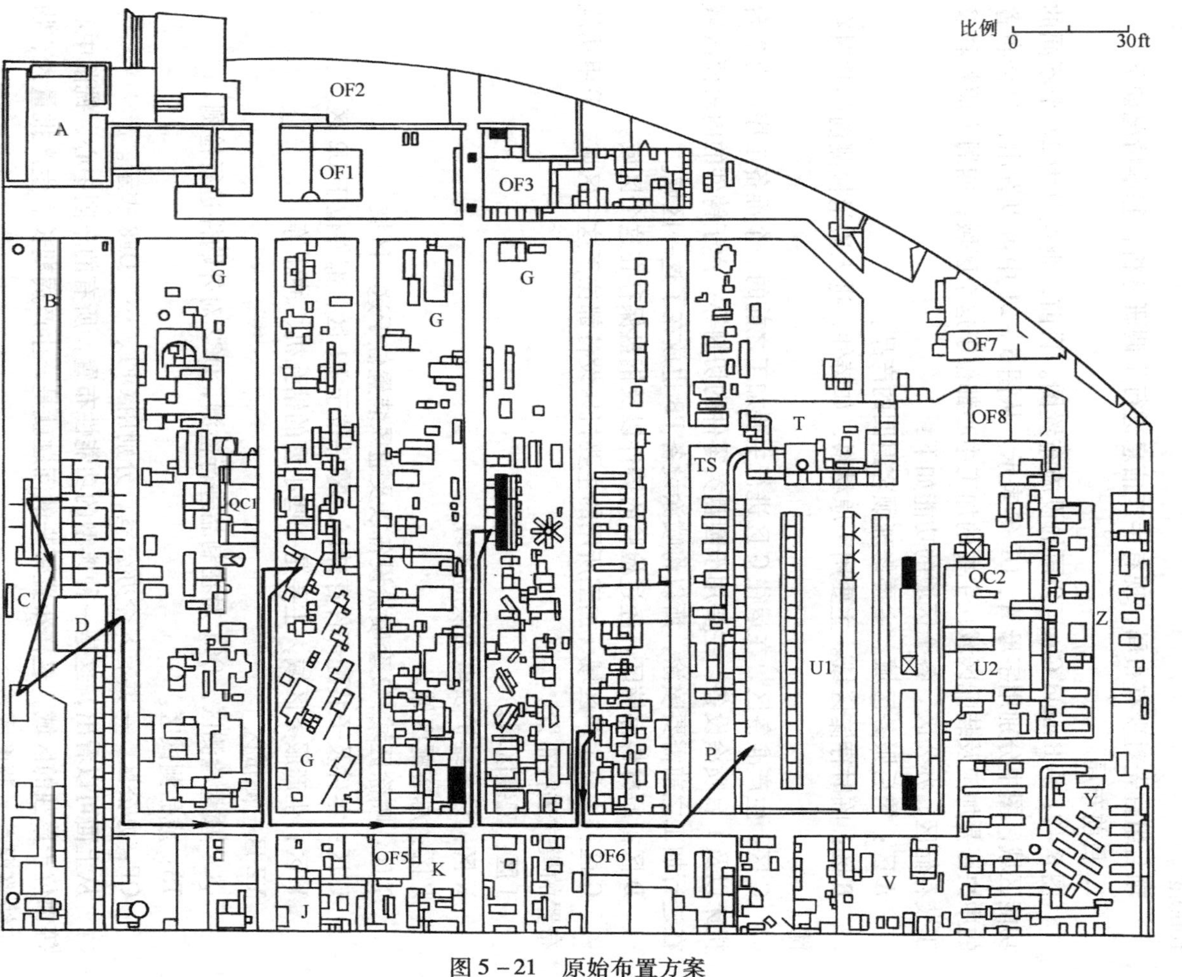

比例
0
30ft
OF1
OF2
OF3
OF5
OF6
OF7
OF8
A
B
C
D
G
G
G
G
QC1
QC2
T
TS
P
U1
U2
V
Y
Z
K
J

图 5－21 原始布置方案

为此，企业与 Bradford 大学一起，对企业现有的生产物流进行分析，采用 SLP 以及 GT 技术对企业进行布局的重新设计。采用新的布局方案后，除去机器的重新设置及工人的再培训费用，为企业节省费用 31 万英镑，节省空间约 $1000m^2$。

项目组首先对现有布局、现有生产信息进行了调研分析，基本情况如下：

1. 目前布局

图 5－21 是 Renold Gears 公司的设施布置图。目前，企业分为 27 个不同的功能区域，图中分别用字母 A、OF 等表示。从图 5－21 中可以看出，整个布置的中央区是加工及装配区域，主要的加工中心都位于这个区域；四周为原材料及工装存储区、办公区。各个区域的功能如下：

A 区：售后服务区域。主要修理顾客退回的产品。

B 区：临时存储区域。主要用于原材料，如铸件，进入质量检测前的临时存储。

C 区：生产准备区，在运往 G 区进行主要加工之前的一个准备工序。有 2 台机床以及 1 台喷涂设备。主要用于圆盘类零件的切割等；由于铸件的内表面区域在进行加工之前需要喷涂，所以将喷涂设备 PB 也放在了这一区域。

D 区：原材料存储区。经过检验的铸件以及钢盘保存在这个区域。

G 区：主要生产区域，加工所用的主要机床设备都位于这一区域，采用功能布置的模式进行布置。

J 区：工装区域。

K 区：设备维护及电力供应区域。

P 区：总装配区域。

T 区：喷涂区域，2 套喷涂设备以及通风装置位于这一区域。

U 区：零件及子装配部件存储区。零件位于 U1 区，部件位于 U2 区。

V 区：生产服务区域，主要是一些小型的钻孔机、冲床等。

YZ 区：测试区

QC：质量检测区。QC1 对在制品进行检测，QC2 对外购件进行检测。

TS：成品测试区。

OF：办公区，一共有 8 个办公室，分别用 OF1、…、OF8 表示。

从上面可以看出，这是一种典型的功能性布置，所有的车削中心、铣削中心等都位于单独的区域，这样布置带来的问题就是，生产周期长、生产批量大、物流线路混乱、调度困难。

2. 物流分析

在物流分析中，首先需要收集产品信息，包括每一种产品的零件信息；每一种产品的产量信息、工艺信息。

由于企业采用了 MRPII 信息系统，所以这些信息是比较容易得到的。企业目前生产 15 种产品，通过对产品物料清单（Bill of Materials）的分析，企业共生产 105 种零件（不包括外购件）。无疑，对这些零件进行分析，计算规模太大，所以采用了 ABC 分类分析的方法，根据成本以及零件的数量对 105 种零件进行分析，根据分析结果采用 63 种零件作为研究对象。

产量信息采用了过去 16 个月的数据来计算平均每周的需求量。

目前的功能部门有 17 个，分别是：D1 接收部门、D2 包装发运部门、D3 喷涂部门、D4 原材料库、D5 在制品/外购件库、D6 维修库、D7 维修区、D8 部件测试区、D9 装配区、D10 成品测试区、D11 总装区、D12 加工区、D13 返工区、D14 生产服务区、D15 质量检测区、D16 生产办公区、D17 表面清理区。

对上述 17 个部门用从至表进行物流分析，如图 5－22 所示。同时，对上述部门之间的一些定性关系，如人员接触、公用设备、共同记录、管理、噪声、灰尘、危险品等，进行分析；结合物流从至表的结果，可以生成如图 5－23 所示的关系图。进一步的分析表明，D3、D7、D8、D14、D17 进行重新布置的成本太高，所以，其位置固定。

FROM　　　　　　T0	D1	D2	D3	D4	D5	D6	D7	D8	D9	D10	D11	D12	D13	D14	D15	D16	D17	总计
D1　接收部门				55 E														55
D2　包装发运部门												12 O		3 U				15
D3　喷涂部门		90 A																90
D4　原材料库												39 E						89
D5　在制品/外购件库									94.5 A		90 A			4 U				188.5
D6　维修库																		
D7　维修区																		
D8　部件测试区					90 A													90
D9　装配区								82.5 E										82.5
D10 成品测试区			90 A															90
D11 总装区										90 A								90
D12 加工区		12 O			51.5 E									23.5 O			21.5 O	118.5
D13 返工区																		
D14 生产服务区		3 U			11 O							16.5 O						30.5
D15 质量检测区																		
D16 生产办公区																		
D17 表面清理区					21.5 O													21.5
总计		105	90	55	184			82.5	94.5	90	90	117.5		30.5			21.5	

转换规则＝0-9＝U　10-29＝O　30-49＝I　50－89＝E　＞89＝A

图 5－22　物流从至表分析

这样，通过物流分析结合局部的调整，对该企业进行的布置如图 5－24 所示。

3. 成组技术进行加工区的布置设计

在此基础上，应用成组技术对企业现有的48台机床以及63种零件进行产品流程分析（Production Flow Analysis，PFA），生成的产品机器矩阵如图5－25所示。对该矩阵采用King1980年提出的排序聚类法进行分析，得到如图5－26所示的结果。

结果显示，根据成组技术分析，原有的功能布置可以变为具有8个单元的成组布置方案。其中，C1～C7组为聚类形成的单元，F1组为聚类后剩余的单元。对这8个单元的相对位置，进行手工调整，得到最后的布置方案如图5－27所示。图5－27中同时表示了产品X以及产品Y从原材料经过不同加工部门加工到达装配部门的物流流程，与图5－21相比，可以看出，物流简捷、流畅。从图5－27中还可以看出，新的方案大致节省面积1000m^2，这将被用作新产品的生产区域。

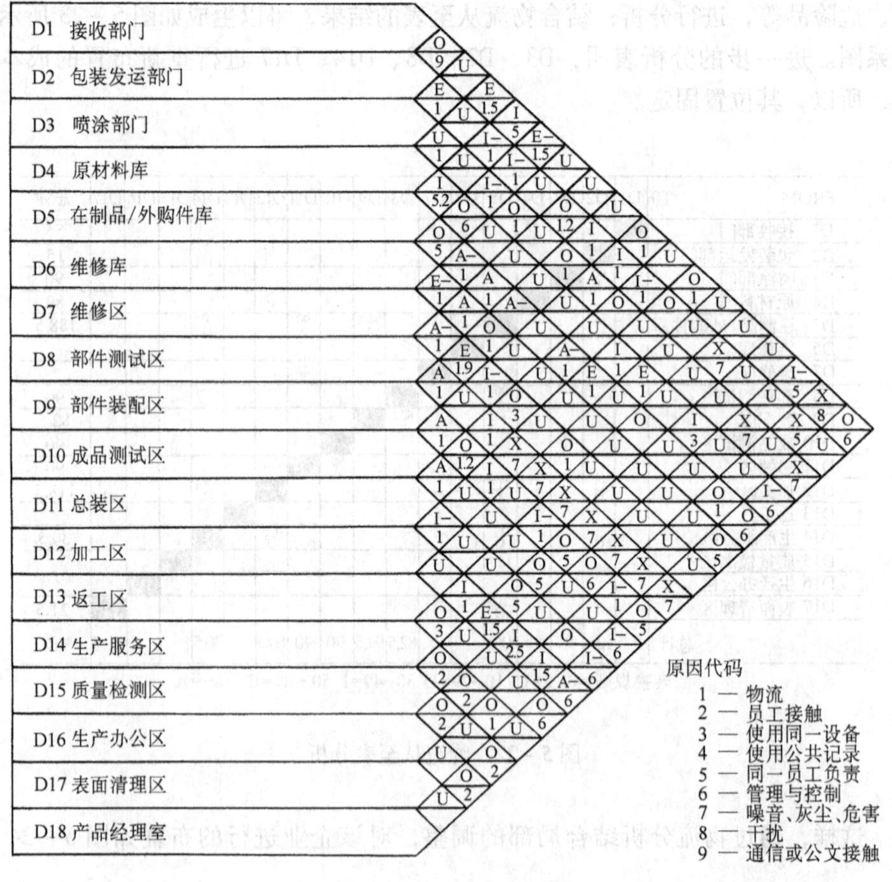

图5－23 关系表生成

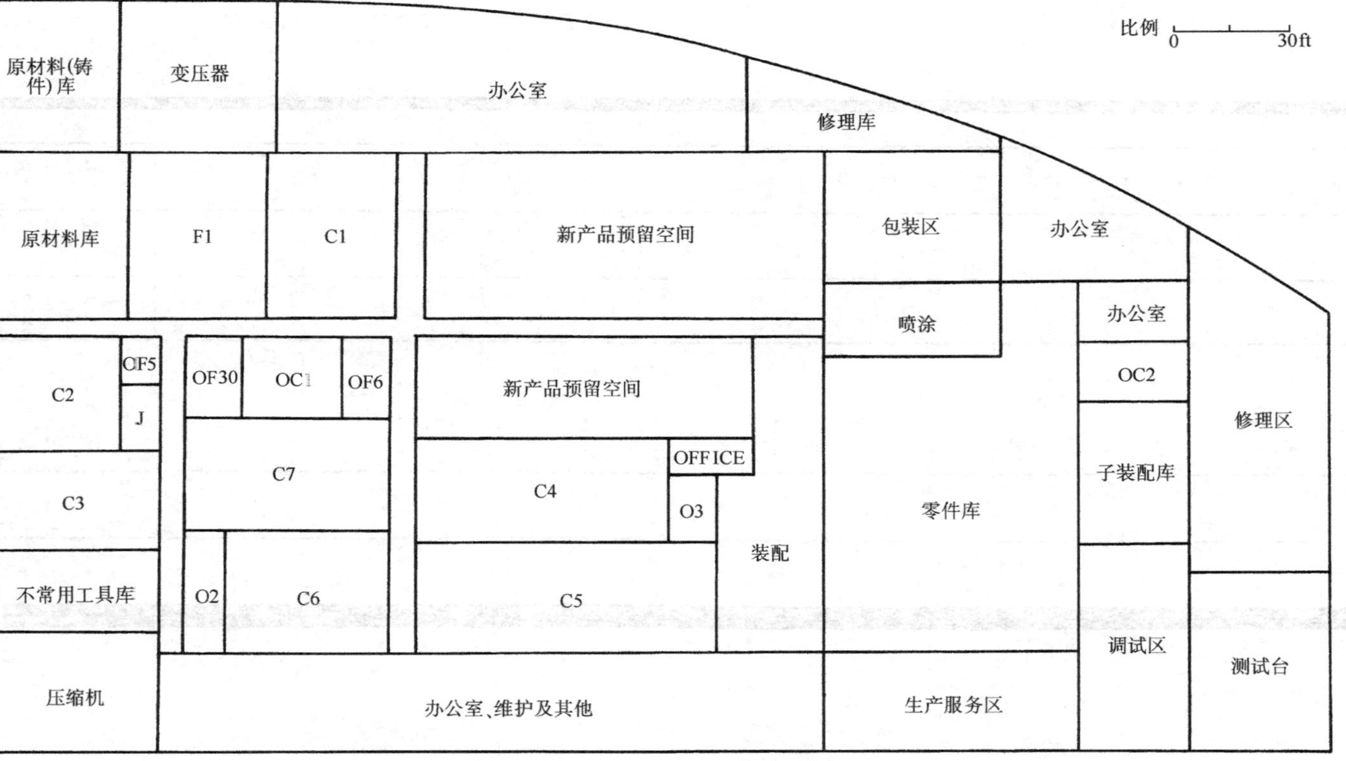
比例
0
30ft
原材料(铸件)库
变压器
办公室
修理库
原材料库
F1
C1
新产品预留空间
包装区
办公室
喷涂
办公室
OC2
修理区
C2
OF5
J
OF30
OC1
OF6
新产品预留空间
OFFICE
C7
C4
O3
子装配库
C3
零件库
装配
不常用工具库
O2
C6
C5
调试区
测试台
压缩机
办公室、维护及其他
生产服务区

图 5-24 初步布置方案

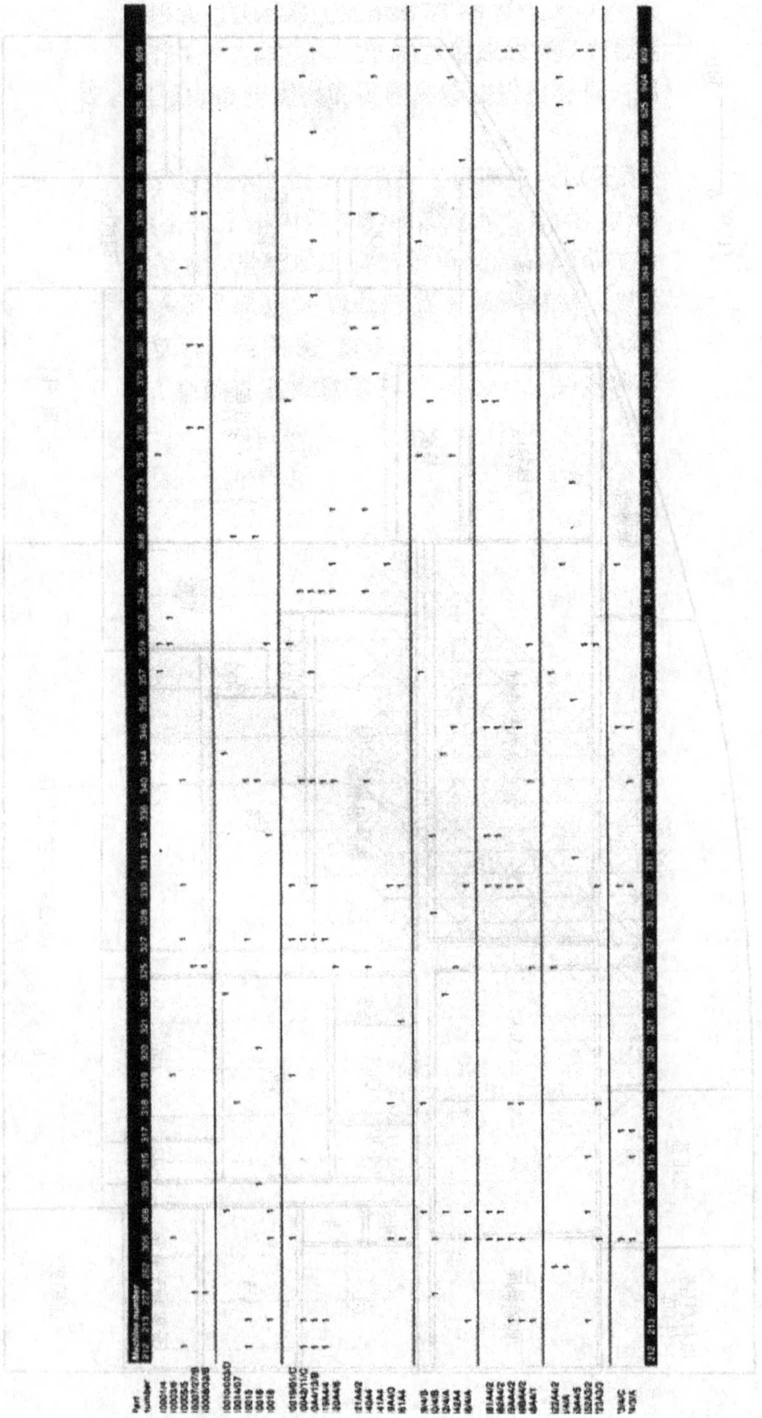

图 5－25　生产的产品机器矩阵

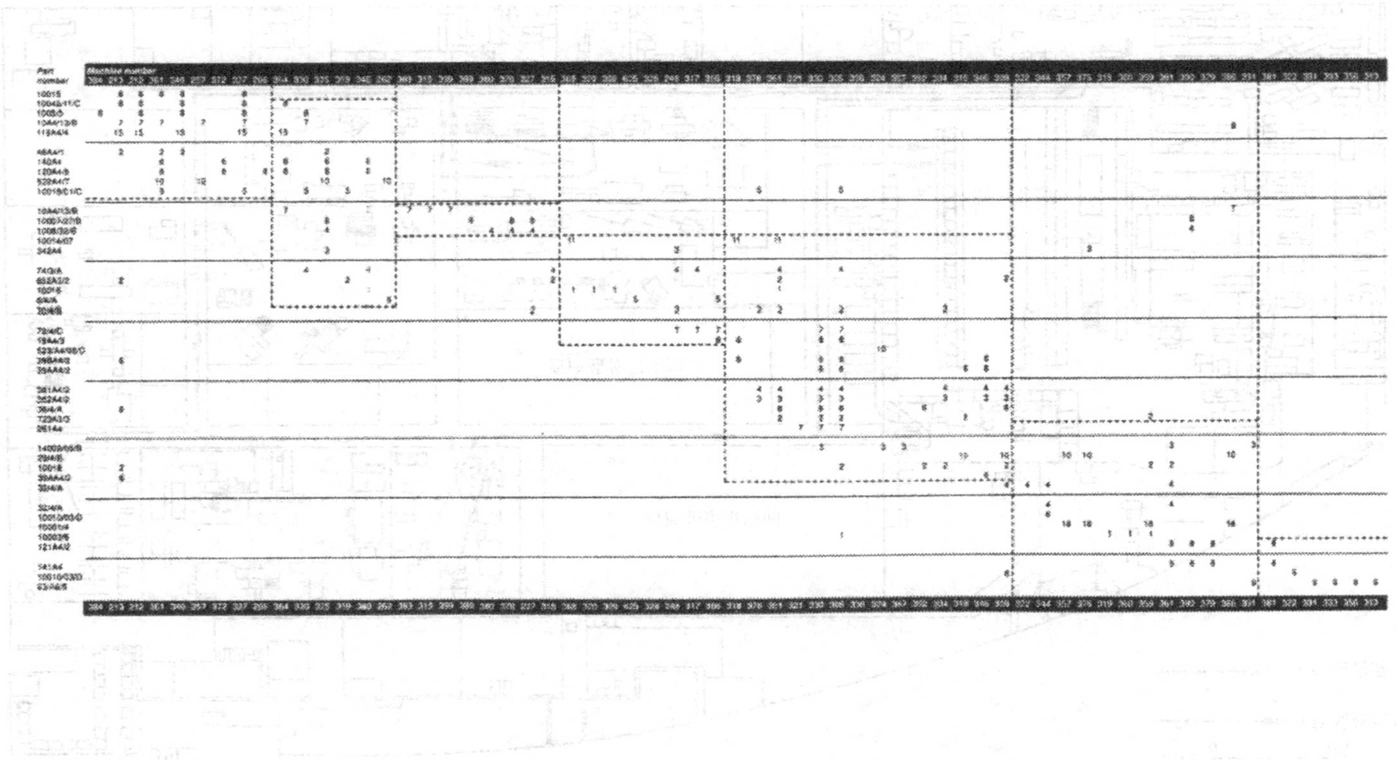

图 5-26 成组分析结果

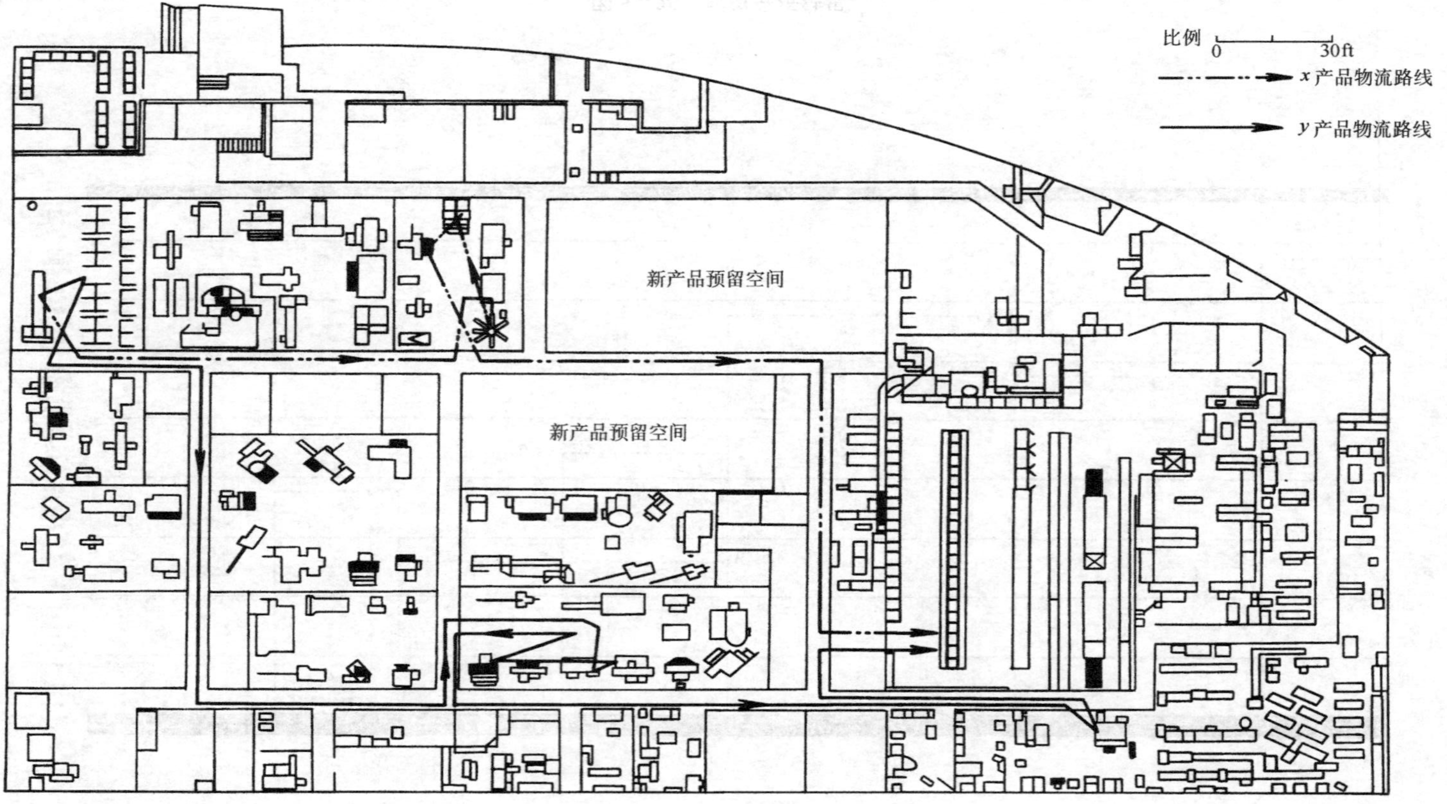

图5－27　最终布置方案

新布局所产生的成本节约，抵消机器的重新布置以及工人进行再培训的费用后，结果如表 5－18 所示。

表 5－18　重新布局后成本节约表

类别	缩短生产周期降低库存	节省空间	提高生产率及柔性	总计
费用/英镑	24000	35000	255000	314000

5.4　习题

1. 某诊所如图 5－28 所示，共有 $A \sim F$ 以及接待处等 7 个房间，共 7 个部门，其中接待处位置固定。接待处至其他各个房间的距离相等，均为 35ft[⊖]。各房间间的距离以及病人到各部门间的次数如表 5－19 所示。请设计诊所布置，使得病人在诊所内所走的总距离最短？

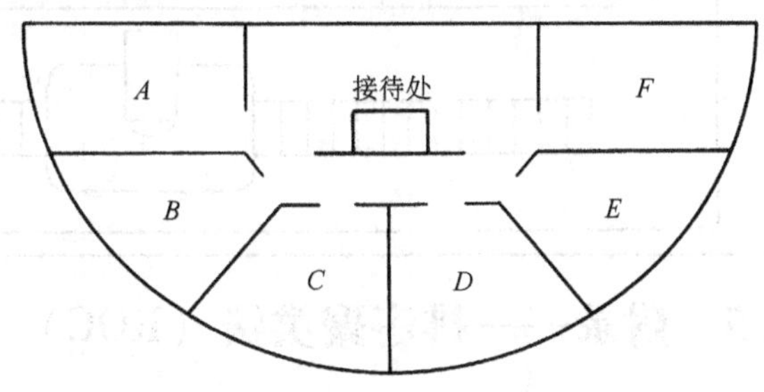

图 5－28　某诊所布置图

2. 某车间生产 4 种产品，由 4 种设备加工。4 种设备的面积相等，由直线轨迹的双向 AGV 供货/卸货。机器的尺寸为 9m × 9m。产品工艺路线信息以及生产信息如表 5－20 所示。假设上货/卸货点在机器边缘线的中点，请确定最佳布置。如果位于角点，布置是否改变，为什么？

表 5－19　各房间的距离以及病人到各部门间的次数

From/To	房间间距/ft[⊖]					
	A	*B*	*C*	*D*	*E*	*F*
A	—	40	80	100	120	160
B		—	40	60	80	120
C			—	20	40	80
D				—	20	40
E					—	40
F						

From/To	部门间每天的行程次数						
	接待处	1	2	3	4	5	6
接待处	—	10	10	200	20	0	100
1	10	—	0	0	80	20	40
2	40	0	—	0	0	0	20
3	10	40	0	—	10	190	10
4	0	30	50	0	—	10	70
5	10	60	40	60	30	—	20
6	30	10	100	0	20	0	—

⊖ 1ft = 0.3048m。

表 5-20 工艺信息和生产信息

产　品	加工顺序	周 产 量
1	B D C A C	300
2	B D A C	700
3	D B D C A C	900
4	A B C A	200

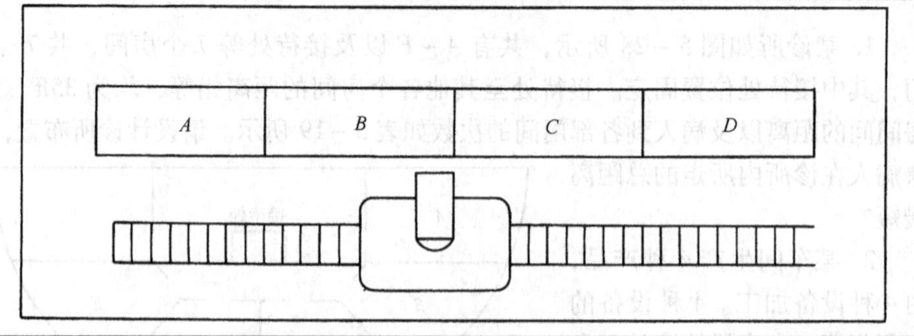

5.5 附录——排序聚类法（ROC）

排序聚类法是一种简单有效的聚类算法，广泛用在成组技术、数据采掘等领域，发现数据之间的潜在关系。通过计算每一行每一列的值，按值下降的顺序重排行和列，最终确定族。在成组技术中，每一个族代表了一个机床组和相应的部件组。下面通过成组技术中的应用阐述 ROC 的步骤，m 和 n 分别代表机床和部件的数量，a_{ij}为矩阵元素，$i=1, \cdots, m$；$j=1, \cdots, n$。

（1）在零件—机器矩阵中，分配每一列 j 的权重 $BW_j=2^{m-j}$。

（2）用公式 $DE_{\mathrm{i}} = \sum_{j=1}^{m} 2^{m-j} a_{ij}$。计算每一行 i 的十进制权重（二进制权重和）。

（3）按 DE 值从大到小排列行，不管行与行之间的联系。在这个排列的基础上重新组合这些行。如果没有重排的必要，就继续进行下一步。

（4）对于新排好的矩阵行，赋予一个新的二进制权重：$BW_j=2^{n-i}$。

（5）用公式 $DE_{\mathrm{j}} = \sum_{i=1}^{n} 2^{n-i} a_{ij}$ 计算每一列的十进制权重（二进制权重和）；

（6）按 DE 值从大到小排列每一列，不管列与列之间的联系。在这个排列的基础上重新组合这些列。如果没有重排的必要，即转到第 1 步。

ROC 算法的一个缺点是最后得到的解决方案和原来矩阵的行列排列关系有关。但是，这个算法得出的结果是理想的，可以通过改进或调整，适应实际的约束和限制。

下面通过算例说明 ROC 算法的应用。

参照图 5－29 所示的零件—机器矩阵，用 ROC 算法通过行和列的变换确定聚类。

机器

$[a_{ij}]$ = 零件	M_1	M_2	M_3	M_4	M_5	M_6	M_7
P_1	1	—	—	1	—	1	—
P_2	—	1	1	—	1	—	—
P_3	—	—	—	1	—	1	—
P_4	—	1	1	—	—	—	—
P_5	—	—	1	—	—	—	1
P_6	—	1	—	—	1	—	1

图 5－29　简单的零件—机器矩阵

解：

（1）给矩阵的每一列赋予二进制的权重 $BW_j = 2^{m-j}$，如图 5－30 所示。

（2）按公式计算每一行的按权重对应的十进制值：$DE_i = \sum_{j=1}^{m} 2^{m-j} a_{ij}$，如图 5－30 所示。

机器

$[a_{ij}]$ = 零件	M_1	M_2	M_3	M_4	M_5	M_6	M_7	
二进制权重	64	32	16	8	4	2	1	二进制值
P_1	1	—	—	1	—	1	—	74
P_2	—	1	1	—	1	—	—	52
P_3	—	—	—	1	—	1	—	10
P_4	—	1	1	—	—	—	—	48
P_5	—	—	1	—	—	—	1	17
P_6	—	1	—	—	1	—	1	37

图 5－30　零件—机器矩阵的行和列的二进制权重

（3）按照计算所得的 *DE* 值排列行，如图 5－31 所示。

（4）对于新排好的每一列，赋予一个二进制的权重 $BW_j = 2^{n-i}$，如图 5－31 所示。

（5）按公式计算每一列的按权重对应的十进制值：$DE_j = \sum_{i=1}^{n} 2^{n-i} a_{ij}$，如图 5－31 所示。

（6）按照计算所得的 *DE* 值重新排列每一列，如图 5－32 所示。然后回到第 1 步。

（7）给矩阵的每一列赋予二进制的权重 $BW_j = 2^{m-j}$，如图 5－32 所示。

（8）按公式计算每一行的按权重对应的十进制值：$DE_i = \sum_{j=1}^{m} 2^{m-j} a_{ij}$，如图 5－32 所示。

二进制值 / 二进制权重；$[a_{ij}]$ = 零件

	M_1	M_2	M_3	M_4	M_5	M_6	M_7	二进制权重
二进制值	32	28	26	33	20	33	6	
P_1	1	—	—	1	—	1	—	32
P_2	—	1	1	—	1	—	—	16
P_4	—	1	1	—	—	—	—	8
P_6	—	1	—	—	1	—	1	4
P_5	—	—	1	—	—	—	1	2
P_3	—	—	—	1	—	1	—	1

图 5－31　以 *DE* 值和后来的二进制权重结果为基础重新排列图 5－30 中的行

二进制值 / 二进制权重；$[a_{ij}]$ = 零件

	M_4	M_6	M_1	M_2	M_3	M_5	M_7	二进制权重
二进制值	64	32	16	8	4	2	1	
P_1	1	1	1	—	—	—	—	112
P_2	—	—	—	1	1	1	—	14
P_4	—	—	—	1	1	—	—	12
P_6	—	—	—	1	—	1	1	11
P_5	—	—	—	—	1	—	1	5
P_3	1	1	—	—	—	—	—	96

图 5－32　以 *DE* 值和后来的二进制权重结果为基础重新排列图 5－30 中的列

（9）按照计算所得的 *DE* 值排列行，如图 5－33 所示。

（10）对于新排好的每一列，赋予一个二进制的权重 $BW_j = 2^{n-i}$，如图 5－33 所示。

（11）按公式计算每一列的按权重对应的十进制值：$DE_j = \sum_{i=1}^{n} 2^{n-i} a_{ij}$，如图 5－33 所示。

（12）根据 *DE* 值递减排列那些列。因为不需要重排，最后的矩阵（如图 5－33 所示）显示了对角块的结构，每一块构成一个聚类。

二进制值 / 二进制权重；$[a_{ij}]$ = 零件

	M_4	M_6	M_1	M_2	M_3	M_5	M_7	二进制权重
二进制值	48	48	32	14	12	10	3	
P_1	1	1	1	—	—	—	—	32
P_3	1	1	—	—	—	—	—	16
P_2	—	—	—	1	1	1	—	8
P_4	—	—	—	1	1	—	—	4
P_6	—	—	—	1	—	1	1	2
P_5	—	—	—	—	1	—	1	1

图 5－33　基于 *DE* 值对图 5－32 中矩阵的行重新排列的最后结果

第3篇 库存管理及仓储规划

库存与仓储都是与物料的存储相关的概念，但是这是两个不同的概念。美国生产与库存管理协会（APICS）的词汇中，“库存（Inventory）”一词的定义是：“以支持生产、维护、操作和客户服务为目的而存储的各种物料，包括原材料和在制品、维修件和生产消耗品、成品和备件等”。库存管理主要是：“与库存物料计划与控制有关的业务”；而仓储规划主要针对仓库或库房的布置、物料运输和搬运以及存储自动化等的规划。

本篇首先介绍库存及相关知识（第6章），进而介绍仓储规划及设计（第7章）。

第6章 库 存 管 理

6.1 库存管理简介

库存，就是在生产及流通领域中各个环节（供应商、制造商、零售商及运输环节）所持有的原材料、零部件、成品。自从有了生产，就有了库存物品的存在，由于库存物品的存储成本往往会占本身价值成本的20%~40%，因此，有效地管理库存、控制库存成本对于降低整个物流系统成本有非常重要的作用，对于企业的正常运作与发展有非常重要的意义。

近年来，随着以日本丰田公司为代表的即时制思想的提出以及成功应用，越来越多的人认为库存是不应该存在的事物。丰田公司认为，库存掩盖了企业的问题，库存水平降低，这些问题才会暴露出来；同时，库存是一种巨大的浪费。图6-1是丰田公司的库存观点示意图

但是，为什么库存依然存在呢？有什么功能？库存有哪些种类？让我们首先结合功能对库存进行分类。

6.1.1 库存管理功能分类

1. 周期库存

为了满足连续补货期间的平均需求而存储的必要库存，周期性库存很大程度上取决于生产批量的规模、经济运输批量、存储空间的限制、补货提前期、供应

商的数量折扣等。例如，某仓库每周销售 2 个单位的货品，但是它可能会选择每月进一次货，一次定购 8 个，来满足一定周期内的库存。通过这种方法，来降低运输成本、采购费用、应对供应商的数量折扣。这类库存管理主要要处理订货批量、订货周期与存储成本、采购成本之间的优化。

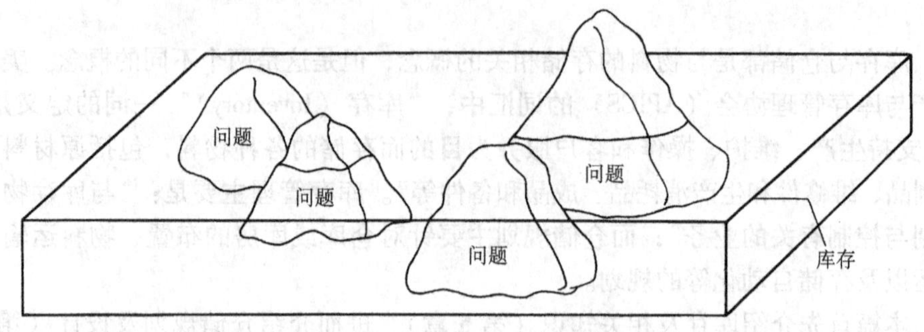

图 6－1　丰田公司的库存观点[⊖]

2. 季节性库存

一些商品具有明显的季节性消费特征，如空调机、日历等。在某些季节的销售高峰期，产品会供不应求；在其他的季节，产品则会滞销。因此，需要在高峰季节来临之前开始生产，保持一定量的库存。这类库存管理，需要考虑企业生产能力与季节库存量之间的优化，因为，投资设备，扩大生产能力可以降低季节库存量。

3. 安全库存

安全库存是为了防止产品制造与供应的意外情况而设立的一种库存。例如，为了防止供应商可能发生的生产事故、原材料运输不能按期到达等意外情况造成材料供应短缺，需要设立安全库存；产品销售的不可预测性，也要存储一定量的成品库存；预防本企业生产发生的意外情况，设立半成品的安全库存量等。可以想象，较少意外情况，降低不确定性是降低安全库存的一种方法。

4. 中转库存

中转库存，也叫运输库存（In－transit Inventory，Pipeline Inventory）。由于运输不会瞬时完成，因此在存储点、运输中途就会存在库存，这些库存主要是为了中转货品而存在的。这类库存与物流系统的设计息息相关。例如，改变运输方式，从空运变为水运，就会大大增加中转库存量，这就需要综合中转库存优化运输方式；再比如，一定范围内，扩大配送中心的数量，可以中转库存量，但是，过量的配送中心会大大增加管理费用，因此，需要进行优化分析。

⊖ Vollmann. Manufacturing Planning and Control Systems. 4th ed. McGrawHill，1999。

6.1.2 库存管理基本概念

1. 需求

需求可以有不同的形式：间断的或连续的，如商业存储系统中，顾客对时令商品的需求是间断的，对日用品的需求是连续的；均匀的（线性的）或不均匀的（非线性的），如工厂自动生产流水线对原料的需求是均匀的，而城市对电力的需求则是不均匀的；独立的和相关的；确定性的和随机的等。

（1）独立需求与相关需求　20世纪60年代，IBM公司的约瑟夫·奥列基博士提出了对物料的需求分为独立需求与相关需求的概念。

所谓独立需求，就是物料的需求由供需双方决定，与其他物料无关。

相关需求也称为从属需求，是指物料的需求量存在一定的相关性。一种物料的需求也由另外一种物料的需求引起的，这样物料的需求不再具有独立性。相关需求是物料需求计划（Material Requirement Planning，MRP）的主要研究对象。MRP的一个重要思想是“在需要的时间提供需要的数量”，这种思想提出物料的订货量是根据需求来确定的，这种需求应考虑产品的结构，即产品结构中的物料需求量是相关的。

图6-2表明，在企业内部，最终产品的需求是独立需求，而产品的零部件需求则属于相关需求。其他的办公用品、维修用的零部件等也是独立需求。

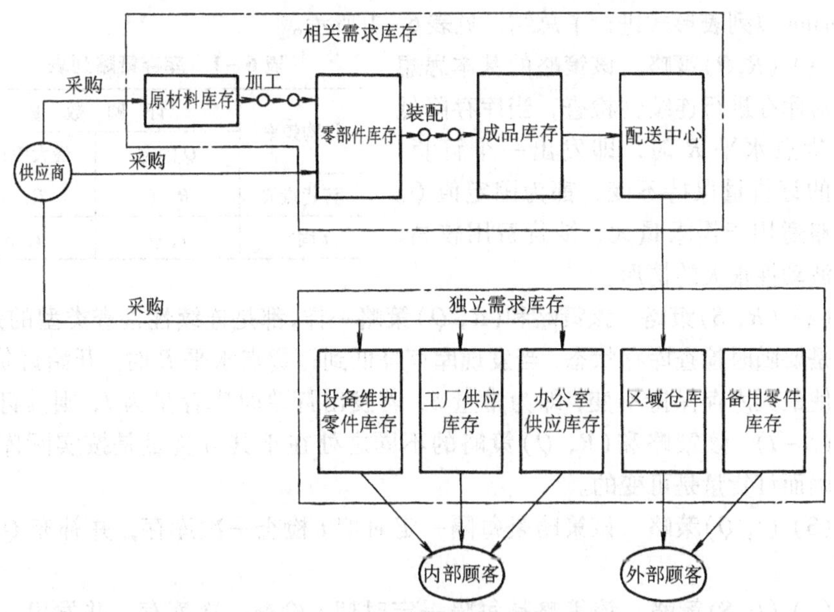

图6-2　独立需求与相关需求

（2）确定性需求与随机需求　需求还可以分为确定性的和随机性的，如生产活动中对原材料的需求一般是确定的，而销售活动中对商品的需求则往往是随机的。对于随机需求，主要通过分析其概率分布来研究。

本章将按照需求的独立与相关、确定与随机介绍库存管理理论。

2. 库存策略

所谓库存策略，就是决定什么时间对库存进行检查、补充，每次补充的数量是多少。在介绍库存策略前，先介绍两个相关概念。

（1）订货点和订货批量。随着物品的出库，其库存量会下降到某一点，这时补充活动必须着手进行，否则就要缺货，影响公司的正常运营。这个点就称为订货点，所订购的数量称为订货批量。

（2）订货提前期。一旦库存量降到订货点并安排了订货，等待物品到货以补充库存，这种等待时间称为订货提前期，或简称为提前期或交货期。它是从订货开始到收到订货批量为止的一段时间，严格来讲提前期是不确定性的，是随机的，但在应用中，我们经常将它近似看成是一个确定的常数。

订货点库存管理的策略很多，但基本决策变量为检查周期 t、订货点 R、定货批量 Q、最大库存 S。根据检查周期时间是固定还是可变，可以分为连续性检查策略以及周期性检查策略。其中连续性检查策略又分固定定货量、固定订货点策略，即 (R, Q) 策略，以及固定订货点、最大库存策略，即 (R, S) 策略；周期性检查策略包括，固定定货量的 (t, Q) 策略以及维持最大库存的 (t, S) 策略。Vollmann 以列表形式进行了总结，见表 6－1 所示。

表 6－1　库存策略列表

订购频率	订购数量	
	Q 固定	最大库存 S
订货点 R	R, Q	R, S
t 固定	t, Q	t, S

（1）(R,Q) 策略　该策略的基本思想是：对库存进行连续性检查，当库存降低到订货点水平 R 时，即发出一个订货，每次的订货量保持不变，都为固定值 Q。该策略适用于需求量大、缺货费用较高、需求波动性很大的情形。

（2）(R, S) 策略　该策略和 (R, Q) 策略一样，都是连续性检查类型的策略，也就是要随时检查库存状态，当发现库存降低到订货点水平 R 时，开始订货。订货后使最大库存保持不变，即为常量 S，若发出订单时库存量为 I，则其订货量即为 $(S-I)$。该策略和 (R, Q) 策略的不同之处在于其订货量是按实际库存而定，因而订货量是可变的。

（3）(t, Q) 策略　该策略是每隔一定时期 t 检查一次库存，并补充 Q 量的库存。

（4）(t, S) 策略　该策略是每隔一定时期 t 检查一次库存，并发出一次订货，把现有库存补充到最大库存水平 S，如果检查时库存量为 I，则订货量为 $S-I$。

该策略不设订货点，只设固定检查周期和最大库存量。该策略适用于一些不很重要的，或使用量不大的物资。

3. 库存系统评价指标

简单地说，库存系统的评价可以用库存投资规模的大小来衡量。但是，这无法衡量库存投资与所产生效益之间的关系；而库存周转率（Inventory Turnover）则可以将库存水平与产品的销量联系起来。

（1）库存周转率　库存周转率可以表示为，年销售金额与平均库存投资的比值。例如，某种产品年销售额为 100 万元，平均库存投资为 25 万元，则其库存周转率为 4。也就是说，库存资金在一年内周转了 4 次。

库存周转率常用来比较同行业的不同公司之间的库存管理水平，高的库存周转率往往意味着高的库存投资回报。但是，无法评价库存系统在满足顾客需求方面的性能，因此，有的公司采用另外一个指标来衡量，即顾客满足率（Fill Rate）。

（2）产品满足率（Product Fill Rate）　产品满足率就是当顾客对某种产品提出需求时，库存系统中有存货，能够立刻满足顾客需求的百分率。例如，95% 的顾客需求满足率意味着当顾客提出供货需求时，有 5% 的货品库存系统中没有。为了关注周期服务水平，一些公司采用顾客需求不满足率来强调连续改进周期服务水平。

（3）订单满足率（Order Fill Rate）　订单满足率就是当顾客发出某个订单需求时，库存系统中有该订单中的所有产品，能够立刻满足顾客需求的百分率。由于顾客订单往往会同时包括多种产品，因此订单满足率常常会低于产品满足率。

（4）周期服务水平（Cycle Service Level，CSL）　指在所有的补充周期中，可以满足顾客所有需求的周期所占的比率。详细内容将在后面随机需求一节中介绍。

（5）库存平均周转时间　另外一个指标可以用库存平均周转时间来表示，即平均库存量与平均需求的比值。例如，某胶卷销售商的订货批量为 144 个，平均每天销售 18 个，则平均库存为 144/2 = 72 个，平均需求为 18 个，所以，平均周转时间为 4 天。

4. 库存成本

（1）订购成本　订购成本是订货与收到库存的成本。成本额因具体订货的不同而有所不同，主要取决于需要量、准备订货单、运送成本、商品抵达时检查数量与质量以及把货品搬运到临时库存等因素，通常分为管理成本及运输成本，用绝对货币单位来表示。

（2）存储成本　存储成本包括保管、存储库存物品相关的成本，与库存货品的数量、货品的价值、保管的时间以及实际发生的库存细项有关。可以分为资本成本，如利息、保险、税；仓库成本，如供热、供电、租金、保安等；以及折旧、变质、损坏、偷窃、损耗等引起的损失成本。存储成本可以用年存储成本占货品价值的百分比表示，典型的年存储成本占货品价值的20% ~40%。

（3）缺货成本　当需求大于手头的库存供应量时，就会发生缺货成本。这种成本包括未实现销售的机会成本、丧失顾客信誉及其他类似成本。缺货成本往往可以使公司蒙受巨大经济损失，如由于菲利普公司的一家生产晶片的工厂发生火灾，引起诺基亚与爱立信公司生产的手机晶片短缺，造成爱立信缺货成本损失。有时，缺货成本很难度量，只能进行主观估计。

（4）库存成本分析　在不考虑缺货成本的情况下，库存成本可以由3部分组成，即物品本身价值成本、订购成本以及存储成本。下面以年为单位对库存成本进行分析。

例1　某计算机配件经销商销售一种键盘。每个键盘价格是150元，每年销量是100个，存储成本为30%，订购成本为180元，分析其库存成本。

令

C = 物品单位成本

R = 年需求量

Q = 订购批量

H = 单位时间（年）单位货品的存储成本（货币单位/单位/年）

h = 单位时间、单位库存价值的存储成本

C = 库存货品的购买成本

$H = hC$

S = 固定订购成本

年度物料成本 = 单位成本 · 年度需求量 = CR

每年订购次数 = $\dfrac{R}{Q}$

年度定购成本 = 每年定购次数 · 固定订购成本 = $\left(\dfrac{R}{Q}\right)S$

年度存储成本 = 平均库存量 · 存储成本 = $\left(\dfrac{Q}{2}\right)hC$

年总成本

$$TC = CR + \left(\frac{R}{Q}\right)S + \left(\frac{Q}{2}\right)hC \tag{6-1}$$

从上式可以看出，订购成本与订货批量成反比，批量越大，则订购成本越小；存储成本与订货批量成正比，批量越大，则存储成本越高；物料成本与批量无关，因此，我们改变订货批量对库存成本进行分析，并绘制成本变化图如图6-3所示（由于货物成本为定值，图中不予表示）。已知，参数列表如表6-2所示。

从图6-3中可以看出，库存总成本随订货批量的变化，约呈U型变化，因此，

必然存在着最经济的订货批量,可以使库存总成本最小。上式实际上就是经典的经济订货批量模型 EOQ。后面我们将通过微分的方法求出其 EOQ 值。

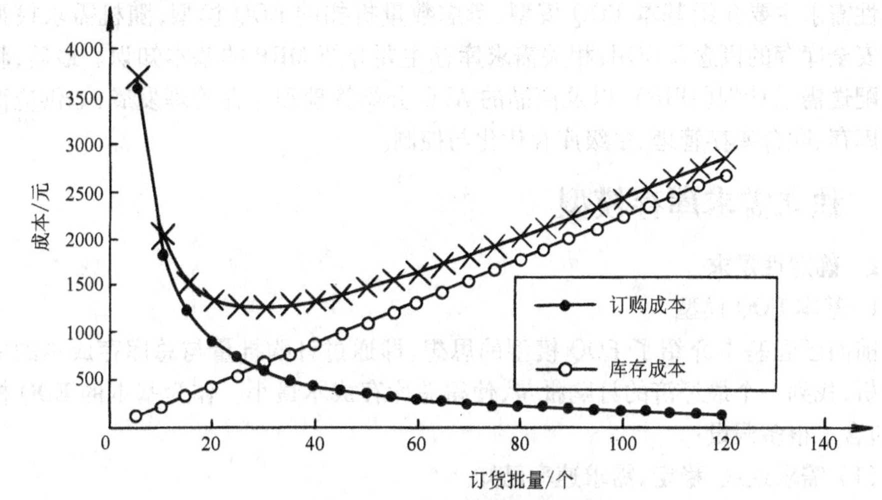

图 6－3　库存成本变化分析

表 6－2　参 数 列 表

C	150			
h	0.3			
S	180			
H	45			
R	100			
订货批量/个	货物成本/元	订购成本/元	库存成本/元	订购及库存总成本/元
0				
5	15000	3600	112.5	3712.5
10	15000	1800	225	2025
15	15000	1200	337.5	1537.5
20	15000	900	450	1350
25	15000	720	562.5	1282.5
30	15000	600	675	1275
35	15000	514.2857	787.5	1301.785714
40	15000	450	900	1350
45	15000	400	1012.5	1412.5
50	15000	360	1125	1485
55	15000	327.2727	1237.5	1564.772727
60	15000	300	1350	1650
65	15000	276.9231	1462.5	1739.423077
70	15000	257.1429	1575	1832.142857
75	15000	240	1687.5	1927.5
80	15000	225	1800	2025
85	15000	211.7647	1912.5	2124.264706
90	15000	200	2025	2225
95	15000	189.4737	2137.5	2326.973684
100	15000	180	2250	2430
105	15000	171.4286	2362.5	2533.928571
110	15000	163.6364	2475	2638.636364
115	15000	156.5217	2587.5	2744.021739
120	15000	150	2700	2850

根据上面的介绍,本章的体系将按照独立需求库存模型与相关需求库存模型介绍库存管理,其中,独立需求库存模型又分为确定性需求与随机需求两节介绍。确定性需求主要介绍基本 EOQ 模型、考虑数量折扣的 EOQ 模型,随机需求模型介绍安全库存的概念及应用;相关需求库存主要介绍 MRP 的基本知识。最后,将介绍配送需求计划(DRP),以及商品的 ABC 分类管理和库存管理发展,如供应商管理库存、联合库存管理、多级库存优化与控制。

6.2 独立需求库存模型

6.2.1 确定性需求

1. 基本 EOQ 模型

前面已经基本介绍了 EOQ 模型的思想,即通过订购批量与总库存成本的关系分析,找到一个最经济的订购批量,使得总库存成本最小。作为基本的 EOQ 模型,包含了很多假设:

(1) 需求连续、稳定,需求速率已知。

(2) 补货周期固定,不考虑提前期。

(3) 不考虑数量折扣(单位货品的价格固定、运输费用固定)。

(4) 不允许缺货。

(5) 货品的补充瞬时完成。

(6) 只有一种货品。

(7) 不考虑资金限制。

其库存状态图如图 6-4 所示。

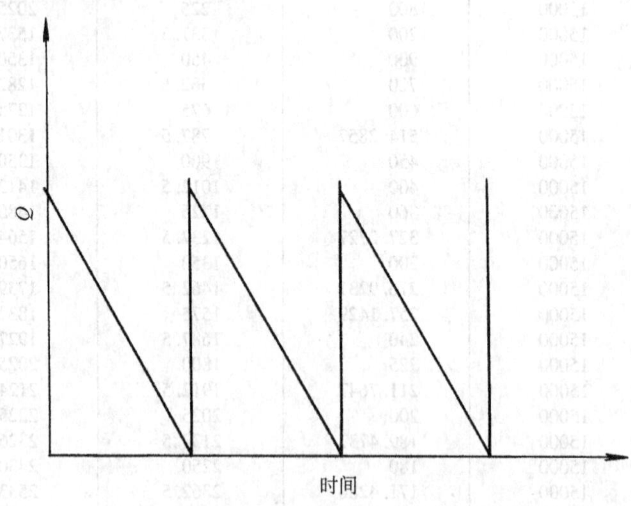

图 6-4 库存状态图

在这些前提的约束下,说明针对式(6-1)所示的总库存成本可以采用微分法求得极值点。

$$TC = CR + \left(\frac{R}{Q}\right)S + \left(\frac{Q}{2}\right)hC$$

$$\frac{\mathrm{d}TC}{\mathrm{d}Q} = -\left(\frac{R}{Q^2}\right)S + \left(\frac{1}{2}\right)hC = 0$$

于是,可以得到经济订货批量 Q^* 及相应的经济订货周期 n^*:

$$Q^* = \sqrt{\frac{2RS}{hC}} \tag{6-2}$$

$$n^* = \frac{R}{Q^*} = \sqrt{\frac{RhC}{2S}} \tag{6-3}$$

仍对例 1 进行计算,求其经济订货批量及相应订货周期是多少?

由上式,可得:

经济订货批量

$$Q^* = \sqrt{\frac{2RS}{hC}} = \sqrt{\frac{2 \times 100 \times 180}{0.3 \times 150}} = \sqrt{\frac{36000}{45}} = \sqrt{800} = 28.3$$

经济订货周期

$$n^* = \frac{R}{Q^*} = \sqrt{\frac{RhC}{2S}} = 3.5$$

分析:

(1) 对式(6-2)分析看出经济订货批量与需求、订购成本、存储成本呈平方根关系。当需求扩大1倍时,经济订货批量扩大约1.4倍。订购成本与经济订货批量也有同样的关系,存储成本扩大1倍,经济订货批量减小约1.4倍。

(2) 分析库存总成本对于经济订货批量的变化的敏感性。式(6-1)中,由于价格成本项 CR 与经济订货批量 Q^* 无关,所以这里只考虑后两项,即订购成本项与存储成本项。

$$TC' = \left(\frac{R}{Q}\right)S + \left(\frac{Q}{2}\right)hC$$

将式(6-2)代入,可得:

$$TC(Q^*) = \frac{RS}{Q^*} + \frac{Q^*}{2}hC = \sqrt{2hCRS}$$

当实际订货批量 Q 为经济订货批量 Q^* 的 α 倍时,

设 $$Q = \alpha Q^*$$

$$TC'(\alpha Q^*) = \frac{RS}{\alpha Q^*} + \frac{\alpha Q^*}{2}hC = \sqrt{2hCRS}\left(\frac{1}{2\alpha} + \frac{\alpha}{2}\right)$$

令

$$\beta = \left(\frac{1}{2\alpha} + \frac{\alpha}{2}\right) \tag{6-4}$$

则，订购成本与存储成本的总和变化β倍。

将订货批量对经济订货批量变化的比率α作为横轴，相应总成本的变化比率β作为纵轴，绘制图形如图6-5所示。

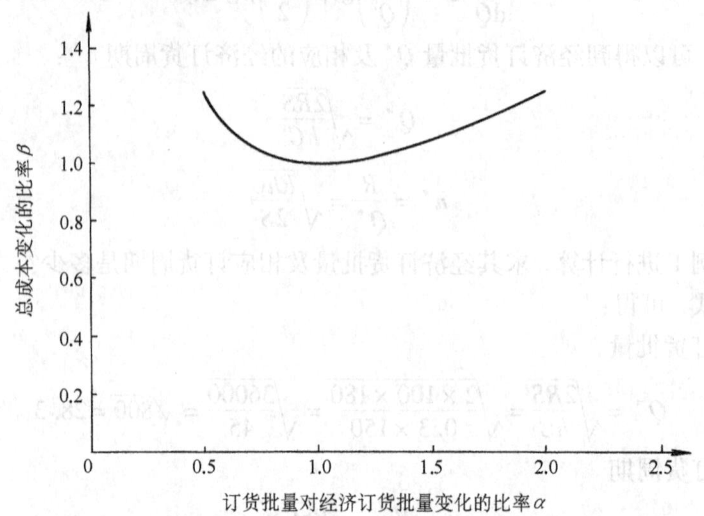

图6-5 库存成本与经济订货批量的敏感性分析

从图6-5中可以看出，订货批量相比经济订货批量变化1.5倍，总成本变化只有8.3%，说明库存总成本对于订货批量离经济订货批量的变化不是很敏感。

因此，公司在选择订购批量的时候，可以考虑其他因素，在经济订货批量附近，选择一个接近EOQ的适量订购批量即可，没有必要一定采用精确的EOQ。

2. 考虑数量折扣的EOQ模型

基本EOQ模型中，假设没有数量折扣，即单位货品的价格固定、运输费用固定。但是，实际上，订购的批量规模与商品价格、运输费用密切相关。因此，必须加以考虑。

就数量折扣而言，有两种形式的数量折扣，一种是全部折扣，另一种是增量折扣，下面首先介绍折扣类型。

（1）数量折扣类型

1）全部折扣（All Units）。所谓全部折扣，就是如果订购量在某规定范围内，则所有的订购货品，都享受同样的折扣价格。例如，某批发商制定了如表6-3所示的数量折扣方案。

表6-3 数量折扣方案

订购批量 Q	价格
$q_0 < Q <= q_1$	C_1
$q_1 < Q <= q_2$	C_2
$q_2 < Q$	C_3

其折扣方案如图6－6所示，是一种间断型的。

这种折扣方案相应的库存总成本，如图6－7所示，也是间断的。

2）增量折扣（Incremental）。与全部折扣不同，增量折扣是如果订购量在某规定范围内，如 $q_1 < Q \leqslant q_2$，则对于小于 q_1 的部分数量仍然采用 C_0 价格，仅对于大于 q_1 的部分采用折扣价格。

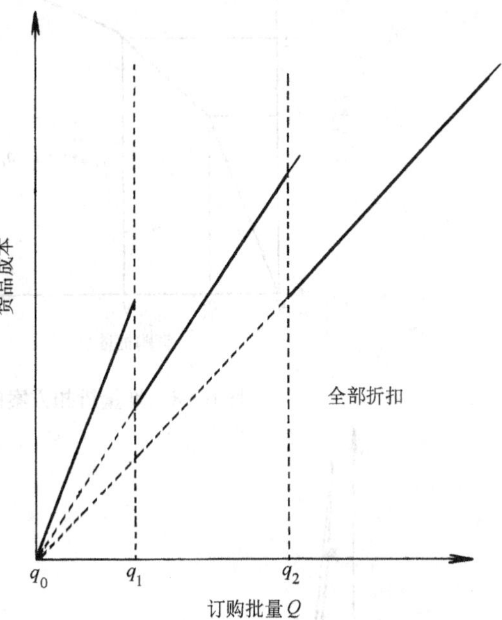

图6－6　全部折扣成本示意图

这种折扣方案的货品成本随订购批量变化，如图6－8所示。可以看到，是不间断的。

这种折扣方案相应的库存总成本如图6－9所示。可以看到，它是三段曲线连续形成的。

（2）求解方法

1）全部折扣方案。对于每一个数量折扣范围，例如，$q_i \leqslant Q_i < q_{i+1}$，根据其折扣价格 C_i，利用EOQ公式得到一个优化的订购批量 Q_i，这样，出现3种情况。

a. $q_i \leqslant Q_i < q_{i+1}$，优化解位于折扣范围内。

b. $Q_i < q_i$，优化解小于折扣范围下限。

c. $q_{i+1} \leqslant Q_i$，优化解大于折扣范围上限。

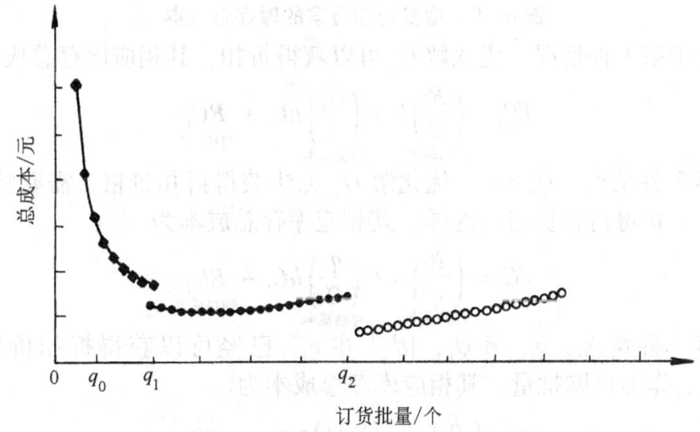

图6－7　全部折扣方案的库存总成本

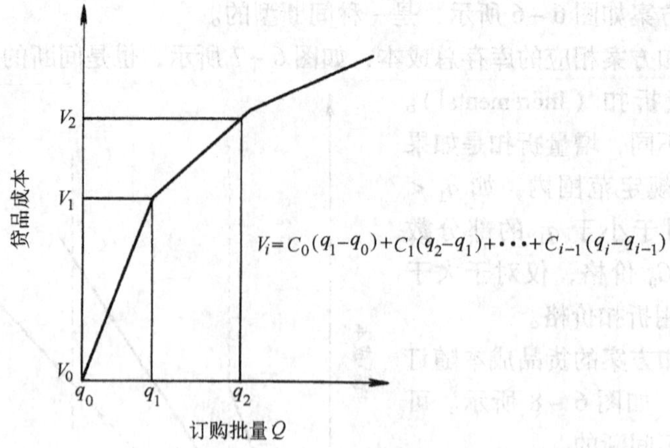

图 6-8　增量折扣方案的货品成本示意图

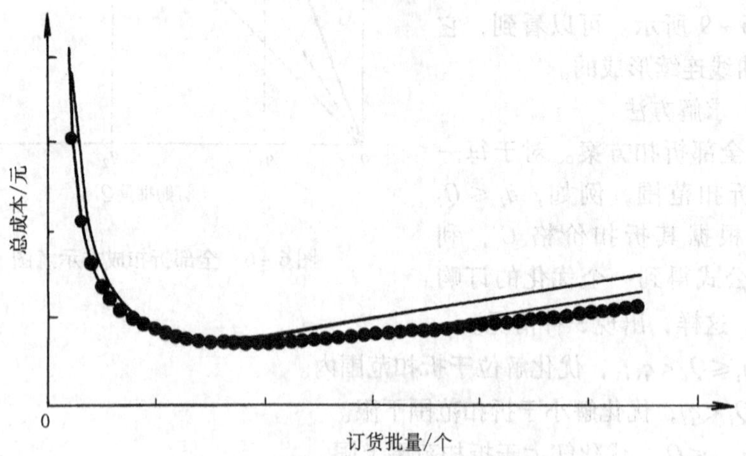

图 6-9　增量折扣方案的库存总成本

对于第 1 种情况，优化解 Q_i 可以获得折扣，其相应库存总成本为

$$TC_i = \underbrace{\left(\frac{R}{Q}\right)S}_{\text{订购成本}} + \underbrace{\left(\frac{Q_i}{2}\right)hC_i}_{\text{存储成本}} + \underbrace{RC_i}_{\text{物料成本}}$$

对于第 2 种情况，$Q_i < q_i$，优化解 Q_1 无法获得折扣价格，需要将订购批量增大为 q_i，以获得折扣价格，这样，其相应库存总成本为

$$TC_i = \underbrace{\left(\frac{R}{q}\right)S}_{\text{订购成本}} + \underbrace{\left(\frac{q_i}{2}\right)hC_i}_{\text{存储成本}} + \underbrace{RC_i}_{\text{物料成本}}$$

对于第 3 种情况，$q_{i+1} \leqslant Q_i$，因为在 q_{i+1} 已经可以获得折扣价格，所以，需要选择 q_{i+1} 作为订购批量，其相应库存总成本为

$$TC_i = \underbrace{\left(\frac{R}{q}\right)S}_{\text{订购成本}} + \underbrace{\left(\frac{q_{i+1}}{2}\right)hC_{i+1}}_{\text{存储成本}} + \underbrace{RC_{i+1}}_{\text{物料成本}}$$

这样，计算出总成本及相应的批量规模，从中选择一个订购批量，使所有价格下的总成本最小的订购批量，即所得解。

例2 某零售商对激光笔的需求为每年3000支，订购成本为2000元，存储成本为20%，其上游批发商采用如表6－4所示的折扣方案。请为该零售商选择经济订货批量。

表6－4 折扣方案

订购批量 Q/支	价格/元
0～499	100
500～1499	98.5
1500～1000000	96

解：根据上述模型，分别求解3个范围的EOQ值，并分别比较数量折扣范围的上下限，确定范围内的实际订购量，计算出相应的库存总成本，如表6－5所示。

表6－5 确定范围内的实际订购量及库存总成本

参　数	范围1	范围2	范围3
下限	0	500	1500
上限	499	1499	1000000
价格/元	100.00	98.50	96.00
初始优化解	774.6	780.5	790.6
实际订购量选择	500	780.4723287	1500
单位价格/元	98.50	98.50	96.00
库存总成本/元	312 425	310 875	306 400

从表6－5中可以看出，最终订购批量应该选择1500个，可以使库存总成本最小，为306 400元。

2）增量折扣方案。增量折扣方案中，不同折扣范围内的价格可以用统一的公式来表示

$$V_i = C_0(q_1 - q_0) + C_1(q_2 - q_1) + \cdots + C_{i-1}(q_i - q_{i-1}) \tag{6-5}$$

这样，库存总成本可以表示为

$$TC_i = \underbrace{\left(\frac{R}{Q}\right)S}_{\text{订购成本}} + \underbrace{[V_i + (Q - q_i)C_i]\frac{h}{2}}_{\text{存储成本}} + \frac{R}{Q}\underbrace{[V_i + (Q - q_i)C_i]}_{\text{物料成本}} \tag{6-6}$$

对式(6－6)求关于批量的极值，则得到某价格范围内的经济订购批量：

$$Q_i = \sqrt{\frac{2R(S + V_i - q_iC_i)}{hC_i}} \tag{6-7}$$

同样，计算每一个数量折扣范围内的 Q_i，然后，在没有超出价格折扣范围的 Q_i 中，寻找一个可以使总库存成本最小的订购批量作为所求解。

对于例2，如果采用增量折扣，则订购批量求解如表6－6所示。

表 6－6　增量折扣的订购批量求解

初始优化解	775	915	1425
优化解	出界	313 604.14 美元	出界

6.2.2　随机需求模型

上一节介绍了确定性需求的库存模型。但是，在实际运作中，由于顾客的多样性等原因，需求是随机性的；同时，补充货物过程也是随机性的，它受到上游生产企业的生产状况、运输状况等影响，很难精确确定，因此，本节介绍在需求及提前期均为随机情况下的库存管理。

在随机情况下的库存管理中，应对这种需求及供应的随机性，主要通过设立安全库存来实现。所以，如何合理地确定安全库存的大小是随机库存管理的一个关键问题。

前面已经介绍，对于库存系统可以根据检查的情况，分为连续检查策略（订货点模型）及周期检查策略（t，S）。所以，本节围绕两种策略下的安全库存量展开。在连续检查策略中，将介绍只考虑需求不确定性时的安全库存，以及同时考虑需求及提前期的不确定性下的安全库存。

1. 随机需求确定

如何确定一个提前期的随机需求呢？

设提前期各个周期的随机需求为正态分布，令

R_i = 周期 i 的平均需求；

σ_i = 周期 i 的需求方差；

k = 提前期的周期数。

则，平均提前期的需求为提前期内各个周期的需求总和

$$P = \sum_{i=1}^{k} R_i \tag{6-8}$$

提前期需求的方差

$$\Omega = \sqrt{\sum_{i=1}^{k} \sigma_i^2 + \sum_{j} \{ \sum_{i \neq j} \mathrm{cov}(i, j) \}} \tag{6-9}$$

式中　$\mathrm{cov}(i, j)$称为协方差。

$$\mathrm{cov}(i, j) = \rho \sigma_i \sigma_j \tag{6-10}$$

式中　ρ——相关系数，如果 $\rho = 1$，表示两个周期的市场需求正相关；如果 $\rho = -1$，则表示两个周期的市场需求负相关；如果 $\rho = 0$，则表示两个周期的市场需求不相关。

因此，如果提前期内各个周期的需求是互相独立的，并且均值为 R、方差

为 σ_R，则：

平均提前期的需求为 kR；

提前期需求的方差为 $\sigma_R\sqrt{k}$。

2. 连续检查策略

(1) 安全库存分析周期服务水平　为了应对实际运作的不确定性，必须设立安全库存，使企业不致于发生物料短缺，影响正常运作。在连续检查策略下，需要连续检查库存水平，当库存下降到再订货点 ROP 时，定购批量为 Q 的货品。考虑到订货的提前期 L，此时，再订货点的数量减去提前期内的销售量就应该是该库存系统的安全库存。

令：

R = 每个周期的平均需求量；

σ_R = 每个周期的平均需求量的方差；

ROP = 再订货点；

ss = 安全库存；

L = 提前期内的周期数量。

则：

提前期的估计需求量 $R_L = RL$；

提前期需求的标准偏差 $\sigma_L = \sqrt{L}\sigma_R$；

安全库存 $ss = ROP - R_L$。

可以想象，安全库存越高，越容易满足顾客的需求。那么，如何量化安全库存与顾客的满意程度呢？前面已经介绍了周期服务水平的基本概念。它表示在所有的补充周期中，可以满足顾客所有需求的周期所占的比率。在随机库存系统中，它可以用订货提前期内不出现缺货的概率来表示。假设顾客需求呈正态分布且没有相关性，则有：

$$CSL = P(RL \leqslant ROP) = P(D \leqslant ROP) = P\left(\frac{D - RL}{\sigma_R\sqrt{L}} \leqslant \frac{ROP - RL}{\sigma_R\sqrt{L}}\right)$$

$$= P\left(z \leqslant \frac{ROP - RL}{\sigma_R\sqrt{L}} = \frac{ss}{\sigma_L}\right) = F(ROP, RL, \sigma_L) \qquad (6-11)$$

正态分布函数 $F(ROP, RL, \sigma_L)$ 可以用 Excel 软件中的函数求得：

$$CSL = NORMDIS(ROP, RL, \sigma_L, 1) \qquad (6-12)$$

例 3　某零售商销售时装，每天平均需求 100 件，订货提前期为 4 天，订货点为 500 件，设需求呈正态分布，且需求相互独立，方差为 30 件，求该系统的安全库存，并分析其周期服务水平。

解：由已知条件，可以确定：

提前期的平均需求 $RL = 400$ 件，方差 $\sigma_L = 60$ 件，$ROP = 500$ 件；

所以，

安全库存 $ss = ROP - RL = 100$ 件；

周期服务水平 $CSL = P(z < 100/60) = F(500, 400, 60) = 0.952$。

下面，进一步分析周期服务水平的影响因素。

1）缩短提前期。在例 3 中，缩短订货提前期为 2 天，订货点为 300 件，则：

提前期的平均需求 $RL = 200$ 件，方差 $\sigma_L = \sqrt{2} \cdot 30 = 42.4$ 件，$ROP = 300$ 件；

安全库存 $ss = ROP - RL = 100$ 件；

周期服务水平 $CSL = P(z < 100/42.4) = F(300, 200, 42.4) = 0.991$。

2）增大订货点。增大订货点数量，$ROP = 550$ 件，其他同例 3，则：

提前期的平均需求 $RL = 400$ 件，方差 $\sigma_L = 60$ 件，$ROP = 550$ 件；

安全库存 $ss = ROP - RL = 150$ 件；

周期服务水平 $CSL = P(z < 150/60) = F(550, 400, 60) = 0.994$。

3）减小周期需求的随机性。设周期方差 $\sigma_R = 20$ 件，则：

提前期的平均需求 $RL = 400$ 件，方差 $\sigma_L = 40$ 件，$ROP = 500$ 件；

安全库存 $ss = ROP - RL = 500 - 400 = 100$ 件；

周期服务水平 $CSL = P(z < 100/40) = F(500, 400, 40) = 0.994$。

因此，我们可以发现，提高周期服务水平有如下的途径：

1）缩短提前期时间。

2）增大订货点数量。

3）通过提高预测的精度，减小提前期需求的随机性。

（2）安全库存设计

1）需求不确定。前面介绍了在已定库存管理方案的情况下分析其性能，即周期服务水平；在许多情况下，公司往往会提出周期服务水平目标，希望通过安全库存的设计来实现这一目标。

由式（6－11），根据标准正态分布的反函数定义

$$ss = F_s^{-1}(CSL)\sigma_L \tag{6-13}$$

例 4 某零售商销售时装，每天平均需求100 件，每天需求呈正态分布，需求相互独立，方差为 30 件，订货提前期为 4 天。若该零售商希望达到 0.99 的周期服务水平，他需要维持的安全库存量是多少？再订货点是多少？

解：由式（6－13）可得，

$ss = (2.326) \times 60$ 件 $= 140$ 件；

$RL = 4 \times 100$ 件 $= 400$ 件；

$ROP = RL + ss = (400 + 140)$ 件 $= 540$ 件。

2）需求及提前期均不确定。例 4 中，假设货品的订购提前期固定不变。实际上，由于生产企业的生产状况、运输状况等，提前期实际上是随机的。在这种

情况下，如何确定安全库存？

假设货品需求量以及订货提前期随机分布都为正态分布，令：

R = 每个周期的平均需求量；

σ_R = 每个周期的平均需求量的方差；

L = 平均提前期；

S_L = 提前期的方差。

则：

提前期的平均需求 $R_L = RL$；

方差 $$\sigma_L = \sqrt{L\sigma_R^2 + R^2 S_L^2} \tag{6-14}$$

例 5 某服装批发商每天销量呈正态分布，平均每天销售 100 件时装，方差为 30 件，订货提前期需要 4 天。该批发商周期服务水平目标为 99%。目前，订货提前期的方差为 4 天，求所需要的安全库存量。

解：由式(6－14)，得：

$$\sigma_L = \sqrt{L\sigma_R^2 + R^2 S_L^2} = \sqrt{4 \times 30^2 + 100^2 \times 4^2}\text{件} = 404\text{ 件}$$

由式(6－13)，可得：

$ss = (2.326) \times 404$ 件 $= 940$ 件；

$RL = 4 \times 100$ 件 $= 400$ 件；

$ROP = RL + ss = (400 + 940)$ 件 $= 1340$ 件。

与前面不考虑提前期的随机性的例子相比，安全库存增加了(940－140)件＝800 件，相当于 8 天的销售量。可见，保证订货提前期的准确性可以大大降低企业库存，节省成本。

3. 周期检查策略(t, S)

在周期性检查策略中，每隔一定的周期 t，将对库存进行一次检查。根据检查结果订购货品，使得当前库存水平加上补给库存量之和达到总库存水平 S。这样，每次订购的批量是不定的，由周期检查时的剩余库存量决定。

在周期检查策略中，设检查周期为 T，订购提前期为 L，则 $T+L$ 时间内的需求及方差为：

$$R_{T+L} = (T+L)R$$

$$\sigma_{T+L} = \sqrt{T+L}\sigma_R$$

安全库存 ss 与最大库存水平之间的关系为：

$$S = R_{T+L} + ss \tag{6-15}$$

在周期检查策略中，周期服务水平定义为 $T+L$ 时间内，需求量不超过最大库存水平 S 的概率，即：

$$P(\text{在 } T+L \text{ 时间内需求} \leqslant S) = CSL \tag{6-16}$$

这样，对于一定的 CSL，其安全库存为：

$$ss = F_s^{-1}(CSL)\sigma_{T+L} \qquad (6-17)$$

例 6 某计算机销售商周销量为1 600 台，周销量服从正态分布，方差为 800 台。订货提前期为 2 周，库存检查周期为 4 周，为了达到周期服务水平为 95%，最大库存量应该设置为多少？

解：由 $R=1\,600$ 台，$\sigma_R=800$ 台，$L=2$ 周，$T=4$ 周，则：

$R_{T+L}=9\,600$ 台；

$\sigma_{T+L}=1\,960$ 台。

再由式（6－16），得：

$ss=3\,223$ 台；

所以，最大库存 $S=9\,600+3\,223=12\,823$ 台。

6.3 相关需求库存模型——MRP

6.3.1 MRP 简介

MRP 是 IBM 的约瑟夫·奥列基在库存管理的定货点法基础上提出来的，通过综合分析订单、当前库存以及生产顺序的信息，使得正确的物料在正确的时间到达。以此来减少库存、降低劳动力成本、增加按时发货率。

简单地说，MRP 要回答 3 个问题：需要什么，需要多少，什么时候需要？

MRP 是一个基于计算机的库存管理系统，主要输入包括物料清单、总进度计划、库存记录文件。物料清单在第 3 章已经介绍，它表明了产品的主要组成及相互关系；总进度计划表明了产品的需要时间及数量；库存记录文件表明当前库存水平。通过对这些信息的处理，确定计划期间各个时间的净需求。

MRP 方法先用总进度计划列出最终产品需求量，再用组件、部件、原材料的物料清单抵消生产提前期，确定各时期需求。

剖析物料清单得出的数量是总需求，它尚未考虑持有库存量与在途订货量等因素。厂商根据总进度计划生成的，必须予以实际满足的需求叫做物料净需求。

决定净需求是 MRP 方法的核心。总需求减去库存持有量和预期收货量，再加上安全库存量，即净需求：

$$t\text{ 期间净需求}=t\text{ 期间总需求}-t\text{ 期间计划存货}+\text{安全存货} \qquad (6-18)$$

6.3.2 MRP 记录分析

表 6－7 为 MRP 的一个记录表，其中包括总需求、已在途订货、计划持有量、净需求、计划收到订货、计划发出订货等 6 项。下面分别解释。

总需求：不考虑当前库存量，某部件或原材料在各时间期间的期望总需求。最终产品的总需求量可以在总进度计划上找到，各零部件的总需求量则源于其直接“双亲”的计划发出订货。

表 6-7　MRP 记录表

零件	周　　数	1	2	3	4	5	6	7	8
	总需求								
	已在途订货								
	计划持有量								
	净需求								
	计划收到订货								
	计划发出订货								

已在途的订货：各期初始从供应商或供应链上其他节点接受的订货。

计划持有量：各期初始期望的存货持有量，即已在途的订货量加上期末存货。

净需求：各期实际需要量。

计划收到订货：各期初始显示出来的期望接受量。在配套批量订货条件下，它等于净需求；在进货批量订货条件下，它比净需求大。为简化起见，超出部分被加到了下期存货中，尽管实际上它们在本期也可以用。

计划发出订货：指各期抵消生产提前期影响后的计划收到订货，计划发出订货将产生装配链或生产链下一层次的总需求。订货结束，它就从“计划发出订货”进入了“已在途的订货”。

下面结合例子说明 MRP 的计算过程。

例 7　某家具厂生产某种餐桌。餐桌由 2 大部分组成，木质桌面及金属桌腿。桌面部分由该厂自己加工，加工周期为 2 周；金属桌腿从外地订购，提前期为 1 周。组装过程需要 1 周。目前该公司接到 2 个订单，一份订单为 100 个，要求第 4 周开始发运；另一份要 150 个，要求第 8 周开始发运。查询库存记录，已知第一周的已在途订货数量为 70 个桌面。求下述条件下的订货时间、订货规模。

1）配套批量订货（订货批量等于净需求）。

2）订货批量为 300 个单位桌腿及 70 个单位桌面的批量进货。

解：

（1）生成主进度计划

周数	1	2	3	4	5	6	7	8
数量/个				100				150

（2）产品结构树：

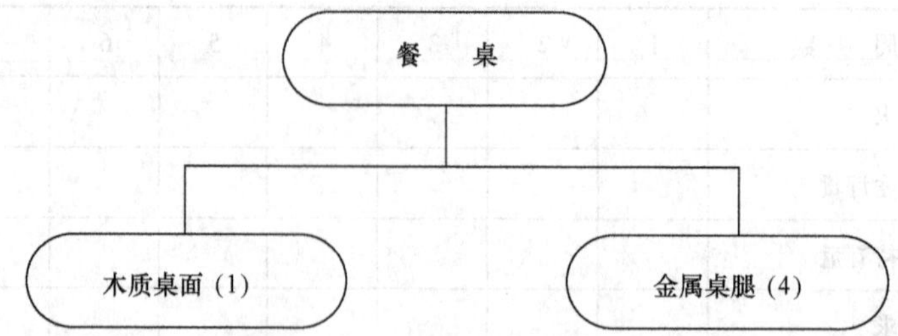

（3）由主进度计划求解各个部件总需求，计算出净需求。

求解过程如图 6－10 所示，首先利用总进度计划，求解餐桌总需求为第 4 周 100 个、第 8 周 150 个；然后再计算净需求，由于在第 4 周开始时没有计划持有量，所以，第 4 周的净需求为 100 个，同样，第 8 周 150 个。于是，第 4 周的计划接受数量等于 100 个餐桌。由于装配餐桌耗时 1 周，这就意味着计划发出订货在第 3 周开始时。运用同样的逻辑，150 个餐桌必须在第 7 周组装，这样才能在第 8 周运送出去。

根据 BOM 及零件供应的提前期，在第 3 周开始时 100 个餐桌的计划发出订货，需要 100 个桌面（桌面总需求）。因为没有预期持有量，净需求就是第 3 周

	周数	1	2	3	4	5	6	7	8
餐桌	总需求/个				100				150
	已在途订货/个								
	计划持有量/个								
	净需求/个				100				150
	计划收到订货/个				100				150
	计划发出订货/个			100				150	

	周数	1	2	3	4	5	6	7	8
桌面 $L=2$	总需求/个			100				150	
	已在途订货/个								
	计划持有量/个								
	净需求/个			100				150	
	计划收到订货/个			100				150	
	计划发出订货/个	100				150			

	周数	1	2	3	4	5	6	7	8
桌腿 $L=1$	总需求/个			400				600	
	已在途订货/个	70							
	计划持有量/个	70	70	70					
	净需求/个			330				600	
	计划收到订货/个			330				600	
	计划发出订货/个		330				600		

图 6－10　主进度计划求解过程示意图

开始时的100个桌面。由于生产提前期为2周，所以生产厂必须在第1周开始时生产100个桌面。同样地，在第7周时150个餐桌的计划发出订货产生第7周的总需求与净需求：150个桌面以及当时的计划收到订货。2周的生产提前期表示生产厂必须在第5周开始时生产桌面。

对桌腿来说，在第3周开始时100个餐桌的计划发出订货，要求在第3周开始时，有400个单位的桌腿的总需求。然而，由于计划持有量为70个，净需求即400－70个＝330个，这意味着在第3周开始时的计划接受为330个单位。订购提前期为1周，因此必须在第2周开始时进行订购。同样地，第7周150个餐桌的计划发出订货产生的总需求是600个桌腿。由于当时没有计划持有量，净需求也是600个，计划收到订货是600个单位。此外，1周的订购提前期意味600个部分的制作安排在第6周开始时进行。

（4）如果订货批量为300个单位桌腿及70个单位桌面的批量进货。那么，区别的地方在于进货量大于需求量，则多余部分将变为下一周期的计划库存量，如图6－11所示。

	周数	1	2	3	4	5	6	7	8
餐桌	总需求/个				100				150
	已在途订货/个								
	计划持有量/个								
	净需求/个				100				150
	计划收到订货/个				100				150
	计划发出订货/个			100				150	

	周数	1	2	3	4	5	6	7	8
桌面 $L=2$ 订货批量为150的倍数	总需求/个			100					
	已在途订货/个								
	计划持有量/个				50	50	50	50	50
	净需求/个			100				100	
	计划收到订货/个			150				150	
	计划发出订货/个	150				150			

	周数	1	2	3	4	5	6	7	8
桌腿 $L=1$ 订货批量为70的倍数	总需求/个			400				600	
	已在途订货/个	70							
	计划持有量/个	70	70	70	20	20	20	20	50
	净需求/个			330			580		
	计划收到订货/个			350			630		
	计划发出订货/个		350				630		

图6－11　订货批量为300个单位桌腿及70个单位桌面的批量进货求解示意图

6.4 配送需求计划（DRP)

配送需求计划（Distribution Requirement Planning, DRP）是库存管理的一种计划方法。DRP 联系着物理配送系统和制造规划及控制系统（MPC)，它阐明现有的存货状况，并且预测配送系统对于制造生产计划和物料规划的需求。这里所讨论的 DRP 技术有助于企业提高连接市场需求和制造活动的能力。因为一个设计完好的 DRP 系统可以帮助管理层预测将来的需求，匹配物料的供给与需求，有效地应用存货满足客户的服务需求，和对市场的变幻做出快速的调整。

6.4.1 DRP 和 MRP

DRP 和 MRP 一样都是需求管理（Demand Management）的一部分，不同的是，DRP 是由顾客的需求所决定，企业无法或者很少能加以控制；而 MRP 是生产计划所决定的，生产计划是由企业制定和控制的。从库存管理的角度来考虑，制造和装配完成之前的库存管理是由 MRP 进行的，而一旦制成品到了工厂的仓库，就由 DRP 来管理存货了。关于 DRP 和 MRP 的关系，从图 6 - 12 可以直观地看出来。

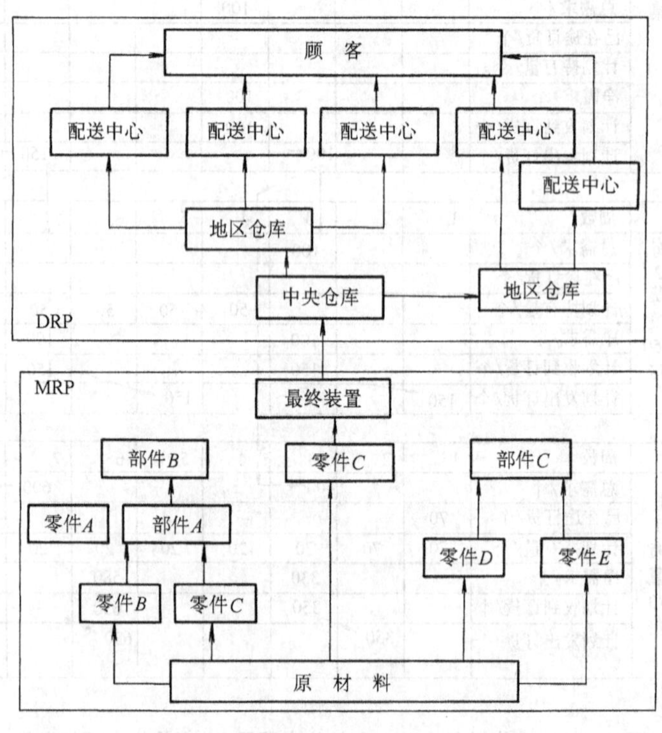

图 6 - 12　DRP 和 MRP 的关系及比较

6.4.2 DRP 的应用过程

DRP 最基本的工具是产品的明细表。这些明细表表述了离顾客尽可能近的产品环节的存货情况，是整个产品数据库的一部分，不断更新的关于存货和需求的信息在中央仓库和地区仓库之间周期性地或者即时地传递。这里，我们只考虑单个库存单位在地区仓库的明细表。

表 6－8 所示为某一个地区仓库的 DRP 明细表，从中可以看出 DRP 明细表的一般结构。第 1 行是需求预测的时间周期，最常见的是以每周为增量，当然也可以使用每日或者每年。第 2 行是预测的需求数，它反映了来自顾客或者其他配送单位的需求。第 3 行是该仓库已定时接收货物数，这里，订货周期已经装卸所需的时间已经被考虑在内，该批货物在指定的时间已经可以被使用了。第 4 行是预计的现有存货数，它表明了预测时间周期末的存货数量，表 6－8 中预测开始之前的存货数量为 45；这一行是需要计算得出的，公式为：

预计现有存货数＝上一时间周期末的存货数＋已定时接收货物数－本周期的预测需求数

最后一行是计划订货数，它是为避免存货数量低于安全储备而向供给源提出的补给需求数；这里就必须考虑订货周期的影响因素。实际上，计划订货和已定时接收货物在时间上相差的是一个订货周期。此外，DRP 明细表还给出了安全储备、订货周期和订货批量，作为 DRP 计划中的参考数据。

表 6－8 某地区仓库 1 的 DRP 明细表

预测时间周期/周		1	2	3	4	5	6	7
预测的需求数/个		20	20	20	10	30	30	20
已定时接收货物数/个			60			60		60
预计现有存货数/个	45	25	65	45	35	65	35	75
计划订货数/个				60		60		

安全储备：20 个　　订货批量：60 个　　订货周期：2 周

所有的地区仓库的 DRP 明细表列出来以后，就可以将其中的计划订货数信息传送到中央仓库，得到中央仓库的 DRP 明细表。下面以一个中央仓库供给两个地区仓库为例，简单说明中央仓库 DRP 明细表的获得。表 6－9 为地区仓库 2 的 DRP 明细表，表 6－10 为中央仓库的 DRP 明细表。

表 6－9 某地区仓库 2 的 DRP 明细表

预测时间周期/周		1	2	3	4	5	6	7
预测的需求数/个		15	15	15	20	15	15	15
已定时接收货物数/个			40		40			40
预计现有存货数/个	32	17	42	27	47	32	17	42
计划订货数/个		40		40			40	

安全储备：10 个　　订货批量：40 个　　订货周期：1 周

表 6-10 中央仓库的 DRP 明细表

预测时间周期/周		1	2	3	4	5	6	7
地区仓库 1 计划订货数/个				60		60		
地区仓库 2 计划订货数/个		40		40			40	
总需求数/个		40	0	100	0	60	40	0
已定时接收货物数/个				150			150	
预计现有存货数/个	100	60	60	110	110	50	160	160
计划订货数/个			150			150		

安全储备：50 个　　订货批量：150 个　　订货周期：1 周

由中央仓库的 DRP 明细表可以得到中央仓库的计划订货数。这些计划订货的数据就能作为制定主生产计划依据，也就是说，主生产计划必须保证中央仓库的订货得到及时的满足（其中也必须考虑订货周期）。

6.4.3 DRP 明细表的调整

在 DRP 明细表中，每个时间周期的需求数是由以往的经验预测出来的。实际的需求一般会在预测值附近波动，这样经过几个时间周期，原 DRP 明细表中的内容就需要进行调整，尤其是计划订货的时间。表 6-11 的例子对此进行了说明，其中实际的需求数第 1 周为 16，第 2 周为 26，而预测的需求数是 20。第 1 周的实际需求比预测的减少，对计划订货时间还没有造成影响；但第 2 周的实际需求的增长使得原计划中第 4 周的订货提前到了第 3 周，同时以后计划订货的预测时间也相应地提前了 1 周。

表 6-11 DRP 明细表的调整示例

预测时间周期/周		1	2	3	4	5
预测的需求数/个		20	20	20	20	20
已定时接收货物数/个		40		40		40
预计现有存货数/个	6	26	6	26	6	26
计划订货数			40		40	
第 1 周的实际需求：16 个						
预测时间周期/周		2	3	4	5	6
预测的需求数/个		20	20	20	20	20
已定时接收货物数/个			40		40	
预计现有存货数/个	30	10	30	10	30	10
计划订货数/个		40		40		
第 2 周实际需求：26 个						
预测时间周期/周		3	4	5	6	7
预测的需求数/个		20	20	20	20	20
已定时接收货物数/个		40	40		40	
预计现有存货数/个	4	24	44	24	44	24
计划订货数/个		40		40		40

安全储备：5 个　　订货批量：40 个　　订货周期：1 周

6.4.4 DRP 的优缺点

用 DRP 进行库存管理的计划有着一系列的优点，叙述如下：

（1）对存货的有效管理使存货水平得到了降低，同时也减小了仓储的费用。

（2）对主生产计划的指导协调了产品的制造和物流环节，降低了产品的成本。

（3）降低了配送过程的运输费用。

（4）提高了预算能力。

（5）改善了服务水平，保证顾客的需求得到满足。

（6）提高了存货对市场不确定性的反应的机动性。

同时 DRP 的应用也有很多的局限。其中最大的局限就是 DRP 需要对需求有相对准确的预测。如上所述，实际需求应该在该预测值的附近波动，并且会导致需要对 DRP 明细表进行相应的调整，如果该波动范围过大的话，就可能导致存货不能满足实际需求或者低于安全储备。另外，DRP 对订货周期的确切性有很大的依赖，而订货周期则受很多不确定因素的影响。

6.5 库存 ABC 管理方法

在前面的介绍中，我们已经了解到不同的库存管理策略有其不同的特点。比如，在同样的周期服务水平下，应用连续检查策略的安全库存量低，但是，不容易实施；周期检查策略则容易实施，但是安全库存量高。因此，应该针对不同的物料采用不同的管理策略，库存 ABC 管理方法就是这样一种方法。

库存 ABC 管理方法又叫库存分类控制法，是把物品按品种和占用资金大小分类，根据各类重要程度的不同分别进行管理，抓住主要矛盾，进行重点管理。一般来说，对于高价值的产品可以采用连续库存管理，而对于低价值的产品就可以采用周期检查策略。

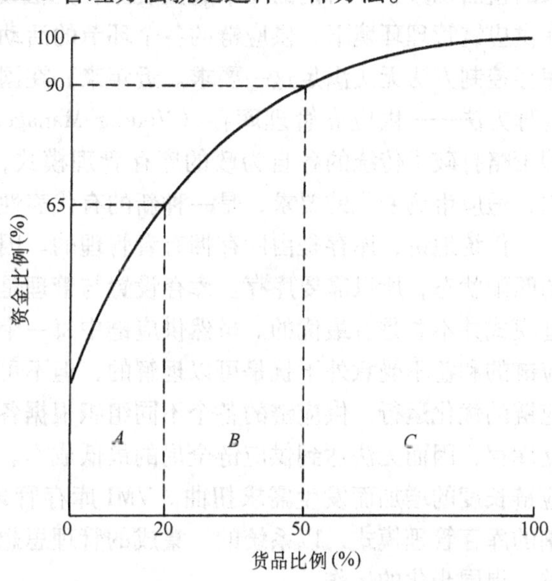

图 6－13 库存 ABC 管理

ABC 的分类可以根据货品单位价格与销量占总销售额的比率来区分。如图 6－13 所示，A 类货品占货品总数的 20%，其资金占用达到 65%；B 类货品占总数的 30%，资金占用为

25%；C 类货品占总数的 50%，但是资金占用为 10%。

通常来说，A 类物资属于重点物资，这类物资品种不多，但消耗量大，占资金比例高。在订购和库存控制中，应该采用连续检查方式；在仓库管理中，对物资的存放、盘点、领发料都要实行严格控制。B 类物资属于次重点物资，这类物资品种较多，占用资金较 A 类物资少，在物资库存控制方式中，可采用连续检查与周期性检查的库存管理方式；在仓库保管中也要严加管理。C 类物资属于一般物资，这类物资品种繁多，占用资金少，消耗量不大。在物资订购中，应减少采购次数、增加采购数量，采用粗放的管理方法，因而可选择周期性检查策略。

6.6 库存管理发展

由于供应链管理环境下的库存管理和传统的库存管理模式的差别，以及所面临的新问题，所以为了适应供应链管理的要求，供应链下的库存管理方法必须作相应的改变。近些年来，国内外企业的实践经验及理论研究得出了几种先进的供应链库存管理技术与方法，包括供应商管理库存、联合库存管理、多级库存优化与控制等。

6.6.1 供应商管理库存

长期以来，流通中的库存是各自为政的。流通环节中的每一个部门都是各自管理自己的库存，零售商、批发商、供应商都有各自的库存。各个供应链环节都有自己的库存控制策略。由于各自的库存控制策略不同，因此不可避免地产生需求的扭曲现象，即所谓的需求放大现象，无法使供应商快速地响应用户的需求。在供应链管理环境下，供应链的各个环节的活动都应该是同步进行的，而传统的库存控制方法无法满足这一要求。近年来，在国外，出现了一种新的供应链库存管理方法——供应商管理库存（Vendor Managed Inventory，VMI）。这种库存管理策略打破了传统的各自为政的库存管理模式，体现了供应链的集成化管理思想，适应市场变化的要求，是一种新的有代表性的库存管理思想。

传统地讲，库存是由库存拥有者管理的。因为无法确切知道用户需求与供应的匹配状态，所以需要库存。库存设置与管理是由同一组织完成的。这种库存管理模式并不总是有最优的。虽然供应链中每一个组织独立地寻求保护其各自在供应链的利益不受意外干扰是可以理解的，但不可取，因为这样做的结果影响了供应链的优化运行。供应链的各个不同组织根据各自的需要独立运作，导致重复建立库存，因而无法达到供应链全局的最低成本。整个供应链系统的库存会随着供应链长度的增加而发生需求扭曲。VMI 库存管理系统就能够突破传统的条块分割的库存管理模式，以系统的、集成的管理思想进行库存管理，使供应链系统能够获得同步化的运作。

关于 VMI 有各种不同的定义，但归纳起来，该策略的关键措施主要体现在以下几个原则中：

（1）合作精神（合作性原则）。在实施该策略时，相互信任与信息透明是很重要的，供应商和零售商都要有较好的合作精神，才能够相互保持较好的合作。

（2）使双方成本最小（互惠原则）。VMI 不是关于成本如何分配或谁来支付的问题，而是关于减少成本的问题。通过该策略使双方的成本都获得减少。

（3）框架协议（目标一致性原则）。双方都明白各自的责任，观念上达成一致的目标。如库存放在哪里，什么时候支付，是否要管理费，要花费多少等问题都要回答，并且体现在框架协议中。

（4）连续改进原则。使供需双方能共享利益和消除浪费。VMI 的主要思想是供应商在用户的允许下设立库存，确定库存水平和补给策略，拥有库存控制权。

6.6.2 联合库存管理

联合库存管理是一种风险分担的库存管理模式。联合库存管理的思想可以从分销中心的联合库存功能谈起。地区分销中心体现了一种简单的联合库存管理思想。传统的分销模式是分销商根据市场需求直接向工厂订货，到货的提前期长，致使零售商堆积大量的库存。而采用地区分销中心，就大大减缓了库存浪费的现象。

从分销中心的功能我们得到启发，对现有的供应链库存管理模式进行了新的拓展和重构，提出了联合库存管理新模式——基于协调中心的联合库存管理系统。

联合库存管理是解决供应链系统中由于各节点企业的相互独立库存运作模式导致的需求变异放大现象，提高供应链的同步化程度的一种有效方法。联合库存管理和供应商管理库存不同，它强调双方同时参与，共同制定库存计划，使供应链过程中的每个库存管理者（供应商、制造商、分销商）都从相互之间的协调性考虑，保持供应链相邻的两个节点之间的库存管理者对需求的预期保持一致，从而消除了需求变异放大现象。任何相邻节点需求的确定都是供需双方协调的结果，库存管理不再是各自为政的独立运作过程，而是供需连接的纽带和协调中心。

基于协调中心的库存管理和传统的库存管理模式相比，有如下几个方面的优点：

（1）为实现供应链的同步化运作提供了条件和保证。

（2）减少了供应链中的需求扭曲现象，降低了库存的不确定性，提高了供应链的稳定性。

（3）库存作为供需双方的信息交流和协调的纽带，可以暴露供应链管理中的缺陷，为改供应链管理水平提供依据。

（4）为实现零库存管理、准时采购以及精细供应链管理创造了条件。

（5）进一步体现了供应链管理的资源共享和风险分担的原则。

6.6.3 多级库存优化与控制

基于协调中心的联合库存管理是一种联邦式供应链库存管理策略，是对供应链的局部优化与控制，而要进行供应链的全局性优化与控制，则必须采用多级库存优化与控制方法。因此，多级库存优化与控制是供应链资源的全局性优化。

多级库存的优化与控制是在单级库存控制的基础上形成的。多级库存系统根据不同的配置方式，有串行系统、并行系统、纯组装系统、树形系统、无回路系统和一般系统。

供应链管理的目的是使整个供应链的各个阶段的库存最小，但是，现行的企业库存管理模式是从单一企业内部的角度去考虑库存问题，因而并不能使供应链整体达到最优。

多级库存优化与控制的方法有两种：一种是非中心化（分布式）策略，另一种是中心化（集中式）策略。非中心化策略是各个库存点独立地采取各自的库存策略。这种策略在管理上比较简单，但是并不能保证产生整体的供应链优化，如果信息的共享度低，多数情况下产生的是次优的结果，因此非中心化策略需要更多信息共享。中心化策略的所有库存点的控制参数是同时决定的，考虑了各个库存点的相互关系，通过协调的办法获得库存的优化。但是中心化策略在管理上协调的难度大，特别是供应链的层次比较多，即供应链的长度增加时，更增加了协调控制的难度。

6.7 实例分析——Pfizer 医药公司的集成库存管理㊀

1. 企业背景

Pfizer 医药公司是 1849 年由 2 个年轻的德国移民在美国纽约的布鲁克林建立的。成立后的 100 年里，公司主要为化学及食品工业生产、销售精细化工产品。在二战期间，公司在盘尼西林的制造上取得了突破。这样，当盘尼西林在战后被转为民用的时候，公司便拥有了美国市场 85% 的份额。

目前，Pfizer 在 65 个国家开展业务，其主要业务范围包括 5 个领域：医药卫生、农业、专业化学、材料科学、消费品。其中，医药卫生是公司的最主要业务领域，仅药品部门的销售额就占公司销售额的一半以上。

Pfizer 是一个纵向集成的公司，生产制造药品的中间制剂以及成品。整个供应链过程可以分为 3 个环节。第 1 个环节是有机合成企业，生产药品制造中的活性剂成分；第 2 个环节是成品制造企业，将活性剂与其他原材料合成为成品；第

㊀ 改编自 P. P. KLEUTGHEN and J. C. McGEE. Development and Implementation of an Integrated Inventory Management Program at Pfizer Pharmaceuticals. Interfaces, 1985, 15 (1): 69 ~ 87

3 个环节是配送环节，将成品药配送到客户那里。Pfizer 美国公司管理 2 个有机合成工厂以及 4 个成品药厂。

2. 问题提出

由于利率增高、药品行业的快速增长以及较高的库存水平，迫使公司控制、改善库存周转率，分析及管理库存水平的波动。所以，公司提出了集成库存管理的项目，整个项目分为 4 个阶段，共计 3.5 年，1.5 人年。

3. 项目阶段

整个项目的 4 个阶段如下所示：

1）分析历史数据，提出问题，发现改进的机会。

2）制定行动计划，包括有效管理库存的管理科学模型。

3）设计、改善管理科学模型来管理库存。

4）执行阶段。

（1）分析阶段　分析阶段主要是调研企业现有的库存管理，发现问题及改进的机会。通过调研分析，发现企业存在以下问题：

1）缺乏精确以及足够详细的数据库来分析和监测库存性能。

2）库存管理的组织分散。原材料、在制品库存由工厂控制，成品库存由美国公司总部规划及管理。

3）库存不是工厂级考核、评估目标的一部分。

4）库存数据是高度合并的，很难进行趋势分析以及分析管理决策的影响。

5）不同工厂的库存管理方法不一致。

6）库存管理方法落后。

7）库存预测手工进行，时间很长、不精确、不定期。

8）企业没有理解到有机合成以及成品制造阶段的运作差异对于库存管理的影响。

9）库存分类的定义不一致（原材料、在制品、成品等)，使得不同工厂间无法进行有意义的比较。

10）企业没有理解到能力约束、纵向整合程度以及混合产品对于库存的影响，从而在不同的企业间进行了一些不精确、达不到预期目标的比较。

（2）制定行动计划

1）首先是需要建立一个库存管理的中央部门来保证各个工厂、部门能够统一协调、执行合理的管理政策。

2）主要物料的库存分类需要精确定义，保证各个工厂报表数据的一致性。这一点需要财务及报表系统的改革。

3）建立适用于有机合成及成品药厂的管理模型。

4）使库存成为各个工厂综合评估的一部分，这需要设计报表系统以及定量化的考核指标。这部分工作将利用管理模型的结果来完成。

5）设计、执行库存预测的计算机系统来改善库存预测的精度。

（3）库存模型设计　库存模型的设计要满足以下指标：

1）模型的输出作为企业综合评估的定量目标。

2）由于该目标必须得到各个工厂管理层的认可，所以模型应该是易于理解的。

3）模型应该是易于数据处理以及编程。

4）模型的设计、实施成本要小于期望的库存投资成本。

根据前面的分析以及模型设计要求，对下列参数建立库存管理模型：

1）成品药的批量以及安全库存。

2）成品药厂的在制品库存目标。

3）有机合成工厂的合成批量。

4）有机合成工厂的安全库存。

5）库存预测。

6）基于 MRP 的采购物料库存战略。

这里仅选择与本章内容相关的安全库存以及 MRP 进行分析。

（1）成品药的批量及安全库存　成品药库存管理采用 Wagner 近似方法优化(s, S)策略，(s, S)的输出为安全库存，即s，批量大小为S与s之差。

Wagner 的启发式方法可以提供近优解，易于编程、求解效率高，可以同时产生批量及安全库存。运行 Wagner 方法需要一些基础分析及特殊定义。

该启发式方法需要已知概率分布函数。通过对 5 年来，20% 产品的统计分析表明，90% 以上的产品符合正态分布，并且其偏差随时间变化基本稳定，说明可以以此数据进行销售预测。

生产准备成本采用制造过程各个环节的准备成本之和。这是因为，在药品制造行业有强制性的规则，每一个批次的药品不会混合。

计算每一种产品的(s, S)数量的库存价值，累积一条生产线、一个工厂各种产品的(s, S)数量中点的库存价值，作为生产线、工厂的库存评价指标。

引入基于(s, S)的库存管理系统后，在 2 年的周期内，减少成品库存 880 万美元。这是根据每一种药品在“新”“旧”两种管理制度下的平均库存来计算出来的。

（2）有机合成厂的安全库存　有机合成厂的安全库存是为了确保成品药厂的活性剂供应。由于合成活性剂的周期要经过 15 个步骤、49 周；并且由于在药品制造业对于脱销要承担巨额罚款，所以，合成厂的安全库存量非常高。但是这个安全库存量并没有任何定量化的依据，主要依靠管理层的判断来定。

为了制定一个满足高客户服务水平下的安全库存，提出了一个数学模型。其参数主要包括优化的合成批量、成品药厂的年度消耗需求、在合成及成品药厂制造提前期的标准偏差、由于质量原因而引起的批次延误的概率。详细模型说明及求解见原文。该模型容易理解及求解。

在 Puerto Rican 工厂的测试表明，对 2 年周期的计算将节省库存 510 万美元。

（3）基于 MRP 的采购物料库存　在 Pfizer，采购物料的绝大多数是原材料及包装品，这些物料的库存采用 MRP 系统来控制。中央销售预测系统驱动中央主生产计划，规划各个工厂的生产进度。进而，各个时间周期的成品通过产品物料清单转化为采购物料需求，再进一步，这种需求直接转化为实际的采购订单。

对该 MRP 系统的分析表明，该系统运行正常。但是，通过进一步降低库存，可以强化该 MRP 系统的性能。

这部分的工作主要是改善 MRP 软件用于生成订单的决策变量，增加了一个考虑数量折扣的采购模型来指导针对一定数量折扣模型的采购决策，以及增加了由成品库存、需求偏差以及供应提前期所确定的采购物料的安全库存确定。

MRP 的实施无疑可以降低原材料库存，而这部分模型的工作强化了这一点。通过新战略前后库存的区别，预计将减少库存 580 万美元。

（4）执行阶段　项目的实施为企业带来了巨大的节约，年度节约成本如表 6－12所示。

表 6－12　年度节约成本　　（单位：万美元）

库存存储成本	销量增加	准备成本缩小	降低运输成本	总　计
360	380	25	28	793

6.8　习题

1. 某计算机配件经销商销售一种显卡。每个显卡价格是 1500 元，每月销量是 2000 个，存储成本为每年 30%，订购成本为 180 元/订单，请你为他确定一个经济订货批量及订货周期。

2. 设该经销商的供应商提出了一个促销方案，若一次订购大于 50 个，则每个价格为 1480 元；若一次订购大于 100 个，则每个价格为 1450 元；若一次订购大于 200 个，则每个价格为 1430 元。该零售商该如何作出决策？该决策对供应链有何影响？

3. 某内存销售商的内存年销量平均为 3200 单位，补货提前期为 1.5 周，存储成本为每年 15%，购买价格为 550 元，订购成本为 350 元/订单

1）请为该产品设计一个连续检查库存策略。

2）根据你的策略，其年订货成本及年存储成本为多少？

3）若提前期延长为 3 周，$ROP > Q^*$，管理方法如何调整？

4. 上题中，如果采用周期检查库存策略，有什么不同？

5. 一家保健机构从自己的2000个库存明细列表中随机抽取了16个明细记录，如表6－13所示。

表6－13 明细记录

明细目录	单位成本	使用量	明细目录	单位成本	使用量
K34	10	200	F99	20	60
K35	25	600	D45	10	550
K36	36	150	D48	12	90
M10	16	25	D52	15	110
M20	20	80	D57	40	120
Z45	80	200	N08	30	40
F14	20	300	P05	16	500
F95	30	800	P09	10	30

1）为这些明细目录进行ABC法分类。

2）管理者如何运用这些信息？

3）在对你的分类进行探讨之后，管理者决定把P05列为A类，对此决策如何解释？

第7章　仓库规划及管理

7.1　仓库功能

尽管仓库的功能看起来只有存储——就是暂时存放货物，但实际上它还有许多其他功能。下面我们分别列出仓库在存储货物、中转运输、顾客服务等方面的功能。

7.1.1　存储货物

存储货物是仓库最基本的功能。

1. 库存

由于物料需求预测的不确定性，企业必须确保有一定量的安全库存。不满足需求就有可能导致收入减少，更坏的是会影响公司在顾客心中的信誉。同样，对提供季节性商品（如剪草机和扫雪机）的公司会在销售季节后存留大量货物，不得将存货存放在仓库中。

2. 保护货物

仓库配备有安全系统，避免了物料在仓库中丢失、烧毁、雨淋及水泡或其他气候的影响。

3. 隔离危险与污染源

避免危险物品存放在生产工厂。因为在仓库不进行生产操作，所以它是隔离危险物与污染物的最理想地方。

7.1.2　运输中转

从时间上，仓库起到存储货物的作用。另一方面，从空间上，仓库在整合运输、分发货物等方面也发挥重要作用。这也是传统仓储向配送中心发展的功能。

1. 整合

将同一企业不同生产地点生产的产品或不同企业的产品整合起来，运送到一个顾客那里，利用批量运输的优势，降低成本，通常是周期库存，周期一般是每周或每月。一般情况下，供应商与顾客的距离较大，而批量不是很大，这样，在供应商与仓库之间可以采用运输成本较高，但是发运速度较快的零担货运方式。而在仓库与顾客之间可以采用运输成本较低的整车运输方式。这种方式要求仓库距离供应商较近。图7－1是仓库在运输整合中作用的示意图。

2. 分发

分发的过程与整合相反，是从一个供应商那里将物料以整车发运的方式运到仓库存储、中转，再从仓库分发到不同的顾客那里，如图 7－2 所示。在这种方式中，与整合发运不同，仓库距离顾客较近。

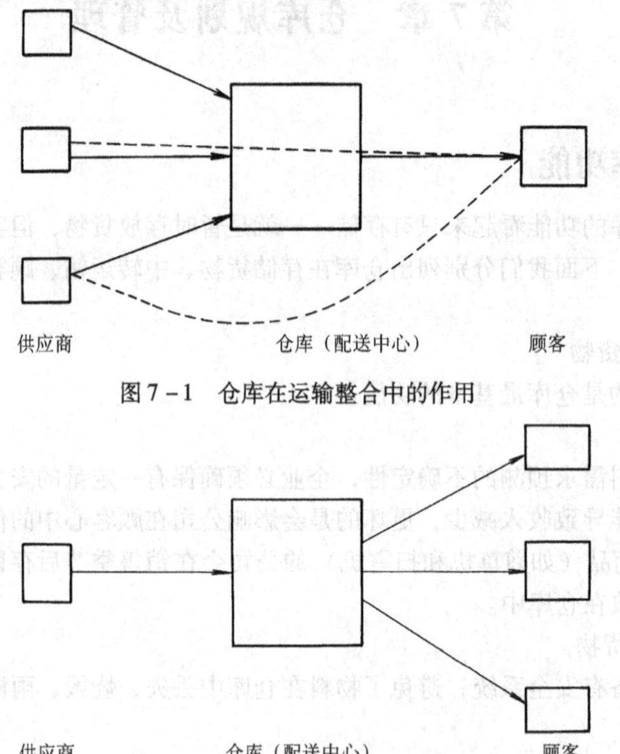

图 7－1　仓库在运输整合中的作用

图 7－2　仓库在分发货物中的作用

3. 交叉发运

指在物流配送中心，将来自各个供应商的货物按客户订货的要求进行分拣装车，并按客户规定的数量与时间要求进行送货。在交叉发运的情况下，仓库仅是一个具有分拣装运功能的配送中心，有利于交纳周期的缩短、减少库存、提高库存周转率，从而节约成本。

7.1.3　响应顾客需求

因为仓库要将货物送到顾客手中，所以就要与顾客直接地接触。一个仓库就可以成为一个顾客服务设施，可以更换破损或过期的货物、进行市场调查，甚至提供售后服务。例如，许多日本电子商品就让它在美国的仓库成为售后服务处与修理部。

Nike 公司最近在比利时建造了一个大型销售仓库，因为它的主要服务目标就是在 24h 内满足 75% 的顾客需求量。没有合适的存储设施，Nike 公司是无法达到它的服务标准的，因为它的生产厂家和供应部门分布于全球各地——包括远东。

7.2 仓库规划

这一部分，我们将讨论建立仓库要解决的问题。

7.2.1 选址

为了提高对客户的服务水平或其他原因要建立仓库时，选址的问题是第一个和最重要的问题。关于选址的常用模型及求解方法已经在第2章详细论述。这里列出决定仓库建立地点之前首先要考虑的3个问题。

（1）需要建立多少仓库？

（2）每一个仓库要建立在什么地点？

（3）每一个仓库的规模如何？

这些问题的答案取决于以下因素：生产厂家的地址；客户服务基础；预计的客户服务水平；租用费用、出租费用和建造费用；税收以及保险。

7.2.2 仓库总体布局

仓库布局由如下因素决定：存储物品类型、可用空间、高度、库存周转周期、存取（Storage/Retrieval，S/R）量、仓库周围公路铁路的布局以及其他因素。

图7-3和图7-4分别表示会员制仓储超市和多层堆放的自动化仓库的典型布局。在图7-3中，顾客从仓库的左下方进入，然后拿着购物筐或推着购物车

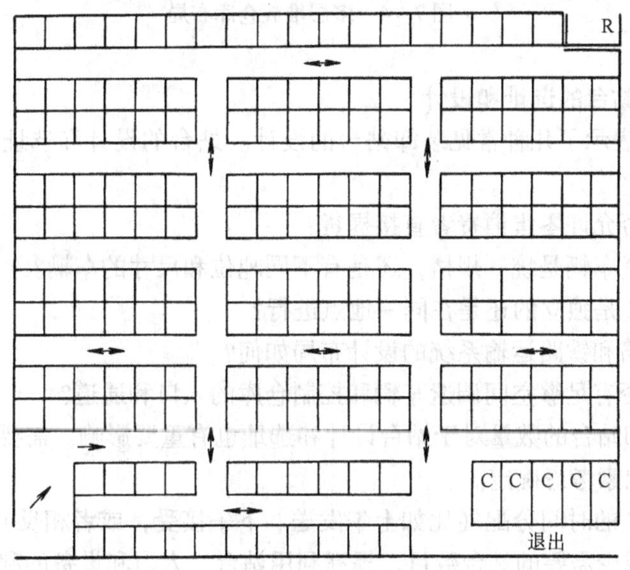

图7-3　会员制仓储超市布局

到想去的某个货架，将物品放到购物车中，到收款台处（C）结账，然后到右下角的出口离开仓库。一般情况下，这种仓库的存取量较少，它在右上方设立了一个商品进口（R），旁边就是存储的地方。由于存储并不能带来利润而且占据空间，管理者希望将货品直接进到货架或者能根据订单进货。这对于任何仓库都是相同的。如果仓库和供应商能紧密合作，在物品上标上条形码，那么在接受物品时，就可以利用手持终端设备确定物品在仓库的最佳存储位置。这时就可以将物品直接送到这个地点。仓库中有一个区域，用来给物品分类，确定物品存储位置。如图 7 -4 所示的多层堆放仓库除了专门的 S/R 区域外，还有单独的分类区域。

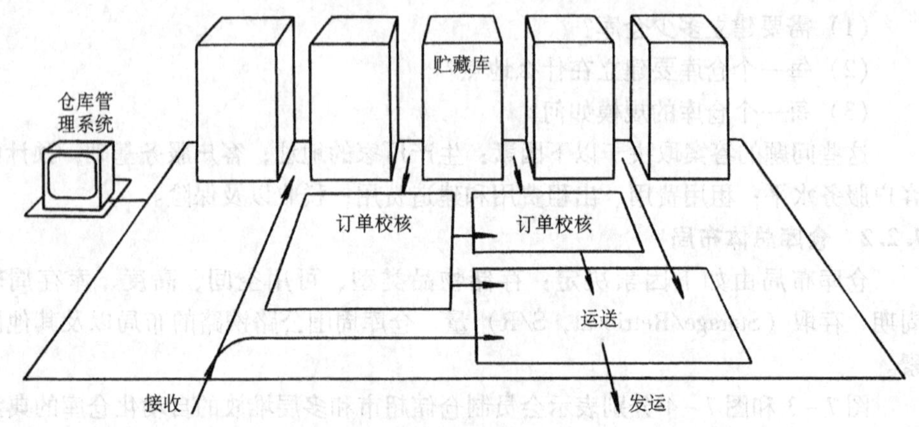

图 7 -4　多层堆放仓库布局

7.2.3　装卸站台的选址和设计

图 7 -5 表示了几种常见装卸站台的设计。站台的设计和选址主要由以下问题确定。

（1）是否允许零售消费者直接提货？

（2）运货车辆是统一规格，还是有不同吨位和尺寸的车辆？

（3）S/R 是独立的还是在同一地点进行？

（4）公路和铁路运输系统的设计布局如何？

（5）是否有足够空间调遣车辆和控制仓库的入口和通道？

需要装卸站台的数量对于站台设计和选址也有重要影响。需要的站台数量必须根据以下因素考虑确定。

（1）S/R 的时间分配（比如上午发送、下午接受，或者相反）。本因素的考虑往往可以减少需要的站台数目，提高利用站台、人力和设备的利用效率。

（2）日装卸处理量的峰值和均值。

(3) 每宗订单的装卸量的峰值和均值。

(4) 季节性装卸的波峰值和波谷值。

(5) 处理货物的种类，各种货物的尺寸、形状及其存储方式（纸箱、集装箱还是托盘）。

(6) 装货或者卸货时对天气状况的要求。

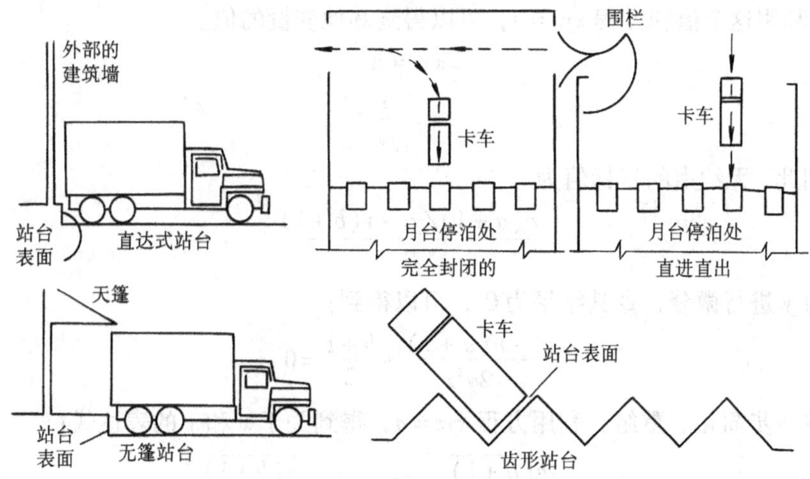

图 7-5　典型站台布局

7.2.4　仓库尺寸设计

1. 货架方式

仓库的长度和宽度由需要存储的物品数量、存储空间、货架的排数和列数以及高度决定。Askin 和 Standridge 在 1993 年提出了求解该问题的数学方法，这种方法由货架信息来确定仓库的长度和宽度。假设要存储 n 件物品，只要知道通道参数，就可以很容易地获得仓库的长度和宽度。

为了不失一般性，假设货架较长的方向在水平方向。分别用 x、y 表示货架的列和行，a、b 表示通道系数（通道长度占货架长度的比例），则仓库的长和宽分别是 $ax+a$ 和 $by+y$。为了使顾客平均单次移动距离最小，有：

$$\min \frac{x(a+1)+y(b+1)}{2}$$

满足　　$xyz \geqslant n$　　（x，y 是整数）

由于顾客从左下角需要走路的最大值为 $x(a+1)+y(b+1)$，最小值是 0，所以平均距离可以用 $\{x(a+1)+y(b+1)\}/2$ 表示。问题转化成求其最小值。

第 1 个条件（非线性）确保在 z 层的情况下可以放下 n 个物体。

第 2 个条件保证列和行必须是整数。

如图 7－3 所示的仓库中，系数 a 和 b 约为 1/9 和 6/11。实际上，由于仓库中还要有入口、安全通道、收款处、休息室和卫生间等部分，这个系数往往会比上述的大。

上述模型可以采用如下方法求解，即放松对 x 和 y 的限制，同时令 $xyz=n$（最优化条件）。由此可以用 y 的表达式表示 x。对 y 求导并令其导数为零，可求得 y。利用这个值和方程 $xyz=n$，可以得到其他变量的值。

$$xyz=n$$

$$x=\frac{n}{yz}$$

因此，无约束的目标值为

$$\frac{n(a+1)/yz+y(b+1)}{2}$$

对 y 进行微分，令其结果为 0，可以得到：

$$\frac{-n(a+1)}{2y^2z}+\frac{b+1}{2}=0$$

进一步简化、重组，利用方程 $xyz=n$，得到关于 x 和 y 的表达式：

$$y=\sqrt{\frac{n(a+1)}{z(b+1)}} \quad 和 \quad x=\sqrt{\frac{n(b+1)}{z(a+1)}} \tag{7-1}$$

式（7－1）反映了通道系数 a、b 对仓库建立的影响。不同的 a、b 会改变 x 和 y 的值，即相应地改变仓库的长和宽。比如，当 $a=b$ 且入口是在某一角落时，$x=y$，即仓库是方形的。同理，当如图 7－3 所示改变初始位移点，即当入口位置改变，也会影响仓库的布局。

例 1 假设仓库布局如图7－6所示。假设入口在左下方，已知合适的系数 a 与 b，且要求放 2000 件物品（分 3、4、5 层堆放），请确定该仓库的尺寸。

解：根据图 7－6，$a=0.5$、$b=0.2$。由式（7－1），当分 3 层堆放时，

$$y=\sqrt{\frac{2000(0.5+1)}{3(0.2+1)}}=29$$

$$x=\sqrt{\frac{2000(0.2+1)}{3(0.5+1)}}=24$$

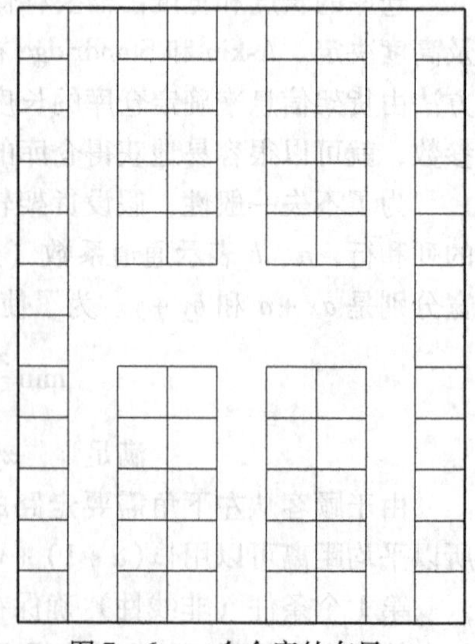

图 7－6 一个仓库的布局

该解的最终存储能力是 2088，比要求的多存储 88 个。如果没有休息室、入口、安全门等设施，a 和 b 的值会重新设定，x 和 y 的值也会相应变化。当按 4 层或者 5 层放置

时，结果分别是 20×25 和 18×23。同时，我们可以很容易地算出平均的行进距离。

2. 直接堆放方式

如果物品不是易损坏的，同时包装足够承受 2～3 层的压力，我们就可以将物品按层从底部直接堆放，这叫货品直接堆放。这种方法尤其适合周转较快的物品，如饮料、计算机等。因为物品在仓库存储时间较短，没有必要用货架或其他方式存储。这种情况要解决的典型问题就是堆放的长度、深度和高度。比如说，按照图 7－7 堆放的物品长 4 个单元、宽 2 个单元，分 2 层。如果层数过多，或者深度太大，这种堆放就效率不高。因为，仓库存取一般要求先入先出原则（First In，First Out，FIFO），这样，如果物品周转速度不快或者每次 S/R 量不足一个货堆时，空出的位置不能被其他物品所利用。这种空间损失称之为蜂窝损失（见图 7－8）。

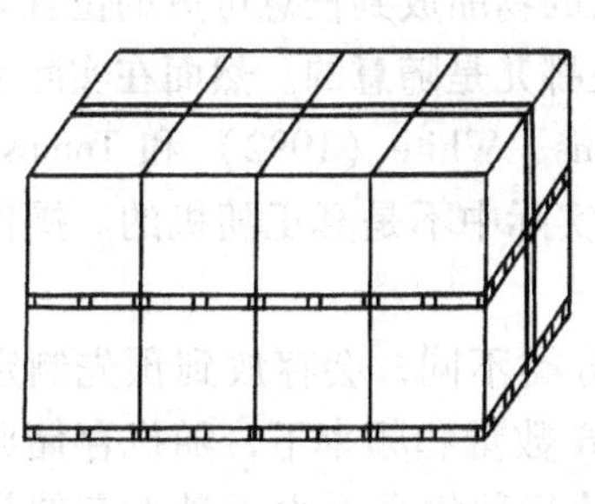

图 7－7　直接堆放

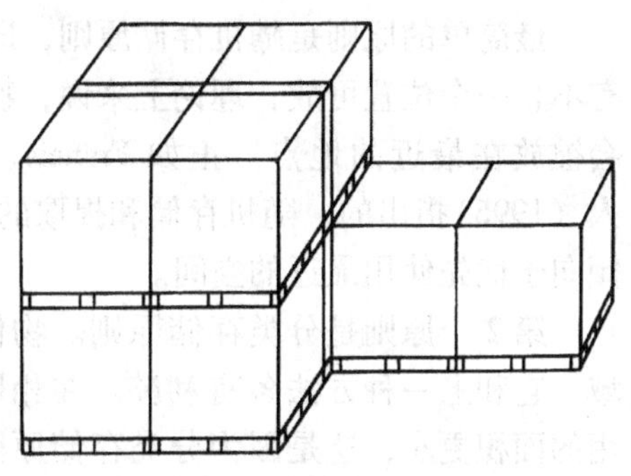

图 7－8　蜂窝损失

所谓蜂窝损失，就是由于无效利用存储空间而使存储区域能力损失的百分比。当存储位置仅仅部分地堆积了物料，就出现了蜂窝损失。存储位置中没有被占据的区域就是蜂窝损失空间。蜂窝结构可能是水平的和垂直的。

当通道宽度、堆放层数和每堆的总数确定时，物品堆该有多深，以便最大程度利用空间？Kind（1975）提出一个简单的公式来得出一个近似的最佳深度，但是要满足以下前提条件：

（1）物品摆放满足任意摆放规则。

（2）补充立即完成，且只有在库存完全耗尽时进行。

（3）物品按照先进先出顺序周转。

（4）物品平均提取。

（5）空的货位可立刻使用。

设 Q，w 和 z 表示每堆物体总数、通道宽度和分层数，则货堆的深度如下：

$$d=\sqrt{\frac{Qw}{z}}-\frac{w}{2} \tag{7-2}$$

假设 Q、w 和 z 分别是 60、1.7 和 3，则

$$d=\sqrt{\frac{60\times1.7}{3}}-\frac{1.7}{2}\approx5$$

读者用其他宽度计算，可以发现 d 的值是最优解。

Kind 的公式相当简单，有助于向读者介绍仓库建立中的数学方法。显然，一些因素在讨论中是被忽略的。比如说，如果物品不是平均提取而是不定量提取，对问题会有什么影响？再比如，如果堆放时考虑将同类堆放在附近，对结果又有什么影响？

7.2.5 存储原则

仓库的物品存储原则有 5 个。

最简单的原则是随机存储原则，即将运入的物品放到任意可放的位置。如果有不止一个位置可放，理论上来说，物品放在哪儿是随意的。然而在实际上物品会被放在最近的地点。正如 Francis、McGinnis、White（1992）和 Tompkins 等人（1996）指出的，随机存储和提取的原则在实际中不是真正随机的。操作人员倾向于优先使用最近的空间。

第 2 个原则是分类存储原则。物体由于分类不同，会存放到预先制定的区域。它和上一种方法各有利弊。在相同的 S/R 数量和频率下，随机存储原则占用的面积更小，这是因为分类存储原则要求给每种物品不少于最大存储量的空间。随机存储原则占用更少空间是因为物品是在不同时间运入的。换而言之，由于物品在不同时间运入，它们的库存总量最大值要比分别的每种物品总量最大值之和小。随机存储原则虽然占用空间较少，但是当物品数量较大时，提取时花费的时间也随之增加，因为查找物品十分浪费时间（如果提取频繁，这种现象更明显）。因此，整个系统的处理效率（即单位时间的 S/R 次数）会降低，S/R 设备的利用率不足，同时由于物品随意摆放（甚至放到通道中）仓库会变得杂乱无章。

第 3 个原则是 COI 原则。这个原则非常简单，但应用广泛，最早是由 Heskett（1964）提出的。某种物品的 COI 是该物品的 S/R 数量和其存储空间的比值。按照这个理论，仓库管理者将各物品的 COI 算出，然后按递减顺序排列。最后，管理者按照排列顺序安排存储位置，COI 值越高的物品，越靠近 I/O 口布置。这样，COI 原则将单次 S/R 量大、存储空间要求较少的物品放在 I/O 口附近。

第 4 个原则是分级存储原则。这个原则源自 Pareto 的观察，Pareto 发现一个国家或者说整个世界上一小部分人占有大量财富，而很大部分人只有很少的财

富。这种情况叫做 Pareto 效应（以 19 世纪经济学家 Vilfredo Pareto 命名），在生活的很多方面都能找到。比如，一个公司 80% 的利润来自其 20% 的产品，而剩余 80% 的产品只有 20% 的利润。再比如，在物流课上，20% 的学生可能要占老师 80% 的精力。在一个仓库中，80% 的 S/R 活动是关于 20% 的物品的，15% 的 S/R 活动是关于 30% 的物品的，剩余的 5% S/R 活动和 50% 的物品相关。然后我们可以据此将物品分级为 A、B 和 C。上述三种物品分别为 A、B、C 类。

显然，为了缩短卸货和提取时间，A 类物品应该放在离 I/O 最近的地方，B 类其次，依此类推。虽然每种物品有各自存储空间的要求，但是它们可以在级别规定的区域内随机放置。随机存储原则和分类存储原则是两种极端原则，而 COI 原则和分级存储原则是某种程度上的折衷。比如，如果在分级原则中，所有物品级别相同，就成了随机存储原则；相反，如果我们分的级别和物品数目相同的话，就成了分类原则。

最后一个原则是混合存储原则，它也是一种折衷的方法。在随机存储原则中，某个存储空间可能存储不同物品；实际上，物品摆放不是随机的而是经过精心考虑的。周转速度快的物品布置地离 I/O 较近，而周转较慢的物品布置地离 I/O 较远。由于物品不是即时补充而是按一定速度补充，库存时间是各不相同的。同时，不同物品到达最大库存量的时间也不同，用混合存储原则可以提高单位时间的 S/R 次数，提高 S/R 设备利用效率。这种原则在实际中被应用，管理者根据经验、直觉来操作。关于这个原则，理论上的研究较少，因此不再详细讨论。

下面在 3 个常用原则下，即随机存储、分类存储以及 COI 原则，讨论仓库布置模型。

1. 分类原则布置

假设：A 仓库有 P 个 I/O，可以供 m 个物品存取。仓库可以容纳 n 个单位物品。对于 i 物品，需要 S_i 空间。理想的情况是

$$\sum_{i=1}^{m} S_i = n \tag{7-3}$$

然而，当等式左边稍小于右侧时，可以假设第 m 个物品占据剩余的空间

$$\left(n - \sum_{i=1}^{m} S_i\right) \tag{7-4}$$

从而假设等式成立。当然如果等式右侧比左侧小，则无法解决。

设：

物品 i 从编号为 k 的 I/O 口进出的频率为 f_{ik}；

从 k 号 I/O 将单位物品移动单位距离费用是 c_{jk}；

存储空间 $j \sim k$ 号 I/O 的距离是 d_{kj}；

x_{ij}为布尔变量，用来表示 i 是否放在 j 上。

这样就可以建立仓储布置模型，来降低总体运输费用。

每类物品运输费用由以下参数决定：

（1）在每个 I/O 进出的频率；

（2）从每个 I/O 进出的距离；

（3）每单位距离的运费。

模型假设每个 I/O—物品组合的运费不同。

模型如下：

$$\min \sum_{i=1}^{m} \sum_{j=1}^{n} \left[\frac{\sum_{k=1}^{p} C_{ik} f_{ik} d_{kj}}{S_i} \right] x_{ij} \qquad (7-5)$$

满足

$$\sum_{j=1}^{n} x_{ij} = S_i \quad i = 1, 2, \cdots, m \qquad (7-6)$$

$$\sum_{i=1}^{m} x_{ij} = 1 \quad j = 1, 2, \cdots, n \qquad (7-7)$$

$$x_{ij} = 0 \text{ 或 } 1 \quad i = 1, 2, \cdots, m, j = 1, 2, \cdots, n \qquad (7-8)$$

令

$$w_{ij} = \frac{\sum_{k=1}^{p} C_{ik} f_{ik} d_{kj}}{S_i} \qquad (7-9)$$

我们能将目标函数写成：

$$\min \sum_{i=1}^{m} \sum_{j=1}^{n} w_{ij} x_{ij} \qquad (7-10)$$

上述模型可以通过运输算法求解（运输算法在第 8 章介绍）。

例 2 考虑图7－9中的仓库布置。4 种货物通过 3 个进出点出入该仓库。全部 3 个 I/O 都处在该仓库的边缘上。其中，第 1 个到空间 14、15 是等距的，第 2 个到空间 5 和 9 是等距的，第 3 个到空间 2 和 3 是等距的。图 7－10 显示了这 4 种货物所需的运输频率——包括 I/O 点的混合方式和所需的存储单元数。括号中显示的是通过 I/O 点 k 运输一个单元载荷的货物 i 所需的费用。存储空间 j 离 I/O 点 k 的距离在图 7－11 中已列出。为了使各 I/O 点和存储空间中的运输费用最低，该如何将这 4 种货物布置在这 16 个存储空间？

解：首先计算 w_{ij}，由式（7－9）计算，以 w_{39} 为例：

$$\frac{C_{31} \times f_{31} \times d_{19} + C_{32} \times f_{32} \times d_{29} + C_{33} \times f_{33} \times d_{39}}{2} = \frac{96(4)(3) + 15(7)(1) + 85(9)(4)}{2}$$

$$= 2158.5$$

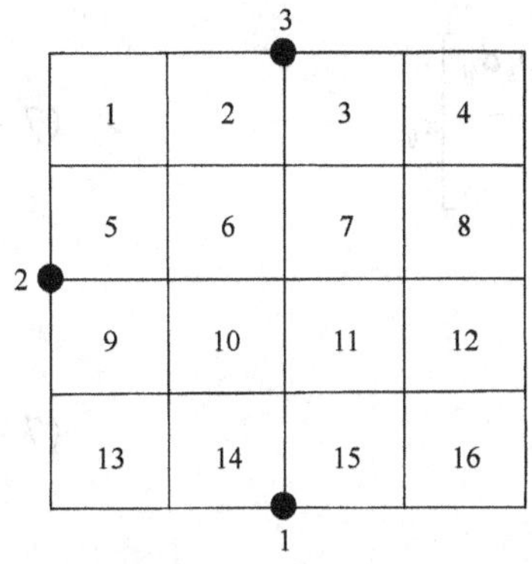

图 7－9　一个仓库布局示意

$[f_{ik}(C_{ik})]$ =

	1	2	3	S_i
1	150(5)	25(5)	88(5)	3
2	60(7)	200(3)	150(6)	5
3	96(4)	15(7)	85(9)	2
4	175(15)	135(8)	90(12)	6

图 7－10　4 种货物所需的运输频率

$[d_{kj}]$ =

	1	2	3	4	5	6	7	8	9	10	11	12	13	14	15	16
1	5	4	4	5	4	3	3	4	3	2	2	3	2	1	1	2
2	2	3	4	5	1	2	3	4	1	2	3	4	2	3	4	5
3	2	1	1	2	3	2	2	3	4	3	3	4	5	4	4	5

图 7－11　存储空间 j 离 I/O 点 k 的距离

其他 w_{ij} 的计算结果如图 7－12 所示。

$[w_{ij}]$ =

	1	2	3	4	5	6	7	8	9	10	11	12	13	14	15	16
1	1626.7	1271.7	1313.3	1751.7	1481.7	1126.7	1168.3	1606.3	1378.3	1023.3	1065.0	1503.3	1316.7	961.7	1003.3	1441.3
2	1020.0	876.0	996.0	1380.0	996.0	852.0	972.0	1356.0	1092.0	948.0	1068.0	1452.0	1308.0	1164.0	1284.0	1668.0
3	1830.0	1308.0	1360.5	1987.5	1968.0	1446.0	1498.5	2125.5	2158.5	1636.5	1689.0	2316.0	2401.5	1879.5	1932.0	2559.0
4	2907.5	2470.0	2650.0	3447.5	2470.0	2032.5	2212.5	3010.0	2212.5	1335.0	1955.0	2752.5	2135.0	1697.5	1877.5	2675.0

图 7－12　计算结果

利用这些值，建立分配模型。利用该模型可以将货物布置到图 7－9 中描述的空间中，最后布置结果如图 7－13 所示。成本为 2 403 830 美元。注意到货物 3 和 4 布置在一起，而货物 1 和 2 分别布置到 2 个存储空间。

2. 特定条件下的 COI 原则布置

考虑该设计模型的一种特殊情形：

每种货物以同样的比例进出 I/O 点，而且移动货物的单位距离的费用与 I/O 点无关。定义 P_k 为通过第 k 个 I/O 点进出仓库的比例，$k=1、2、\cdots、P$（对任何一种货物都成立，因为所有的货物都以相同的比例使用 I/O 点）。

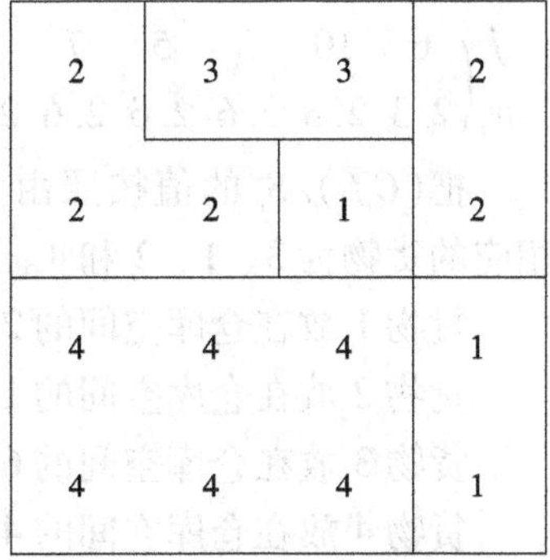

图 7－13　布置结果

这样，由于该模型中的附加约束，因此没有必要使用 f_{ik} 及 C_{ik}，将 f_{ik}、C_{ik} 分别以 f_i、C_i 代替，上节的模型变为如下形式：

$$\min \sum_{i=1}^{m} \sum_{j=1}^{n} \left[\frac{\sum_{k=1}^{p} C_i f_i p_k d_{kj}}{s_i} \right] x_{ij} \tag{7-11}$$

同样要求满足式(7-6)~式(7-8)

令：

$$w_j = \sum_{k=1}^{p} p_k d_{kj} \tag{7-12}$$

我们可以把目标函数写为：

$$\min \sum_{i=1}^{m} \sum_{j=1}^{n} \frac{C_i f_i}{s_i} w_j x_{ij} \tag{7-13}$$

由式（7-13）和约束式（7-6）~式（7-8）构成的布置模型比前面的模型要简单，而且不需要采用运输算法求解。

求解方法为对每个货物 i 的成本项$(C_i f_i)/S_i$ 进行排序，$i=1、2、\cdots、m$；对每一个存储空间 j（$j=1、2、\cdots、n$）的距离项 w_j 进行排序，然后使成本项最大的货物布置在距离项最小的存储位置。

例 3 考虑前例2，忽略 C_{ik}或f_{ik}的数据，作出以下假设：

（1）4 种货物以相同的比例使用 3 个 I/O 口。

（2）每种货物每次托运的总托盘数分别为 100、80、120、90。

（3）移动每种货物单位距离的花费为 1 美元。

利用本节介绍的算法求解仓库区的布置。

解：根据式（7-12），可得各个存储位置的 w_j：

$$\begin{matrix} j \\ w_j \end{matrix} \begin{pmatrix} 1 & 2 & 3 & 4 & 5 & 6 & 7 & 8 & 9 & 10 & 11 & 12 & 13 & 14 & 15 & 16 \\ 3.0 & 2.6 & 3.0 & 4.0 & 2.6 & 2.3 & 2.6 & 3.6 & 2.6 & 2.3 & 2.6 & 3.6 & 3.0 & 2.6 & 3.0 & 4.0 \end{pmatrix}$$

将这些数据按从小到大的顺序排列，得到：

$$\begin{matrix} j \\ w_j \end{matrix} \begin{pmatrix} 6 & 10 & 2 & 5 & 7 & 9 & 11 & 14 & 1 & 3 & 13 & 15 & 8 & 12 & 4 & 16 \\ 2.3 & 2.3 & 2.6 & 2.6 & 2.6 & 2.6 & 2.6 & 2.6 & 3.0 & 3.0 & 3.0 & 3.0 & 3.6 & 3.6 & 4.0 & 4.0 \end{pmatrix}$$

把$(C_i f_i)/S_i$ 的值按照由大到小的顺序排列，得到（60，33.33，16，15），相应的货物为 3、1、2 和 4。从而最佳的仓库空间分配如图 7-14 所示。

货物 1 放在仓库空间的 2、5、7；

货物 2 放在仓库空间的 1、3、9、11、14；

货物 3 放在仓库空间的 6、10；

货物 4 放在仓库空间的 4、8、12、13、15、16。

3. 随机存储原则布置

考虑下列随机存储模型。运到仓库内的货物被随机存储到其中的一个存储区域，该区域要求为空且是有效的。每个空的存储区域在被选择为存储区域上有同等的机会。前面已指出，存入和取出可能不是完全随机的；但是这里仍然假设这一点已使该模型得到简化。这样，每个存储点进行存取的可能性是同等的。假定需要 n 个存取区域，求存储空间的布置以使在每个存储区和 P 个 I/O 口之间的总期望距离最小。根据前一小节的算法，可以得到，每一个 I/O 口到每一个存储区的距离和为：

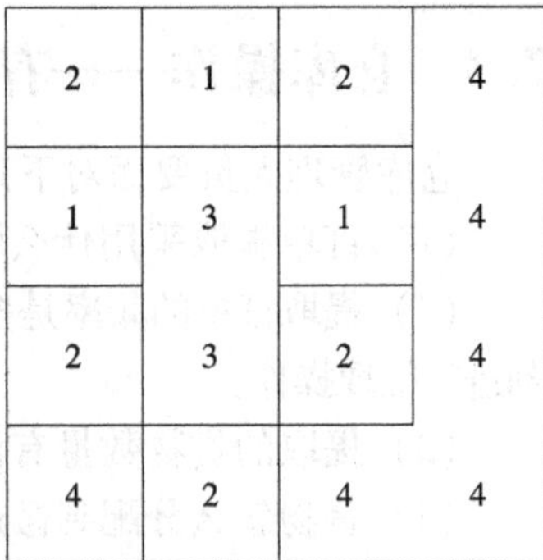

图 7-14　仓库空间分配

$$\sum_{k=1}^{p} d_{kj}$$

在不减少这些距离的情况下安排空间，选择 n 个最近的存储点。注意到 n 与所有货物的明细表是独立的，因此 n 个空间的总数比分类原则所需空间要少。

例 4　在长方形140ft[⊖] ×70ft（图 7-15）的仓库中，求 56 个存储空间的仓库布置。利用随机存储原理使总距离最小。每个存储区域为 $10 \times 10\text{ft}^2$，I/O 口为南墙的中点处。

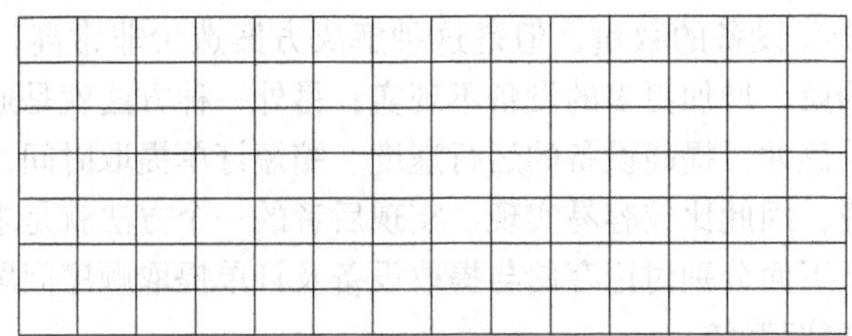
图 7-15　按照随机原则进行仓库布置

解：计算所有存储区域到 I/O 口的距离，将它们按升序排列，可以得到图 7-16 所示的布置，从中可以发现最长的距离是 70ft。

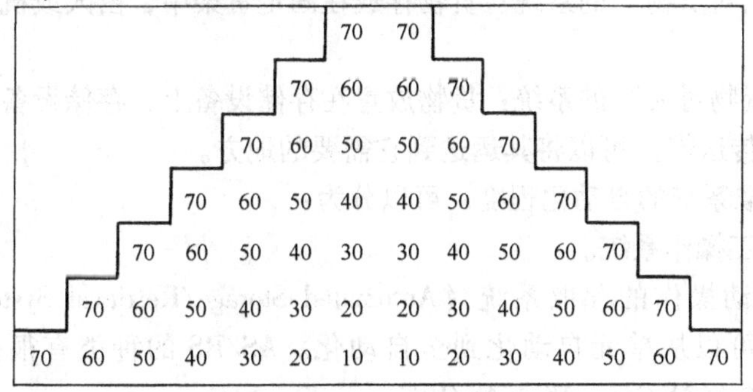

图 7-16　存储空间布局

⊖　1ft = 0.3048m。

平均距离可以由总距离与存储空间数量计算得到。用总距离（2800ft）除以存储空间数量（56），得到平均距离为50ft。

7.3 仓库操作——存储与提取系统

仓库管理人员要面对下列各种运作问题：

（1）订单提取采用什么顺序？

（2）提取订单的频率是多少？是否需要考虑批量存取，或者只要有订单就立刻进行提取操作？

（3）提取的货物数量有没有限制？如果有，是多少？

（4）货物怎么分配到搬运设备上？

（5）怎样平衡操作人员的工作负荷？

（6）以批量方式还是随机方式从搬运设备提取货物到分拣处？

其中，多数问题是与订单提取有关的。Tompkins 等人的调查表明订单提取消耗了一个仓库中50%还多的工作量，因此订单提取是仓库运作中成本最高的作业。

在一个大的配送中心中，每天都有数千个订单处理。如何提高系统的效率？一方面是增加 S/R 设备的数量，但是这种解决方案造价非常高，而且由于空间或其他条件的约束，增加更多的设备不现实；另外一种方法就是通过改变运行方式来增大效率，例如，提高设备的运行速度、缩短订单提取时间，这种方法往往不需要大的投资，因此比较容易实现。实现后者的一个方法就是求出订单提取最优顺序。因此，下面分别讨论存储与提取设备及订单提取顺序问题的优化算法。

7.3.1 存储与提取系统

存储与提取系统的种类很多，有不同的分类方式。

根据操作人员与货物的运动，存取系统可分为：

（1）“人对货物”的系统：货物存放在固定货架中，由人或机械来装卸货架上的货物。

（2）“货物对人”的系统：货物放置在存储设备上，存储设备有操作或运输工具（例如传送带）可以将其运送到它需要的地方。

根据存取系统的自动化程度，可以分为：

（1）手工操作系统。

（2）自动操作的存取系统（Automated Storage/Retrieval System，AS/RS）。自动化程度可以从单元自动化到全自动化。AS/RS 的种类有很多种，如小型 AS/RS、机器人 AS/RS、超高 AS/RS。

小型 AS/RS 是一个带有通道的封闭式系统，只有放下一台存取设备的空间。它们装有扫描器，可以检测到箱柜上的代码。存取设备按照所指示的顺序移动，操作人员将数据输入通道底部计算机或经过一个复杂的运算法则排列出一个提货顺序来提取货物，并将已提取的货物信息传回操作台。AS/RS 的输入速度非常快，因为它通常有两个独立的电动机可以使两个轴以不同的速度旋转。同样，操作员将一个箱柜卸载时，存取系统可以提取另一个，将它放在存放处。

机器人 AS/RS 与小型 AS/RS 的功能很相似，只不过它是通过一个可以在地板上行动的机器人来完成存放和提取操作的。由于机器人的胳膊只能延伸到一定高度，所以这种装置不能应用在高于 10ft 的仓库中。

超高 AS/RS 是一个自动系统，它的提货顺序由人工或自动存取设备完成。存取设备可以带有通道。例如 Nike 公司的仓库就有 26 台堆垛机分放在每一个通道中。与小型 AS/RS 系统一样，超高系统也可以有两个独立的电动机。

例 5 德国某药厂的自动存取系统

凤凰制药厂，是 1994 年成立的一个德国公司，它在德国的 Herne 有一个面积为 15 000ft^2 的仓库。这个仓库每年有 400 万美元的货物周转。它从德国 19 个工厂接受药品供应，并把它们分发到各个地方的药店。凤凰厂是药品经营行业的龙头企业，占有 30% 的市场份额。由于竞争和其他商业原因，该公司必须在 30min 内接受来自每一个药店的订单。在仓库所有 87 000 种货物中，61% 是药物方面的，其他是化妆品。每个月中的货物提取在 150 ~ 10 000 之间。如果在战略地点没有仓库，就不能适时地响应顾客需求。公司若直接在本地和各个分销药店间进行搬运不仅花费很大，而且考虑到距离的因素，也不太不可能在 30min 内送到。

凤凰厂的订单提取包括下列 3 个层次上的自动化。

（1）用流动货架进行的手工订单提取。

（2）用自动分发系统进行的半自动化的订单提取。

（3）用 AR/RS 机器人实现的全自动化提取。

下面分别介绍：

1. 用流动货架进行的手工订单提取

客户订单在高速打印机上打印出来，然后这些订单被手工装到容器中，通过传送带送到手工订单提取区域。在这里，操作者根据货架上的订单提取相关货物，填满容器，将其送到装运区，货物将从这些装运区运送到顾客（如药店）处。在凤凰药厂，体积大的不适合用 AR/RS 搬运的订货由手工完成。

2. 用自动分发系统进行的半自动化的订单提取

半自动化的订单提取适用于小型货物（如装有一打头疼药片的盒子或者喷鼻药），这些货物堆积在垂直自动取货机的外面独立的区域中。自动取货机有好几个区，每个商标的货物都对应有一个区。这些自动取货机排成一个倾斜的 A 字形，一个计算机控制的装置将特定的货物从它所在的区域中“推”出到运动的传送带上。这个货物将运行到传送带的尽头，从那里进入一个等待容器。每个容器与特定的订单相匹配。该容器比传送带的位置低，这样就不需要手工对货物提取。当某种货物已达到或低于它的安全容量时，会发出一个信号告诉操作者该种药品需要补充。自动补货机制对于提取大量不同的、有着中等提取率的订单货物是很有效的。自动取货机的自动化水平适中。它相对来说不那么昂贵，用这种方式提取的速度比手工操作快，准确度也比较高；然而，这种方法只能用于相对来说比较小的货物。

3. 用 AR/RS 机器人实现的全自动化提取

在凤凰厂的第 3 个层次的订单提取是通过昂贵的机器人 AS/RS 完成的。凤凰厂有两套机器人：一套是用来存储，而另外一套是用来提取的。这些机器人装有计算机和视觉扫描仪，按一定的顺序提取指定的单元，并把它们放在几个缓冲站中的一个中。每个缓冲站与一个客户订单相匹配。所需的货物将从其存储地点提取出来，放在缓冲站中，然后运送到传送带上，这些货物将被送到订单所对应的箱子里。

有的仓储机器人有一个能装运大箱子的甲板。货架上存储的货物将被存放到这些箱子中，然后这些箱子以每次一个的方式放到机器人甲板上。一个机械手深入到这些箱子中，利用真空吸气提取货物。这些货物将通过装有光学扫描仪的机械手运送到指定的存储箱里。然后这些箱子被机器人运送及存储。

7.3.2 仓库提取系统分析

两种最基本的订单提取方法是顺序提取和区域提取。在顺序提取中，操作者要求一次提取全部一个订单上的货物；而在区域提取中，分派到某一个区域的操作人员只提取他所负责区域内的订单。顺序提取者可能不得不在订单提取过程中穿越整个仓库，但对于区域提取者，其行程则被限制在指定区域内。本节只讨论顺序提取。

自动化或半自动化仓库顺序提取问题，可表述如下。一个 AS/RS 设备或仓库操作人员将订单上的货物从其存储位置提取出来。从提取点（P/D）或 I/O 口开始，AR/RS 设备依据一定顺序提取，然后将已提取订单的货物放回 I/O 点。为了增加订单提取系统的效率，必须确定提取顺序，这样，订单的总提取时间最小。

虽然大多数系统只有一个 I/O 点，但很容易理解成一个 I/O 是为进货准备的，而另一个是为分发准备的。这个问题可以看成是一个 TSP 模型，但是，其中的距离矩阵不采用直线距离矩阵。

标准的 AS/RS 有两个独立的发动机，来同时进行水平和垂直方向的运动。因此从一点（x_i，y_i）到另一点（x_j，y_j）所需要的时间不但与两点间的水平和竖直距离有关，而且与两个发动机水平速度 h 和垂直速度 v 有关。可以表示为：

$$\max\left[\frac{|x_i - x_j|}{h}, \frac{|y_i - y_j|}{v}\right]$$

这样,顺序提取问题解被看成带有切比雪夫矩阵的 TSP 模型。其数学描述为：

$$\min \sum_{i=1}^{n} \sum_{j=1, j \neq i}^{n} d_{ij} w_{ij}$$

满足
$$\sum_{i=1, i \neq j}^{n} w_{ij} = 1 \qquad (\text{对每个 } j)$$

$$\sum_{j=1, i \neq j}^{n} w_{ij} = 1 \qquad (\text{对每个 } i)$$

$$u_i - u_j + n w_{ij} \leqslant n - 1 \qquad (\text{对 } 2 \leqslant i \neq j \leqslant n)$$

$$d_{ij} = \max\left[\frac{|x_i - x_j|}{h}, \frac{|y_i - y_j|}{v}\right] \qquad (\text{对 } 1 \leqslant i \neq j \leqslant n)$$

$$w_{ij} = 0 \text{ 或 } 1 \qquad (\text{对每个 } i、j, i \neq j)$$

$$u_i \text{ 为任意实数} \qquad (\text{对每个 } i)$$

假定在这个模型中包含 I/O 点在内共有 n 个点，决策变量 w_{ij} 取二进制数值 (0 或 1)，具体是 0 还是 1 取决于点 i 是否在顺序提取中与点 j 相邻。

目标函数是使提取“行程”的全长最小化。前两个约束保证在最优行程中每一条都有两个端点——每端一个。第 3 个约束，保证其最优解没有子回路。换句话说，该最优解中必须与所有点有且仅有一次行程连接，第 4 个约束强调该距离矩阵是切比雪夫矩阵。

TSP 的求解方法将在第 9 章运输模型中讲述。

7.4 实例分析——惠普北美配送中心的设计[⊖]

1. 背景介绍

惠普（Hewlett - Packard，HP）公司的北美配送业务是负责在全美国范围内配送其绝大部分的个人电脑和相关外设，如激光打印机和喷墨打印机等。配送对象包括最终用户的小订单和经销商的大批量订单。1989 年，HP 在这方面的经济增长要求发展一种新的更大的配送设施，来配送将近 12 条卡车运输线运输的 4000 个订单。这些订单大到多个集装箱的激光打印机，小到一个色带盒或一本手册。为此，HP 购买了一个 40 400ft^2 的厂房，开始规划一个集搬运、存储、分拣和运输每日货物的配送中心。对于这个项目而言，时间是最基本的要求，因为

⊖ 改编自 M Eric Johnson and Tom Lofgren. Model Decomposition speeds distribution center design. Interfaces, 1994, 24 (5)

HP 急需一个新的系统，它将在一年之内淘汰旧的设施。

由于系统设计的复杂性，HP 决定使用离散事件仿真来进行方案设计。但是，由于这个配送中心的规模很大，建立模型和验证的进展将会十分缓慢，另外，大型仿真模型的运行速度会非常慢；所以，他们将整个配送中心的大系统分解为几个子系统，对每一个相对独立的子系统进行模拟分析。因为较小的模型容易建立和验证，并且，这样可以使各个小组并行开展设计工作，速度较快。但是，这种方法的一个缺点就是每个子系统分析人员也许不能了解和模拟不同子系统之间的关系，这将导致局部最优化。其后果是，表面上好像改进了各个独立子系统的运行，但实际上削减了整个系统的效率。因此，子系统的分解过程十分重要，不但要便于建模，而且要分析建立各个子系统之间的联系，保持系统的整体性。

根据惠普的新配送中心的功能，将其分为 4 个区域。相应地，将配送中心的大系统，分解建立 4 个子系统，即分拣、订单提取、再包装和批量运输。其中，订单提取和再包装是为分拣子系统供货的上游过程，以连续的方式给分拣系统供货。由于使用不同的设备和人力资源，这两个上游子系统几乎是相互独立的。批量运输是独立于其他的 3 个子系统的，所以它可以被分离研究。

这些模型是用 SIMAN 仿真语言来开发的。自动化程度较高的部分，如分拣系统和再包装系统，采用动画显示，这样通过观察动画分析复杂的传送物流。自动化程度不高的子系统，比如订单提取和批量运输，由于可以很容易地通过简单的模拟运行和轨迹检查来检验这些过程，所以无需制作动画。

图 7－17 是 HP 配送中心示意图。

2. 分拣子系统

分拣系统是配送运作的核心。它有两个主要功能：一是把物料从仓库传送到订单确认点，订购的商品在这里等待运输并被装上卡车；二是把从仓库送来的整箱货物根据订单进行分拣，送至正确的传输线传输到订单确认点进行处理。因为提货管理采用的是分批方法，所以分拣功能是必需环节。

使用分批方法时，一次提取一组货物，而不是单个货物，已被证明比顺序提取更有效率，因为这样提货人员可以专门负责仓库的某一区。在顺序提取过程中，提货人员需要花费大量时间在仓库中寻找各种货物。对于一批中的每一个固定的组合，提货人员会提取所有的激光打印机，下次是所有的监视器，如此进行。设计得合理，将节省提货人员大量的运作时间。但是，这意味着从提货区送出的货箱存在或多或少的随机性。它们在被送至订单确认点之前必须进行重新分拣。由于每个确认点一批收到多种货物，所以关键在于把传输线上的箱子排成合适的顺序。

货物分拣使用一条高速环形传送带、一个地面监控系统和货物箱上的条形码，这些条形码表明了货物属于哪一批以及需要何种传输方式。当箱子进入环形传送带时，一部高速条码扫描机读取其上的标签，把信息传送至地面控制系统。控制系统根据货物的种类和拥挤情况，决定是否把箱子送到合适的传输线上。如果传输线已满或箱子选错了，它将被传送一圈，回到初始位置。每条传输线直接将货物送至订单确认点。

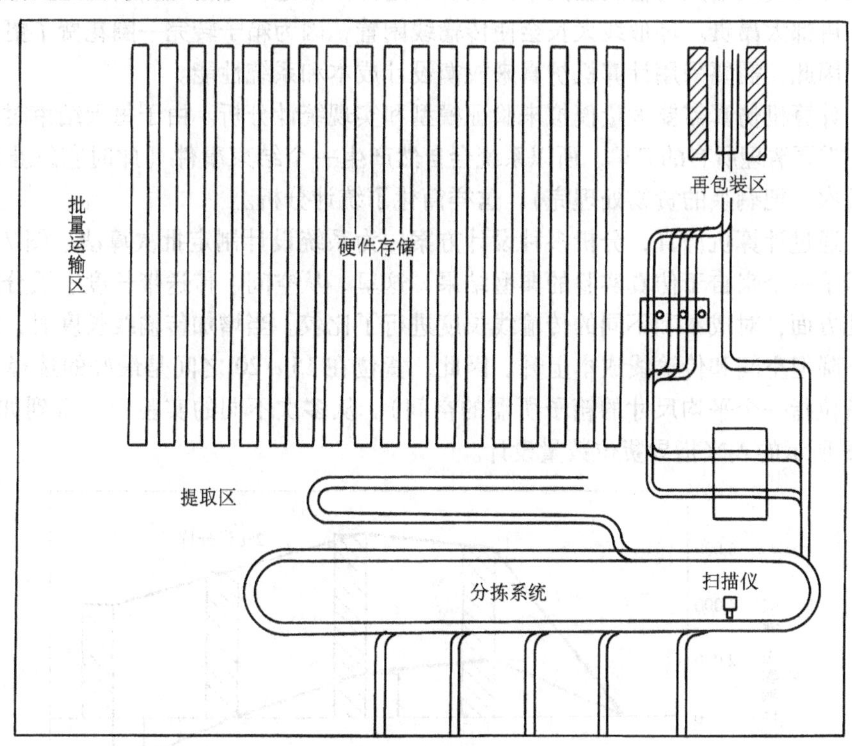

图 7－17　HP 配送中心示意图

分拣系统的最初目标是使订单确认点保持在工作状态。设计系统时，有很多的选择需要分析，包括设施的变化和多种控制方案。设施上的考虑包括必要的传输线的数目、环形传送带的长度、传输线的长度和环形传送带的传送速度。这些要素依赖于分批提货过程的执行，即所谓的分批算法。算法决定在每一批中应发送多少货物或箱子和每一批的组成（即每条传输线的货物数目）。整个过程是一个拉动式系统，因此当传输线需要更多货物时下一批就被计算出来。

在对每种卡车的需求量和处理订单所花的时间进行正确估计后，决定需要多少传输线就非常容易。尽管如此，决定每一批发送的箱子数目、每一批的时间和环形传送线的长度较困难，却很重要。HP 的目标是保持每条传输线处在工作状态。每批的大小和时间决定了环形线上准备传送至传输线的箱子数目。但是，如果环形线变得太拥挤，会发生“堵塞”，并且会产生箱子在传至传输线前转好几圈的情况（“绕圈”）。在每一圈还可能发生箱子损坏或条形码无法读取。“无法读取”指的是这个箱子必须被送至特例线进行手工识别、更正，再重新放回环形线上。手工更正不仅耗费时间而且价格昂贵。“堵塞”和“绕圈”的现象可以通过加长环形线或增大传输线空间来减轻。但这样做无论从传输线长度还是从地面空间来讲都太昂贵。环形线太长会使传输线闲置，因为箱子转完一圈花费了更长时间。因此，需要采用计算机仿真来权衡设计成本和系统性能。

计算机仿真需要大量模拟来验证模型和实现统计分析。由于每天结束时配送中心需要清理所有的订单，所以系统会自然产生一个结束事件（此时它终止所有的批次，把剩余的货物处理完）。这样简化了统计分析。

通过计算机仿真，分析多种设计方案，为系统设计制定批次算法。图 7－18 显示了一个来自于仿真实验的典型结果。这里，从空间、传送带长度、误分拣物件几方面，对成本和不同的传输线长度进行了比较。当增加传输线长度时，失误率下降但空间和传输线成本上升。因此，货位在 15～20 之间是最好的选择（一个货位指一个平均尺寸的箱子所需的空间）。从多次不同的实验中，得到如图 7－18 所示的表来指导货位数量设计。

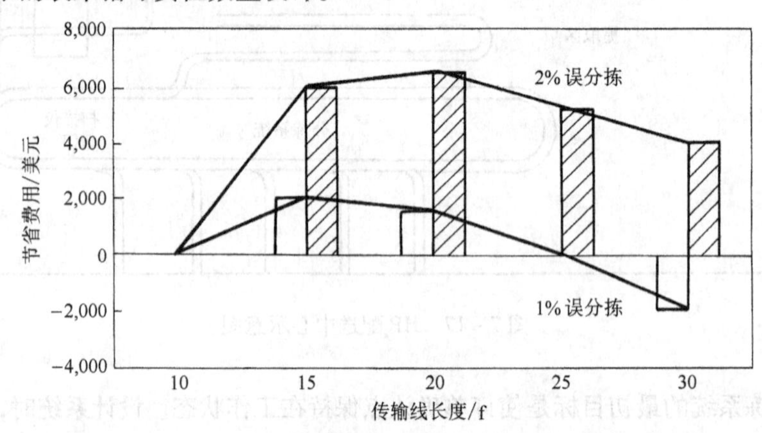

图 7－18　传输线长度与净节省值

图 7－18 中的阴影区显示了传输线长度增加带来的净节省值。净节省值指的是误分拣成本的节省减去传输线长度增加的成本。

通过改变传输线长度、环形线长度和批量来模拟这个系统，观察它们对箱子绕圈平均时间和对订单确认点利用率的影响。改变传送带速度和处理时间重新实验。测试不同的批次放行规则（决定什么时候轮到下一批）。如果批次放行太快，传输线总是处于满载状态，环形线的堵塞会引起更多的绕圈。但是，如果等上一批完全处理完毕再放下一批，则会使订单确认点处于闲置状态并降低系统容量。仿真结果表明当上一批完成50%时给下一批放行效果最好。

从上面的介绍看出，分拣子系统的仿真结果有助于设计分拣子系统并且为提货区和再包装区提供输出标准。一旦确定了每批的大小、组成和时间，就可以分解上游过程并对上游系统建模来设计订单提取及再包装区。设计目标为保证每批的传输有确定的时间间隔。

3. 订单提取子系统

在订单提取作业中，工人从仓库提取产品，为每个箱子贴上条形码给分拣系统作准备，然后把一批箱子放在输入传送带上，送至环形线的入口。设计的关键问题之一是提货人员的数量以及所负责的不同产品。

产品采用ABC分类法存储在仓库中。这种方法把需求最高的产品排放在前面，之后是中等程度和需求低的产品。这样，就可以根据产品的存储位置估计提货时间，制定出针对每类产品的初始工人分配方案。由于该系统的目标是确保每批货物在分拣系统需要之前能及时被取出并放在输入传送带上，所以，建立一个模型，根据这个目标调整初始的方案。

另外，该仿真模型也可以检查输入传送带的速度对订单提取的影响。因为，如果提货人员不间断地把货物箱放到传送带上时，传送带就会被阻塞，从而提货人员不得不进行等待，这样，就需要通过仿真选择一个合适的传送速度。

4. 再包装子系统

在再包装作业中，工人们把每个订单的小部件包装在一起，如激光打印机的随机软件、说明文档、小型附件和色带盒。再包装子系统的设施主要由长形垂直储物架组成。架子之间铺设有3条传送带，中间那条有动力，两边的没有。工人根据订单连续地提取产品，在无动力传送带上把它们摆放在盒子里，然后把盒子推到有动力传送带上，传送至如图7－19所示的几条质量控制线中的一条。

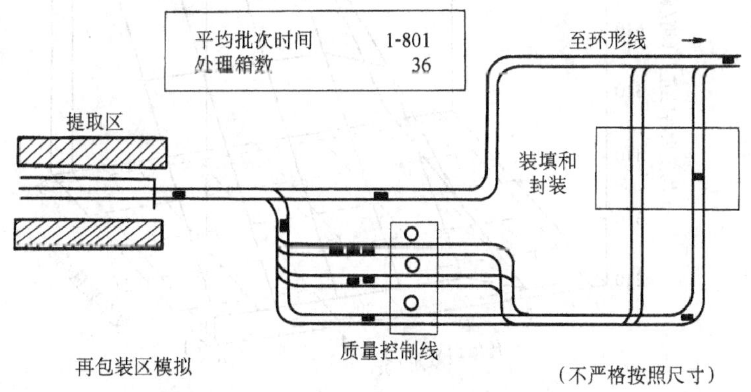

图7－19　再包装区的模拟动画示意图

在质量控制线上，工人们采用目视方法检查产品，然后把产品包装在合适尺寸的箱子里，然后，将条形码标签贴在箱子上。条形码包含了订货情况和批次号。箱子通过自动包装机将箱子内的空余部分填上泡沫垫，然后用胶带封装。最后，经过自动条码识别器，这些箱子离开再包装区并被传送至环形线的入口。图7-19为再包装区的模拟动画示意图。对每批货品的平均处理时间这样的统计数据可以显示在屏幕上。

下游分拣系统的设计可以反映出再包装子系统的输出率。再包装区设计决策的关键因素是系统容量。系统容量必须保证每一批次再包装的产品能够按时被送到环形传送带上。

系统容量的一个影响因素为质量控制线的数量。例如，采用两条线，系统能够以平均450箱/天的速度打包，但是如果加一条通道，吞吐量只增加到563箱/天。因此，增加通道的数量可以增加每天的处理量，但是，并不能得到线性增长。这是由于传送系统的阻塞所造成的。

5. 批量运输子系统

批量运输作业处理所有大的订货——通常是需要多个单位的单一产品的订货。它独立于配送中心的其他区域进行管理，而且依赖于独立的人员。当工人使用叉车把集装箱从仓库运送到卡车装运区时，批量运输的过程便开始了。那里，包装区被设计成集装箱线，产品被标识和扫描，然后校验订单。校验结束后，集

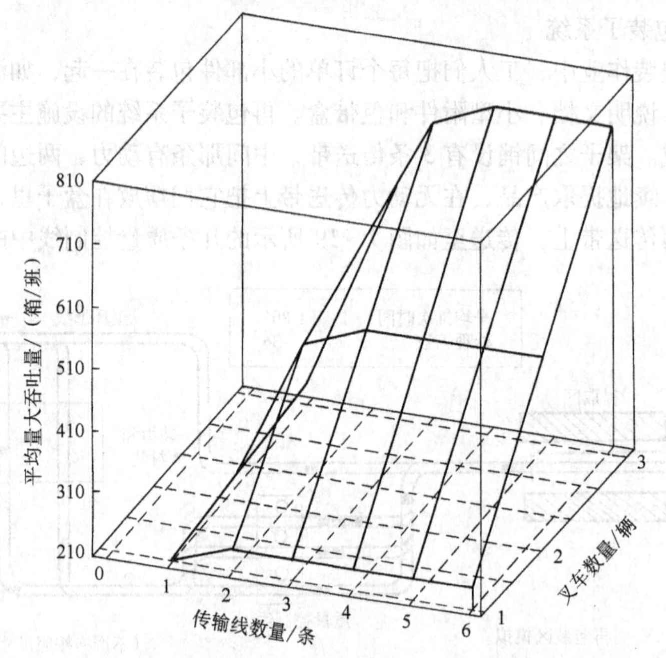

图7-20　不同传输线和叉车数量组合下的平均最大吞吐量

装箱被直接装载上卡车。集装箱线可以半自动化，由自动工作台旋转，在上面扫描并包装。集装箱通过一个短输入传送带进入工作台，并通过输出传送带离开工作台。

这个区域的设计决策，包括叉车和集装箱运送线的需求数量。图 7－20 说明了改变叉车和集装箱运送线的数量对这个系统吞吐量的影响。用 3 条传送线和 2 辆叉车，系统的平均吞吐量水平为 491 箱/班。假如增加传送线的数目为 4，而平均吞吐量仅仅增加 2 个单位，这是因为叉车数目已经形成了瓶颈，所以增加传送线的效果不明显。运用图表，可以确定建立在项目需求基础上的最优配置。

6. 总结

正如 HP 公司配送部门经理 Hans Hartmann 介绍的，计算机仿真帮助 HP 公司建立了一个数百万美元的配送中心。与以前的配送中心在单位订单消耗的劳动时间方面相比，硬件提取区和传输线上分别提高了 60% 和 80% 的效率。新的操作减少了订货执行的周期（从收到订单到发出货物的时间）。

7.5 习题

1. 解释为什么仓储在制造和服务行业是必要的。

2. 项目：访问邻近的一个仓库，采访经理和几个适当的工作人员，找到仓库建立的 5 个原因和 5 个最重要的功能。然后做出图表，表示出存储设备、S/R 系统、入口、出口和其他支持此仓库运行的服务。分析仓库的运行，找出该仓库设计和运作的优点和缺点。准备一份关于上述问题的详细报告，并向你的同学展示你的调查结果。

3. 计算一个长方形仓库的尺寸。该仓库要求至少有 1500 个大小为 1.3ft 的存储单元，它将用来存放尺寸为 0.9ft × 0.9ft × 0.9ft 的板。假定水平方向和垂直方向通道的 a、b 值分别为 3 和 2，并且仓库的进出口位于西墙的中点处，计算下列情况下仓库的尺寸：

(1) 3 层堆放。

(2) 4 层堆放。

(3) 5 层堆放。

4. 列举随机存储和分类存储的 5 个优缺点。说明在什么情况下应采用哪种方法。

5. 一个指定的高利用率消费品存储仓库计划在今后的 12 个季度里接受表 7－1 所示数量的货物。仓库经理希望能够在每个季度中得到下个季度总存储量的 10% 作为安全存储的货物。计算在随机存储和分类存储两种情况下所需的总的存储空间。哪种存储策略下所需空间较小？为什么？

表 7-1　5 种产品在 12 个季度的预期接受量　　（单位：箱）

季　度	产　品				
	A	B	C	D	E
1	20	12	66	22	97
2	15	8	15	22	12
3	30	4	16	25	88
4	12	6	17	21	66
5	14	7	18	18	79
6	60	1	19	14	55
7	17	12	15	23	9
8	20	40	16	36	25
9	21	13	17	30	96
10	22	12	18	22	90
11	23	12	19	89	90
12	23	12	15	22	88

6. 考虑图 7-21 中所示的仓库布置。6 种货物将从仓库的 4 个角落处的 4 个 I/O 口进出。每个货物的所有口进出频率和所需的存储空间如图 7-22 所示。括号中是从 k 口运送一个单位货物 i 的费用。已知从 k 口到存储单元 j 的距离（见图 7-23），计算当在 I/O 口和存储空间的费用最少时，这 6 种货物应该怎样分放到 30 个存储单元中。

1	2	3	4	5	6
7	8	9	10	11	12
13	14	15	16	17	18
19	20	21	22	23	24
25	26	27	28	29	30

图 7-21　含有 30 个存储单元的仓库布局图

$$
\begin{array}{c} \\ \\ \\ [f_{ik}(c_{ik})]= \\ \\ \\ \end{array}
\begin{array}{c} \\ 1 \\ 2 \\ 3 \\ 4 \\ 5 \\ 6 \end{array}
\begin{array}{c} \begin{array}{cccc} 1 & 2 & 3 & 4 \end{array} \\
\left(\begin{array}{cccc}
200\ (6) & 125\ (8) & 300\ (9) & 88\ (5) \\
100\ (6) & 200\ (3) & 150\ (6) & 100\ (10) \\
150\ (9) & 150\ (5) & 126\ (12) & 250\ (7) \\
150\ (12) & 230\ (5) & 60\ (7) & 30\ (4) \\
96\ (4) & 15\ (7) & 40\ (12) & 85\ (9) \\
175\ (15) & 135\ (8) & 85\ (10) & 90\ (12)
\end{array}\right) \end{array}
\begin{array}{c} S_i \\ 5 \\ 5 \\ 4 \\ 4 \\ 4 \\ 8 \end{array}
$$

图 7-22　6 种货物到 4 个 I/O 口的 f_{ik} 和 c_{ik} 值以及 S_i 值

7. 在尺寸为 200ft×100ft 的长方形仓库中如何布置 156 个存储空间？采用随机存储方法，并使总行程最短。每个存储空间的尺寸为 10ft×10ft，I/O 口设置在西墙的中点处。

8. 假定在 100×300 存储位置的仓库中，左下角和右上角分别有一个 I/O

口，并且距离矩阵采用折线距离。建立平均行程距离的表达式并求解。

9. 某个仓库订单要提取 6 种货物。I/O 口和 6 个存储点的坐标分别为（10，10），（15，15），（19，20），（12，20），（10，17），（17，14），（19，13）。假设 S/R 设备在水平方向和垂直方向的速度分别为 20 单元/min 和 10 单元/min，建立有效提取顺序的数学模型。利用 LINDO 软件或任何其他整数编程模型求解。

$[d_{kj}]$ =

	1	2	3	4	5	6	7	8	9	10	11	12	13	14	15	16	17	18	19	20	21	22	23	24	25	26	27	28	29	30
1	5	6	7	8	9	10	4	5	6	7	8	8	3	4	5	6	7	8	2	3	4	5	6	7	1	2	3	4	5	6
2	1	2	3	4	5	6	2	3	4	5	6	7	3	4	5	6	7	8	4	5	6	7	8	9	5	6	7	8	9	10
3	6	5	4	3	2	1	7	6	5	4	3	2	8	7	6	5	4	3	9	8	7	6	5	4	10	9	8	7	6	5
4	10	9	8	7	6	5	9	8	7	6	5	4	8	7	6	5	4	3	7	6	5	4	3	2	6	5	4	3	2	1

图 7-23　4 个 I/O 口和 30 个存储单元的 d_{kj} 值

第4篇　运输决策和回收物流仿真

第8章　配送线路规划

交通运输是社会正常运行的重要基础，也是国民经济正常发展的基础。交通运输的主要内容就是进行人和货物的载运和输送，这也是物流系统所关心的问题。它涉及了运输方式选择和运输线路优化两大方面的问题。

8.1　运输模式的选择

8.1.1　运输模式的特点

常用的运输方式有铁路、公路（整车发运、零担货运）、包裹运输、空运、水运等。

铁路运输：铁路运输的特点是高额的固定成本及低廉的运营成本。运输价格主要取决于运量与运输距离。铁路运输的缺点是时间较长，所以一般适合于大规模、低价值、对时间要求不敏感的产品。铁路运输的主要目标是充分提高机车、车组人员的利用率。

公路运输：包括整车发运（TL）与零担货运（LTL）两种。整车发运按照整车收费，不考虑货运量，费率随运输距离的不同而改变。零担货运则按照运输量与运输距离来收费。

包裹运输：指利用空运、铁路或公路运输方式为顾客提供时间敏感的小件货物的运输。主要运输对象是小件、对时间非常敏感的货品，其收费标准较昂贵。关键问题是中转站的选址和吞吐量以及货物信息的全程追踪。

空运：基础设施及装备方面的固定成本很高，劳动力与燃料耗费主要取决于航线，与一次飞行运载的乘客量与货物重量无关。

上述几种运输模式的优缺点比较，如图8-1所示。

从图8-1中可以看出，就货物量的大小而言，铁路的批量最大、空运的批量最小；就运输速度而言，空运速度最快、铁路运输速度最慢；就运输成本而言，一般来说，铁路运输的成本最低、空运最高；就服务响应时间而言，铁路最慢、空运最快；就运输引起的库存成本而言，铁路最高，空运最低。

所以,进行运输决策时,要综合考虑上述因素,进行成本分析,确定最佳方案。

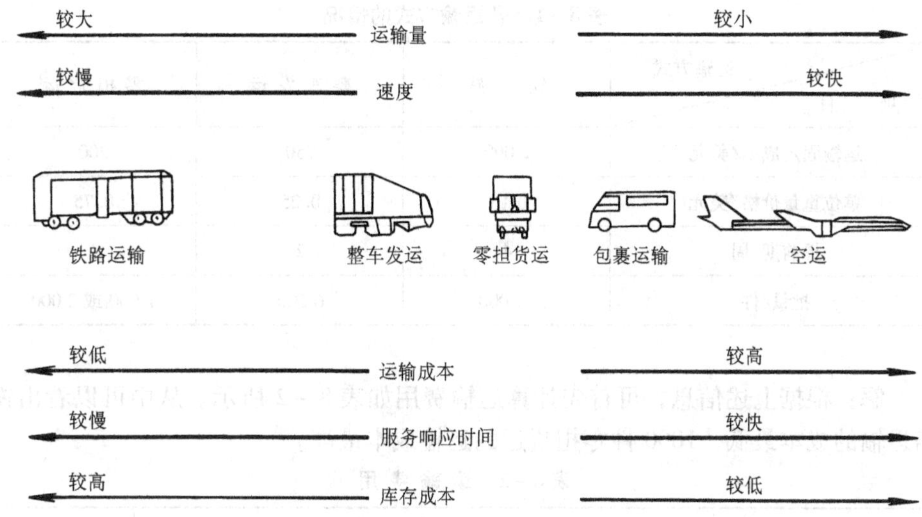

图 8－1 不同运输方式优缺点比较

8.1.2 库存与运输决策

运输模式的选择与库存、选址密切相关，运输决策要受到库存、选址等的影响。这里以库存系统为例进行说明。

就不同的运输模式而言，其对库存的影响有以下几点：

（1）较慢的运输模式会引起较大的中转或运输库存。

（2）较大运量单位的运输方式会出现订单批量超过当前需求量的情况，出现不需要的库存。

这时，要综合考虑定购成本与定购批量之间的关系，即采用 EOQ 模型进行分析，选取优化方案。

（3）较慢的运输模式会引起安全库存的提高。

从第 6 章的介绍中，我们可以看到，由于订货提前期的不确定性较大，所以，必须考虑采用较高的安全库存。

综上所述，小批量、较快的运输会降低上述这 3 种库存成本，但是，会引起运输成本的提高。

下面通过一个例子来说明考虑库存管理对于运输决策的影响。

例 1 某销售公司的商品需求呈正态分布，且互相独立，每周的平均需求为 1000 件，方差为 500 件，每件成本为 200 美元，存储成本率为 25%，每件重量为 3lb[㊀]，采用周期检查策略。运输方式初步选择采用铁路或整车、零担，其中零担有 2 个批量 1000 或 2000，如表 8－1 所示。请根据上述信息确定优化的运输方式。

㊀ 1lb = 0.45359237kg。

表 8-1　各运输方式的情况

项目 \ 运输方式	铁　路	整车发运	零担货运
运输固定成本/美元	2 000	750	200
单位重量价格/美元	0.01	0.25	0.75
提前期/周	4	2	1
批量/件	13 000	6 500	1 000 或 2 000

解：根据上述信息，可首先计算运输费用如表 8-2 所示。从中可以看出铁路运输的成本最低，1000 件零担货运的运输成本最高。

表 8-2　运 输 费 用

运输方式 \ 项目	每年需求/件	批　量/件	每年发运次数	提前期/周	运输费用/美元
整车发运	52000	6500	8	2	45 000
零担（2000）	52000	2000	26	1	122 200
零担（1000）	52000	1000	52	1	127 400
铁路	52000	13000	4	4	9 560

根据第 6 章的库存知识，计算周期检查策略下的安全库存成本、周期库存成本以及由于运输时间引起的中转库存成本，并累加计算其总库存成本如表 8-3 所示。从中可以看出，铁路运输引起的总库存成本最高，1000 件起运的零担方式总库存成本最低。

表 8-3　各库存成本的计算　　　　（单位：美元）

运输方式 \ 项目	安全库存成本	周期库存成本	中转库存成本	总库存成本
整车发运	43 301	162 500	100 000	305 801
零担（2000）	35 355	50 000	50 000	135 355
零担（1000）	35 355	25 000	50 000	110 355
铁路	55 902	325 000	200 000	580 902

累积运输成本以及总库存成本，可得如表 8-4 所示结果。

表 8-4 累积运输成本以及总库存成本 （单位：美元）

运输方式＼项目	总库存成本	运输成本	总成本
整车发运	305 801	45 000	350 801
零担（2000）	135 355	122 200	257 555
零担（1000）	110 355	127 400	237 755
铁路	580 902	9 560	590 462

根据表 8-4，可以得出结论，考虑库存的因素，应该选择1000件起运的零担货运运输方式。尽管运输成本最高，但是，由于较快的发运时间，其运输及库存的总成本最低。

8.2 线路优化模型

8.2.1 点点间运输——最短路径求解方法

最短路径问题是线路优化模型理论中最为基础的问题之一，也是解决其他一些线路优化问题的有效工具。

连通图的最短路径问题，即求两个顶点间长度最短的路径。其中，路径长度不是指路径上边数的总和，而是指路径上各边的权值总和。路径长度的具体含义取决于边上权值所代表的意义，如费用、影响等都可以。对最短路径问题的描述为：

假设有一 n 个节点和 m 条弧的连通图 G（V_n，E_m），并且图中的每条弧（i，j）都有一个长度 c_{ij}（或者费用 c_{ij}），则最短路径问题为：在连通图 G（n，m）中找到一条从节点 1 到节点 n 距离最短（或费用最低）的路径。

用数学方法表达是：

∃连通图 $G(V_n,E_m)$，且长度矩阵 $\boldsymbol{C}=\{c_{ij}|1\leqslant i\leqslant n,1\leqslant j\leqslant m|\}$，

目标函数：

$$\min L(A^*) = \sum_{(v_i,v_j)\in A} c_{ij}$$

在考虑使用最短路径求解时，为了能够得到合理的、正确的解，问题模型一般需要满足一定的假设条件。

(1) 两点之间的弧线距离为整数（在现有的算法下，该假设基本已经不需要考虑）。

(2) 在连通图中，从任何一个端点 v_i 到其他所有的端点都有直接的路径，如果存在不直接相连的端点对，则可以在它们之间加上一个极大的距离，例如∞，表示它们之间是不可能作为一个备选方案。

(3) 连通图的所有距离为非负。

(4) 连通图是有方向性的。

上面这些假设条件对于绝大部分算法都是要求的，只有一些特殊的算法，这些假设可能是多余的。

对工程实际的研究和抽象，在最短路径问题中有 4 种基本原型，分别是：

(1) 连通图 G（V_n，E_m）中，从指定起始点到指定目标点之间的最短路径。

(2) 连通图 G（V_n，E_m）中，从指定起始点到其余所有节点之间的最短路径。

(3) 连通图 G（V_n，E_m）中，所有任意两点之间的最短路径。

(4) 连通图 G（V_n，E_m）中，经过 k 个节点最短路径。

求解此类最短路径问题，主要有下面几种算法：

(1) Dijkstra 算法。

(2) 逐次逼近算法。

(3) Floyd 算法等等。

这里主要对 Dijkstra 算法进行介绍。

Dijkstra 在 1959 年提出了按路径长度的递增次序，逐步产生最短路径的 Dijkstra 算法。该算法可以用于求解任意指定两点 v_i、v_j 之间的最短路径，也可以用于求解指定点到其余所有节点之间的最短路径。

该算法的基本思路是：一个连通网络 $G=(V,E)$ 中，$V=\{v_1,v_2,\cdots,v_n\}$，$E=\{e_1,e_2,\cdots,e_m\}$，求解从节点 v_0 到 v_n 的最短路径时，首先求出从 v_0 出发的一条最短路径，再参照它求出一条次短的路径，依次类推，直到从顶点 v_0 到顶点 v_n 的最短路径求出为止，即定点 v_n 被加入到路径中。而求解从 v_n 到其他所有节点的最短路径，则同样先求得从 v_0 出发的一条最短路径，再参照它求出一条次短的路径，依次类推，直到从顶点 v_0 出发的所有最短路径求出为止。

Dijkstra 算法的可靠性基于以下的定理：

定理：如果序列 $\{v_0, v_1, \cdots, v_{n-1}, v_n\}$ 是从 v_0 到 v_n 的最短路径，那么其子序列 $\{v_0, v_1, \cdots, v_{n-2}, v_{n-1}\}$ 也必然是 v_0 到 v_{n-1} 的最短路径。

该定理可以用反证法进行证明，这里只作简单说明。如果在子序列中 $M=\{v_0, v_1, \cdots, v_{n-2}, v_{n-1}\}$ 不是 v_0 到 v_{n-1} 的最短路径，则存在另外一个序列 $M'=\{v_0, v_i, v_j, \cdots, v_k, v_{n-1}\}$ 比 M 小，为 v_0 到 v_{n-1} 的最短路径。那么 $\{M', v_n\}$ 则是比 $\{M, v_n\}$ 更短的一条路径，这个跟假设矛盾，从而定理成立。

在深入了解 Dijkstra 算法之前，有必要先了解一下 Dijkstra 算法中的一个重要元素——标号（Label）。标号是指在 Dijkstra 算法中用来标记各个节点的属性的一套符号，根据不同的需要有：试探性的距离标号（Tentative Distance Label）、永久标号（Permanent Label）和临时标号（Temporary Label）。试探性的距离标号（简称试探性标号）是指在迭代过程中，计算的每个节点得到的标记。永久标号是在标号设定算法中，一个带试探性标号的节点满足一定条件之后，该节点形成的路径将被加入到确定路径集合中，而相应的标号改为永久标号，表明该标号不能再变化。但是在标号修正算法里面，则是被标记为临时标号，要知道所需路径找到或者全部路径都确定后，一起转换为永久标记。

一般说来，如上文所述，根据用来标记确定节点的标号属性和标记过程的不同，有两种不同的 Dijkstra 算法：

1）标号设定算法（Label - Setting Algorithm）；

2）标号修正算法（Label - Correcting Algorithm）。

这两种算法都是迭代算法，它们都是在每一步迭代中用试探性标号标记所有的试探点，通过一系列的试探寻找该步中最短距离。设定标号算法和可修改标号算法的不同点在于：标号设定算法在每一次迭代中得到的满意的试探标号设置为永久标号；而标号修正算法则是在每一次迭代中将满意的试探性标号改为临时标号，直到最后一次迭代完成之后，才将所有的临时标号都转变为永久标号。这两种算法的适用范围也不完全相同，标号设定算法只适用于求解非负网络中的最短路径问题；而标号修正算法则可以解决一部分还有负路径的一般网络问题，但是，它同样不能解决路径总和为负值的问题。

这里将先详细介绍标号设定 Dijkstra 算法，然后对标号修正算法，基于一般问题都可以转化为非负网络问题，只做一般性的介绍。

标号设定 Dijkstra 算法的基本步骤如下：

1）设置两个顶点集合 S 和 T，S 中存放已找到最短路径的顶点，即带有永久标号的顶点集合；T 中存放当前还未找到最短路径的顶点，即未带有标号的顶点集合：$V=S+T$，$S=\bar{T}$。

2）初始时集合 S 中只包含起始顶点 v_0，然后不断从集合 T 中选取到顶点 v_0 路径长度最短的顶点 v_j 加入集合 S，即对顶点 v_j 加上一个永久标号。新加入的顶点有两种可能的途径到达 v_0，一是直接与 v_0 相连，另一则是与集合 S 中已知最短路径的顶点相连，构成一个新的最短路径。

$$l_k(v_j)=\min\{l_{k-1}(v_j),l_{k-1}(v_i)+c_{ij}\}$$

其中：

$$c_{ij}=\begin{cases}\text{从顶点 } i \text{ 到顶点 } j \text{ 之间的弧线距离；假如 } i\text{、}j \text{ 之间存在直接连接；}\\ 0\text{；假如 } i=j\text{；}\\ \infty\text{；其他情形}\end{cases}$$

上式中 v_i 指的是集合 S 中的顶点，而 v_j 则是一个试探性节点，是集合 T

中的任意元素。

3）重复2，直到目标点 v_n 被加入到集合 S 中。

根据对每个节点的标记，可以马上得到从起始点 v_0 到达 v_n 所需要完成的行程。对计算过程的逆向观察，就可以得到最短路径。下面以一个实例来说明如何应用 Dijkstra 算法来求解点点间最短路径问题。

例 2 现有如图8－2所示的连通图，试求解从顶点 v_1 到顶点 v_6 之间的最短路径和最短路径的长度。

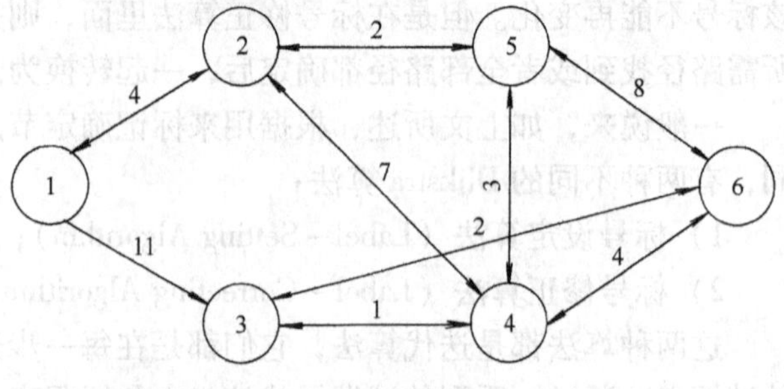

图 8－2　例 2 的连通图

解：

（1）定义集合 S 和 T；

$S=\{v_1\}$

$T=\{v_2,\ v_3,\ v_4,\ v_5,\ v_6\}$

$l_1=l_1(v_1)=0$

（2）首先需要知道集合 T 中的各顶点到 S 中最后一个顶点 v_1 的距离 c_{1j}；根据图 8－2 及上文提及的假设，可以得到表 8－5 所示的距离关系表。

表 8－5　集合 T 的元素到最后一个顶点 v_1 的距离 c_{ij} 和到起始点的距离 $l(v_j)$——Dijkstra 算法步骤 1

下标 j	2	3	4	5	6
临时目标点	v_2	v_3	v_4	v_5	v_6
c_{1j}	4	11	∞	∞	∞
$l_1(v_j)$	4	11	∞	∞	∞

$$
\begin{aligned}
l_2(v_2) &= \min\{l_1(v_2), l_1(v_1)+c_{12}\} \\
&= \min\{4, 0+4\} \\
&= 4 \\
l_2(v_3) &= \min\{l_1(v_3), l_1(v_1)+c_{13}\} \\
&= \min\{11, 0+11\} \\
&= 11
\end{aligned}
$$

同理可得：

$$l_2(v_4)=+\infty$$

$$l_2(v_5)=+\infty$$

$$l_2(v_6) = +\infty$$

这样：

$$\begin{aligned} l_2 &= \min\{l_2(v_2), l_2(v_3), l_2(v_4), l_2(v_5), l_2(v_6)\} \\ &= l_2(v_2) \\ &= 4 \end{aligned}$$

然后将 v_2 加入到集合 S 中，$S = \{v_1, v_2\}$，在 T 中移去 v_2，$T = \{v_3, v_4, v_5, v_6\}$。重复上面的步骤，进一步求解。

先求得表 8－6。

表 8－6　集合 T 的元素到最后一个顶点 v_2 的距离 c_{ij} 和到起始点的距离 $l(v_j)$——Dijkstra 算法步骤 2

下标 j	3	4	5	6
临时目标点	v_3	v_4	v_5	v_6
c_{2j}	∞	7	2	∞
$l_2(v_j)$	11	∞	∞	∞

同理可以得到以下的结果：

$$\begin{aligned} l_3(v_3) &= \min\{l_2(v_3), l_2(v_2) + c_{23}\} \\ &= \min\{11, 4 + \infty\} \\ &= l_2(v_3) \\ &= 11 \end{aligned}$$

注意：$l_3(v_3) = l_2(v_3)$ 表示从节点 3 到起始点节点 1 的最短路径是上一步骤中求得的路径，也就是说，它不经过节点 2。

$$l_3(v_4) = 11$$

$$l_3(v_5) = 6$$

$$l_3(v_6) = \infty$$

这样：

$$\begin{aligned} l_3 &= \min\{l_3(v_3), l_3(v_4), l_3(v_5), l_3(v_6)\} \\ &= l_3(v_5) \\ &= 6 \end{aligned}$$

根据上面的计算结果，将节点 5 加入到集合 S 中，$S = \{v_1, v_2, v_5\}$；在集合 T 中移走节点 5，$T = \{v_3, v_4, v_6\}$，继续上面的计算。

同样先得到最新加入到 S 中的 v_5 到 T 中各节点的距离 c_{5j}，如表 8－7 所示。

表 8-7　集合 T 的元素到最后一个顶点 v_3 的距离 c_{ij} 和到起始点的距离 $l(v_j)$——Dijkstra 算法步骤 3

下标 j	3	4	6
临时目标点	v_3	v_4	v_6
c_{5j}	∞	3	8
$l_3(v_j)$	11	11	∞

$$\begin{aligned} l_4(v_3) &= \min\{l_3(v_3), l_3(v_5)+c_{53}\} \\ &= \min\{11, 6+\infty\} \\ &= 11 \end{aligned}$$

同理可得：

$$l_4(v_4)=9$$
$$l_2(v_6)=14$$

这样：

$$\begin{aligned} l_4 &= \min\{l_4(v_3), l_4(v_4), l_4(v_6)\} \\ &= l_4(v_4) \\ &= 9 \end{aligned}$$

然后将 v_4 加入到集合 S 中，$S=\{v_1,v_2,v_5,v_4\}$，在 T 中移去 v_4，$T=\{v_3,v_6\}$。再次得到最新加入到 S 中的 v_4 到 T 中各节点的距离 c_{4j}，如表 8-8 所示。

表 8-8　集合 T 的元素到最后一个顶点 v_3 的距离 c_{ij} 和到起始点的距离 $l(v_j)$——Dijkstra 算法步骤 4

下标 j	3	6
临时目标点	v_3	v_6
c_{5j}	1	4
$l_4(v_j)$	11	14

$$l_5(v_3)=10$$
$$l_5(v_6)=13$$

这样：

$$\begin{aligned} l_5 &= \min\{l_5(v_3), l_5(v_6)\} \\ &= l_5(v_3) \\ &= 10 \end{aligned}$$

然后将 v_3 加入到集合 S 中，$S=\{v_1,v_2,v_5,v_4,v_3\}$，在 T 中移去 v_3，$T=\{v_6\}$。

接着确定最后一节点 v_6 的距离：

$$l_6 = \min\{l_5(v_6), l_5(v_3) + c_{36}\} = l_5(v_3) + c_{36} = 12$$

从 v_1 到达 v_6 的最短距离为 12，用图形表达上述过程，如图 8－3 所示。

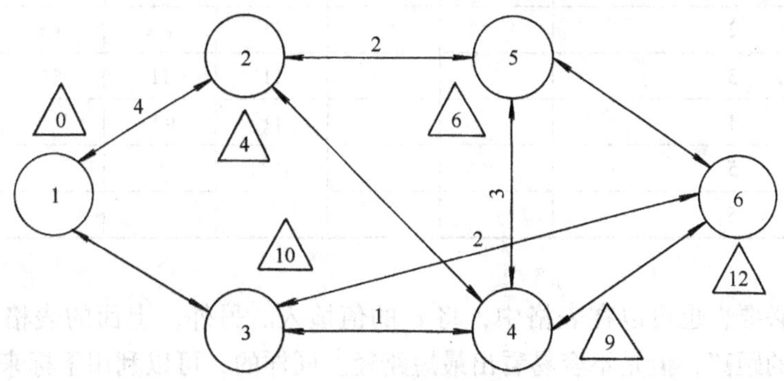

图 8－3　例 2 结果的图形表达

为了确定从 v_1 到 v_6 的最短路径，需要反向观察求解过程：

$$\begin{aligned} l_6 &= l_5(v_3) + c_{36} = l_4(v_4) + c_{43} + c_{36} = l_3(v_5) + c_{54} + c_{43} + c_{36} \\ &= l_2(v_2) + c_{25} + c_{54} + c_{43} + c_{36} \\ &= l_1(v_1) + c_{12} + c_{25} + c_{54} + c_{43} + c_{36} \end{aligned}$$

上式表达了从 v_1 到 v_6 的路径，是从 v_1，v_2，v_5，v_4，v_3，v_6，这就是本题所求得的最短路径。

同时，为了便于确定哪条路径是最短的路径，在计算过程中加入一个代表上级节点的下标，就可以得到一个历经点的路径序列，以本例为例：

$l_1 = l_1$；

$l_2 = l_{12}$；

$l_3 = l_{521}$；

……

$l_6 = l_{634521}$。

这样，从最后结果的表达就可以知道是从哪条路径经过可以得到最短的距离，而不必进行一个反向求解的过程。

Dijkstra 算法也可以借助表格来完成计算，仍以上面的例子为例，来介绍如何用表格来求解。表 8－9 是 Dijkstra 最短路径表解法。

表 8－9　Dijkstra 最短路径表解法

k \ $l_k(v_i)$ \ v_i	1	2	3	4	5	6
1	0*	4	11	+∞	+∞	+∞

（续）

k \ $l_k(v_i)$ \ v_i	1	2	3	4	5	6
2		4^*	11	$+\infty$	$+\infty$	$+\infty$
3			11	11	6^*	$+\infty$
4			11	9^*		14
5			10^*			13
6						12^*

如果必要，也可以在表格中，将 c_{ij}的值填入。另外，上面的表格虽然很容易求最短的距离，但是不容易看出最短路径。同样的，可以利用下标来标记最短距离的路径，则表 8－9 修改为表 8－10 所示。

表 8－10　修改后的 Dijkstra 最短路径表解法

k \ $l_k(v_i)$ \ v_i	1	2	3	4	5	6
1	0^*	4	11	$+\infty$	$+\infty$	$+\infty$
2		4_1^*	11	$+\infty$	$+\infty$	$+\infty$
3			11	11	6_2^*	$+\infty$
4			11	9_5^*		14
5			10_4^*			13
6						12_3^*

这样就可以很方便地找到具体的路径了。

标号设定的 Dijkstra 算法对点点间运输问题求解时，有以下两方面的局限性：

1）用不定长的弧定义非对称连通图中的最短路径问题。

2）连通图中没有距离为负的弧。

对于含有负距离的连通图的最短路径问题，当满足一些特定条件，可以用标号修改的 Dijkstra 算法求解。具体地说，如果总距离为非负，那么该问题可以用标号修改 Dijkstra 算法求解。求解过程中，由于负向距离的存在，已经标定的节点的最短路径可能发生变化，这也就是为什么在标号修改算法中，在全部节点都加入到集合 S 中之前，只有临时标号。而只有到所有的节点都被加入到 S 集合中，才将所有临时标号改为永久标号。

另外值得注意的是，在解决点点间运输问题的最短路径问题时，可以跟动态规划问题中的多阶段决策过程比较，两者之间有一定的相似性。动态规划问题也是在考虑马尔可夫效应的基础上，对一个多阶段的问题，考虑整个过程的费用最低。它们都是对一个问题求极小值，也是从众多的可能途径中选择一个满意的途径。所以它们的问题归纳、求解也有一定的共性。一些经济决策、项目规划通过问题的转化，也可以用最短路径的概念进行求解。例如：一个工厂的投资问题，如果它将分批连续投入一笔资金，如何去合理地使用这笔资金，会使项目整体的效益达到最大。那么根据问题的转换，可以相应地变为求解一个如何组合投资这笔资金，使总费用最低，这样就可以用上面的模型进行分析求解。

8.2.2 多点间运输——运输算法

多点间运输问题是指有起始点或目的点不惟一的运输调配问题。在上面部分介绍了如何求解两点之间最短路径的问题，该类问题只涉及了惟一的起始点和目的点。相对来说，多点间的运输调配问题更为复杂。

多点间运输问题中最为常见的问题是产销平衡运输问题，它们设计的总供应能力和总需求是一样，但是由不同的路径进行配送时，会导致最终的总运输成本不一样，此类问题的目标就是寻找最低的总运输成本。在这类问题中，一般有 m 个已知的供应点 $\boldsymbol{A}=\{a_1, a_2, \cdots, a_m\}$，同时还有 n 个已知的需求点 $\boldsymbol{B}=\{b_1, b_2, \cdots, b_n\}$，它们之间有一系列代表距离或者成本的权重值 c_{ij} 连接起来，如图 8－4 所示。

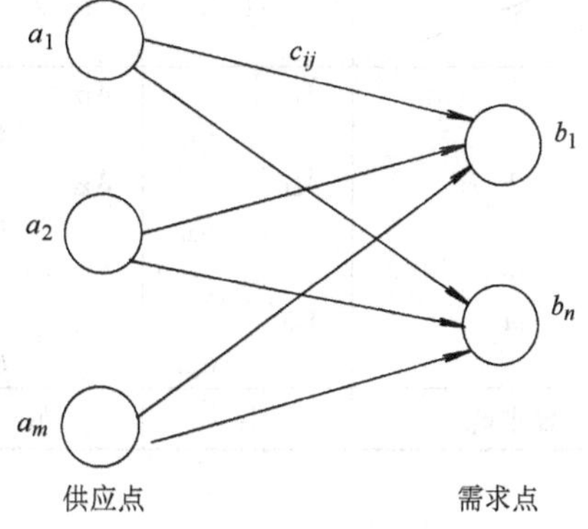

图 8－4 多点间运输模型

建立数学模型如下：

条件变量：

$\boldsymbol{A}$：供应点的供应能力矩阵；

$\boldsymbol{B}$：需求点的需求矩阵；

$\boldsymbol{C}$：运输距离或成本矩阵。

决策变量：

x_{ij} = 从 a_i 到 b_j 的发送量；

目标函数：

$$\min \sum_{i=1}^{m} \sum_{j=1}^{n} c_{ij} x_{ij};$$

满足

$$\sum_{j=1}^{n} x_{ij} = a_i, i = 1,2,\cdots,m$$

$$\sum_{i=1}^{m} x_{ij} = b_j, j = 1,2,\cdots,n$$

$$x_{ij} \geqslant 0, i = 1,2,\cdots,m \qquad j = 1,2,\cdots,n$$

产销平衡的运输模型，从理论上可以证明，必存在初始条件解，证明见《运筹学基础》(清华大学出版社)。

多点间的运输调配问题，目前主要有两大类的求解方法。其中有相对比较精确的求法——单纯形法。但是由于运输问题数学模型具有特殊的结构，应用单纯形法时，有许多冗余的计算，这样增加了计算量，一般需要借助电子计算机进行计算。该方法可以参照相关的运筹学专业书籍。

另外一种方法叫做表上作业法，这来源于它将运输问题用表格的形式来描述，而且通过在表格上面对表格的操作来完成求解，这种方法的原理也是单纯形法。由于该表格叫做运输表，如表 8-11 所示，而且主要涉及的都是运输问题，所以该方法也叫做运输算法。该算法适合于对比较简单的问题进行求解，求解过程方便直观，而且由于计算量不大，可以用手工直接完成。

在运输表中，小方格内的数值代表相应的运输距离（当运输成本和运输距离成正比时，该数值也可以表示为运输成本，这样更适合工程计算）。求解该类问题的目标是对每个起始点寻找一个合适发送量 X_{ij}，在满足各个目的点的需求、不超过起始点的供应能力的基础上，寻找一个总运输的加权距离最短（也就是总运费最低）的方案。

表 8-11　运输表基本形式

起始点 \ 目的点	1	2	…	n	供 应 量
1	X_{11} C_{11}	X_{12} C_{12}	…	X_{1n} C_{1n}	a_1
2	X_{21} C_{21}	X_{22} C_{22}	…	X_{2n} C_{2n}	a_2
…	…	…	…	…	…
m	X_{m1} C_{m1}	X_{m2} C_{m2}	…	X_{mn} C_{mn}	a_m
需求量	b_1	b_2	…	b_n	Σa_i

例 3　有一3个起始点和 4 个目的点的运输问题，3 个起始点的供应量分别是 50、50、75，4 个目的点的需求量分别为 40、55、60、20。它们之间的距离可以分别为：

$C_{11}=3$，$C_{12}=1$，$C_{13}=4$，$C_{14}=5$，$C_{21}=7$，$C_{22}=3$，

$C_{24}=8$，$C_{24}=6$，$C_{31}=2$，$C_{32}=3$，$C_{33}=9$，$C_{32}=2$。

假设每次装车的额外费用不计，运输成本与所行驶的距离成正比。用运输算法求解最优的运输方案。

解：这是一个十分典型的多点间运输的问题。在用运输算法求解时，首先应建立运输表，如表 8-12 所示。

表 8－12　例 3 的运输表

起始点 \ 目的点	1	2	3	n	供应量
1	3	1	4	5	50
2	7	3	8	6	50
3	2	3	9	2	75
需求量	40	55	60	20	175

利用运输表进行运输方案求解，主要有两个步骤：

（1）确定初始条件解　确定初始条件解的方法很多，一般常用西北角法、最小值法等。这些方法在专业的运筹学书籍中都有详细介绍，可以参见相关书籍。这里介绍如何用西北角法确定初始条件解。

为了便于表达，首先用（i，j）来表示运输表中 x_{ij}所在的方格位置。比较 a_1 与 b_1 的大小，然后在运输表 8－10 中间的 3×4 方格的西北角空格位置（1，1）处填上 $x_{11}=\min\{a_1, b_1\}=b_1=40$。这也就是说 b_1 处的需求已经由 a_1 的供应而得到满足了，因此第 1 列中的（2，1），（3，1）就不得再有供应，即 $x_{21}=0$，$x_{31}=0$。而 a_1 还剩下一定的供应能力 $a_1'=a_1-b_1=50-40=10$。在剩下的空格集的西北角（1，2）处，将 a_1 剩下的供应能力 a_1' 和 b_2 的需求量之间的较小值填上 $x_{12}=\min\{a_1', b_2\}=a_1'=10$。这样第 1 行 a_1 的所有供应能力也都已经分配完毕，在剩下的（1，3），（1，4）方格内填上 0，见表 8－13 所示。

表 8－13　部分初始条件解

起始点 \ 目的点	1	2	3	4	供应量
1	40 3	10 1	0 4	0 5	50
2	0 7	3	8	6	50
3	0 2	3	9	2	75
需求量	40	55	60	20	175

接着继续在剩下没有确定结果的表格内重复上面的步骤，就可以得到一个初始条件解。在 b 处还剩下的需求量有 $b_2'=b_2-a_1'=55-10=45$，然后比较 b_2' 和 a_2 的大小，将其中的较小值填入到剩下表格的西北角 $x_{22}=\min\{b_2', a_2\}=b_2'$

=45。由于 a_2 的需求都已经得到满足，这样第 2 列的剩下方格都可以置为零，即 $x_{32}=0$。a_2 处的供应能力已经部分被分配，因此还需要计算 a_2 的剩余供应能力 $a_2'=a_2-b_2'=50-45=5$。

在剩下的 2×2 的表格中，仍旧寻找西北角 x_{23}。在 x_{23} 位置填入 a_2' 和 b_3 中的较小值，即 $x_{23}=\min\{a_2', b_3\}=a_2'=5$。这样 a_2 的所有供应能力都分配完毕，剩下第 2 行中的其他空格中都填上 0，表示无货可供发送。

计算 a_3 处的剩余需求 $b_3'=b_3-x_{23}=60-5=55$。比较 b_3' 和 a_3，选择其中的较小值填入剩下的 1×2 表格的西北角 $x_{33}=\min\{b_3', a_3\}=b_3'=55$。最后一步就是将所有 a_3 剩下的供应能力和 b_4 的需求做一次比较，选择其中的较小值填入到 x_{34} 中。这个例题是一个平衡的例题，所以刚好有 $a_3'=b_4$，对于不平衡的问题，就需要选其较小值填入。

这样，表 8－14 就表示一个初始条件解，$x=(40, 10, 0, 0, 0, 45, 5, 0, 0, 0, 55, 20)$。可以验证，通过西北角法得到的初始条件解是一个基本可行解。

表 8－14　由西北角法求得的初始条件解

起始点 \ 目的点	1	2	3	4	供应量
1	40 3	10 1	0 4	0 5	50
2	0 7	45 3	5 8	0 6	50
3	0 2	0 3	55 9	20 2	75
需求量	40	55	60	20	175

（2）对初始条件解进行优化，得到最优解　由于用西北角法求得的解只是一个基本可行解，不一定是最优解，这就要求迭代到另外一个改善了的基本可行解，直到最优解的出现。对于运输问题，这部分也可以用运输表完成。

为了便于说明问题，首先需要明白闭回路的概念。如果一组格点经过适当的排序后，能写成以下格式：(i_1, j_1)，(i_1, j_2)，(i_2, j_2)，(i_2, j_3) … (i_s, j_1)，则叫做这组格点构成了一个闭回路。格点是指运输表中的方格，(i, j) 是相应的位置坐标。需要注意区分的是，如果一组格点中的一部分格点构成了闭回路，不叫做这组格点构成了闭回路，而称作这组格点包含了闭回路。

构造闭回路的一组格点具有以下 3 个特点：

1）这组格点所包含的格点数目大于或等于 4 的偶数。

2）经过排序之后，这组格点的行号和列号之间具有以下关系：a，第 1 格与第 2 格的行号相同，第 2 格与第 3 格的列号相同，第 3 格与第 4 格的行号相同，……，最后一格与第 1 格的列号相同；或者 b，第 1 格与第 2 格的列号相同，第 2 格与第 3 格的行号相同，……，最后一格与第 1 格的行号相同。

3）如果用水平和垂直的线段连接这组格点的同行同列的所有格点，能构成一个封闭回路，而且这个封闭回路上的每条边上都只包含这组格中的两个格点，而且这两个格点一定在每条边的端点上。

表 8－15 就是闭回路的一个示例，格点（2，1），（2，2），（3，2），（3，3），（4，3），（4，1）构成了一个闭回路。

表 8－15　闭回路的示例

目的点 / 起始点	1	2	3	4	供应量
1					a_1
2					a_2
3					a_3
4					a_4
需求量	b_1	b_2	b_4	b_4	Σa_i

对初始条件解的优化过程为：

1）先计算在初始条件解的运输方案下，需要支付的总运输成本为：

$$
\begin{aligned}
f(x_0) &= \Sigma\Sigma C_{ij}X_{ij} \\
&= 40 \times 3 + 10 \times 1 + 45 \times 3 + 5 \times 8 + 55 \times 9 + 20 \times 2 \\
&= 840
\end{aligned}
$$

2）然后在运输表上选择一个空格（即 $x_{ij}=0$ 的方格）填上一个大于零的数 θ，并在表格上寻找一个闭回路，在闭回路进行供应量和需求量的平衡，在平衡之后，再计算总运输成本，看总运输成本是否下降，决定是否进行调整。反复进行该过程，直到无法调整为止。也就是说，对所有 $x_{ij}=0$ 的方格，增加一个 $\theta \geqslant 0$，都不能是总运输成本下降，则得到运输表中的解为最优解。表 8－16 是闭回路优化过程 1。

在表 8－16 中，在格点（2，1）上加上一个正的 θ，接着以格点（2，1）为起点，找到一个闭回路（2，1）、（1，1）、（1，2），（2，2），在闭回路里面调整调配的平衡。由于在节点（2，1）处增加了θ，则下一个节点（1，1）相应减少θ，第3个节点（1，2）增加θ，第4个节点（2，2）减少θ。

表8－16　闭回路优化过程1

起始点＼目的点	1	2	3	4	供应量
1	$40-\theta$ 3	$10+\theta$ 1	0 4	0 5	50
2	θ 7	$45-\theta$ 3	5 8	0 6	50
3	0 2	0 3	55 9	20 2	75
需求量	40	55	60	20	175

完成调配平衡之后，计算相应的总运输成本的变化。

$$\Delta f=7\times\theta+3\times(-\theta)+1\times\theta+3\times(-\theta)=2\theta\geqslant 0$$

由于调整后的总运输成本提升，该调整过程不能进行。

在运输表中找到下一个为零的格点（3，1），并在格点上加一个正的θ，接着以格点（3，1）为起点，找到一个闭回路（3，1）、（1，1）、（1，2），（2，2），（2，3），（3，3），在闭回路里面进行调配的平衡。由于在节点（3，1）处增加了θ，则下一个节点（1，1）相应减少θ，第3个节点（1，2）增加θ，第4个节点（2，2）减少θ，第5个节点（2，3）增加θ，第6个节点（3，3）减少θ。见表8－17所示。

表8－17　闭回路优化过程2

起始点＼目的点	1	2	3		供应量
1	$40-\theta$ 3	$10+\theta$ 1	0 4	0 5	50
2	0 7	$45-\theta$ 3	$5+\theta$ 8	0 6	50
3	θ 2	0 3	$55-\theta$ 9	20 2	75
需求量	40	55	60	20	175

完成调配平衡之后，计算相应的总运输成本的变化。

$$\Delta f=2\times\theta+3\times(-\theta)+1\times\theta+3\times(-\theta)+8\times\theta+9\times(-\theta)=-4\theta\leqslant 0$$

调整后总运输成本变化为负，实施该调整过程。

接着考虑θ的大小。根据线性规划问题求解的性质，约束条件为$m+n$个，则变量非零值的数目不超过 $m+n-1$ 个（参见相关线性规划问题书籍）。因此在格点（3，1）处增加了一个正的格点之后，必须调整闭回路上的其他节点之一为零，也就是说在所有负变化的格点中，值最小的格点将调整为零。

在本例中，格点（1，1）、(2，2)、(3，3）是负变化的格点，

$$\min\{x_{11},x_{22},x_{33}\}=\min\{40,45,55\}=40=x_{11}$$

令 $\theta=40$，调整完成之后的运输表为表 8－18 所示。

表 8－18 闭回路优化第一步结果

起始点＼目的点	1	2	3	4	供应量
1	0	50	0	0	50
	3	1	4	5	
2	0	5	45	0	50
	7	3	8	6	
3	40	0	15	20	75
	2	3	9	2	
需求量	40	55	60	20	175

进行第一次优化后的总运输成本变为：

$$f(x_1)=\Sigma\Sigma C_{ij}X_{ij}=50\times1+5\times3+45\times8+40\times2+15\times9+20\times2=680$$

查找下一个为零的格点。$x_{32}=0$，格点（3，2）为零，令 $x_{32}=\theta$。以格点（3，2）为起点，找到一个闭回路（2，2)，（2，3)，（3，3)，并进行运输调整，见表 8－19 所示。调整完成后，计算总运输成本的变化：

$$\Delta f=3\times\theta+3\times(-\theta)+8\times\theta+9\times(-\theta)=-\theta\leqslant0$$

因此，应该进行调整。

表 8－19 闭回路优化过程 3

起始点＼目的点	1	2	3	4	供应量
1	0	50	0	0	50
	3	1	4	5	
2	0	$5-\theta$	$45+\theta$	0	50
	7	3	8	6	
3	40	θ	$15-\theta$	20	75
	2	3	9	2	
需求量	40	55	60	20	175

接着考虑 θ 的大小。负变化的格点有两个，分别是（2，2)，（3，3)。选两者中较小值为 $\theta=\min\{x_{22},x_{33}\}=\min\{5,15\}=5$。完成调整后，得到新的运输

表，见表 8－20 所示。

表 8－20　闭回路优化第二步结果

目的点 起始点	1	2	3	4	供应量
1	0 3	50 1	0 4	0 5	50
2	0 7	0 3	50 8	0 6	50
3	40 2	5 3	10 9	20 2	75
需求量	40	55	60	20	175

进行第二次优化后的总运输成本变为：

$$f(x_1)=\Sigma\Sigma C_{ij}X_{ij}=50\times1+50\times8+40\times2+5\times3+10\times9+20\times2=675$$

反复进行上面的调整过程，直到知道无论增加哪个 $x_{ij}=0$ 的格点，都不能降低运输总成本为止，可以得到以下结果，见表 8－21 所示。

表 8－21　闭回路优化最终结果

目的点 起始点	1	2	3	4	供应量
1	0 3	0 1	50 4	0 5	50
2	0 7	40 3	10 8	0 6	50
3	40 2	15 3	0 9	20 2	75
需求量	40	55	60	20	175

根据判据，该解为最优解，此时的总运输费成本为：

$$f(x_n)=\Sigma\Sigma C_{ij}X_{ij}=50\times4+40\times3+10\times8+40\times2+15\times3+20\times2=565$$

8.2.3　单回路运输——TSP 模型及求解

单回路运输问题是指在路线优化中，设存在节点集合 D，选择一条合适的路径遍历所有的节点，并且要求闭合。单回路运输模型在运输决策中，主要用于单一车辆的路径安排。目的在于在该车辆遍历所有的用户的同时，达到所行驶距离最短。这类问题的两个显著特点是：

（1）单一性（只有一个回路）。

（2）遍历性（不可遗漏）。

1. TSP 模型

TSP 模型是单回路运输问题的最为典型的一个模型，它的全称是 Traveling Salesman Problem（TSP），中文叫做旅行商问题。它是一个典型的 NP - Hard 问题，对于大规模的线路优化问题，无法获得最优解，只有通过启发式算法获得近优解。

TSP 模型可以如下描述：在给出的一个 n 顶点网络（有向或无向），要求找出一个包含所有 n 个顶点的具有最小耗费的环路。任何一个包含网络中所有 n 个顶点的环路被称作一个回路（Tour）。在旅行商问题中，要设法找到一条最小耗费的回路。既然回路是包含所有顶点的一个循环，故可以把任意一个点作为起点（因此也是终点），这也是 TSP 模型的一个特点。

TSP 模型的数学描述为：

∃连通图 H，其顶点集 A，

顶点间的距离为 $C = \{c_{ij} | i,j \in N, 1 \leqslant i,j \leqslant n\}$

$$\min \sum_{i=1}^{m} \sum_{j=1}^{n} c_{ij} x_{ij};$$

满足

$$\sum_{j=1}^{n} x_{ij} = 1, i = 1,2,\cdots,n$$

$$\sum_{i=1}^{m} x_{ij} = 1, j = 1,2,\cdots,n$$

$$x_{ij} \in \{0,1\}, i = 1,2,\cdots,n \quad j = 1,2,\cdots,n$$

决策变量：

$$x_{ij} = \begin{cases} 0, \text{从 } i \text{ 到 } j \text{ 无通路;} \\ 1, \text{从 } i \text{ 到 } j \text{ 有通路。} \end{cases}$$

求解 TSP 模型时，如果要得到精确的最优解，最简单的方法就是枚举法。对于小型问题，这也是一种十分有效的方法。但是对于大型问题，由于枚举法的例举次数为（$n-1$）！次，这是无法相像的。

另外，运筹学领域的整数规划（Integer Planning）的方法也可以用于解决部分 TSP 模型，其中分枝定界法是一种比较实用的算法，但是该算法也是只能对一部分中小规模的 TSP 问题进行求解，对于大多数问题的求解都存在一定的难度。

目前，对于大规模的 TSP 问题，一般都采用启发式算法。启发式算法不仅可以用于各种复杂的 TSP 问题，对中小规模问题也同样适用。它的不足在于，它只能保证得到可行解，而各种不同的启发式算法所得到的结果也是不完全一样。当用启发式算法求解时，如何设计算法是对求解结果的精度影响较大的一个因素。下面介绍两种比较简单的启发式算法，以便对启发式算法有一个较全面的认识。

2. 最近邻点法（Nearest Neighbor）

最近邻点法是由 Rosenkrantz 和 Stearns 等人在 1977 提出的一种用于解决 TSP 问题的算法。该算法十分简单，但是它得到的解并不十分理想，有很大的改善余地。由于该算法计算快捷，但精度低，可以作为进一步优化的初始解。

最近邻点法可以由 4 步完成：

（1）从零点开始，作为整个回路的起点。

（2）找到离刚刚加入到回路的上一顶点最近的一个顶点，并将其加入到回路中。

（3）重复步骤（2），直到 A 中的所有顶点都加入到回路中。

（4）最后，将最后一个加入的顶点和起点连接起来。

这样就构成了一个 TSP 问题的解。

例 4　现有一个连通图，$|A|=6$，它们的距离矩阵如表 8-22 所示，它们的相对位置如图 8-5 所示，假设 i，j 两点之间的距离是对称的。

表 8-22　距离矩阵

元素	v_1	v_2	v_3	v_4	v_5	v_6
v_1	—	10	6	8	7	15
v_2		—	5	20	15	16
v_3			—	14	7	8
v_4				—	4	12
v_5					—	6
v_6						—

解：先将节点 1 加入到回路中，$T=\{v_1\}$。从节点 v_1 出发，比较其到节点 2、3、4、5、6 的距离，选择其最小值，加入到回路中。从距离矩阵中可以看到，从 v_1 节点到第 3 个节点 v_3 的距离最小，为 6。因此将节点 v_3 加入到回路中，$T=\{v_1,v_3\}$。然后从节点 v_3 出发，观察离 v_3 最近的节点。

$$\min\{c_{3i} \mid i \in N, 1 \leqslant i \leqslant 6, \text{且 } i \neq 1,3\} = c_{32} = 5$$

这样就可以将 v_2 节点加入到回路中，$T=\{v_1,v_3,v_2\}$。

从节点 v_2 出发，观察离 v_2 最近的节点。

$$\min\{c_{2i} \mid i \in N, 1 \leqslant i \leqslant 6, \text{且 } i \neq 1,3,2\} = c_{25} = 15$$

这样 v_5 是最近的点，将 v_5 加入到回路中，$T=\{v_1,v_3,v_2,v_5\}$。

依次类推，分别再将 v_4、v_6 加入到回路中，得到最后的解为：$T=\{v_1,v_3,v_2,v_5,v_4,v_6\}$。结果用图形表达，如图 8-6 所示。总行驶距离为：

$$f=6+5+15+4+12+15=57$$

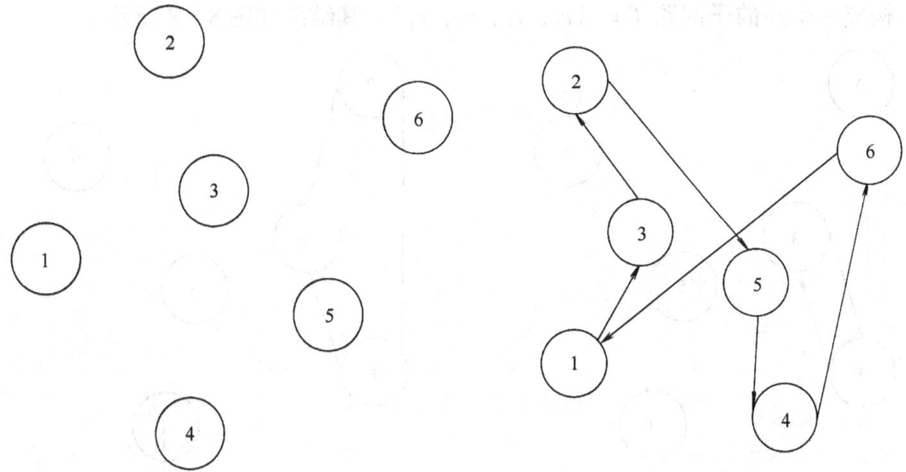

图 8－5　节点相对位置

图 8－6　最近邻点法求解结果

3. 最近插入法（Nearest Insertion）

最近插入法是 Rosenkrantz 和 Stearns 等人在 1977 提出的另外一种用于解决 TSP 问题的算法，它比上面的最近邻点法复杂，但是可以得到相对比较满意的解。

最近插入法仍旧由 4 步来完成：

（1）找到 c_{1k} 最小的节点 v_k，形成一个子回路（subtour），$T=\{v_1, v_k, v_1\}$。

（2）在剩下的节点中，寻找一个离子回路中某一节点最近的节点 v_k。

（3）在子回路中找到一条弧（i, j），使得 $c_{ik}+c_{kj}-c_{ij}$ 最小，然后将节点 v_k 插入到节点 v_i，v_j 之间，用两条新的弧（i, k）、（k, j）代替原来的弧（i, j），并将节点 v_k 加入到子回路中。

（4）重复步骤（2）、（3），直到所有的节点都加入子回路中。

此时，子回路就演变为了一个 TSP 的解。

下面用最近插入法对上面的例题进行求解。

解：

比较表 8－22 中的从 v_1 出发的所有路径的大小，

$$\min\{c_{1i} \mid i \in N, 1 \leqslant i \leqslant 6, \text{且 } i \neq 1\} = c_{13} = 6$$

这样，就由节点 v_1 和 v_3 构成一个子回路，$T=\{v_1, v_3, v_1\}$，如图 8－7 所示。

然后考虑剩下节点 v_2、v_4、v_5、v_6 到 v_1 和 v_3 中某一个节点的最小距离：

$$\min\{c_{1i}, c_{3i} \mid i \in N, 1 \leqslant i \leqslant 6, \text{且 } i \neq 1,3\} = c_{32} = 5$$

由于对称性，无论将 2 插入到 1 和 3 之间往返路径中，结果都是一样的，这样，构成一个新的子回路 $T=\{v_1, v_3, v_2, v_1\}$，其结果如图 8-8 所示。

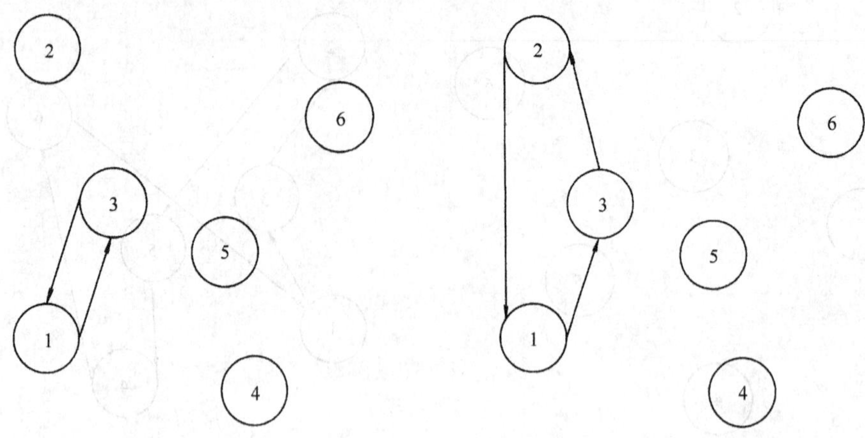

图 8-7　由 v_1 和 v_3 构成的子回路

图 8-8　由节点 v_1、v_3 和 v_2 组成的子回路

接着考虑剩下节点 v_4、v_5、v_6 到 v_1、v_3 和 v_2 中某一个节点的最小距离：

$$\min\{c_{1i}, c_{3i}, c_{2i} \mid i \in N, 1 \leqslant i \leqslant 6, 且\ i \neq 1,3,2\} = c_{35} = 7$$

由图 8-7 可知，节点 v_5 有 3 个位置（条弧线）可以插入。现在分析将 v_5 加入到哪里合适。

（1）插入到（1，3）间，$\Delta = c_{15} + c_{53} - c_{13} = 7 + 7 - 6 = 8$。

（2）插入到（3，2）间，$\Delta = c_{35} + c_{52} - c_{32} = 7 + 15 - 5 = 17$。

（3）插入到（2，1）间，$\Delta = c_{25} + c_{51} - c_{21} = 15 + 7 - 10 = 12$。

比较上面 3 种情况的增量，插入到（1，3）之间的增量最小，所以应将节点 v_5 加入到（1，3）间，结果为：$T=\{v_1, v_5, v_3, v_2, v_1\}$。其子回路则变为如图 8-9 所示。

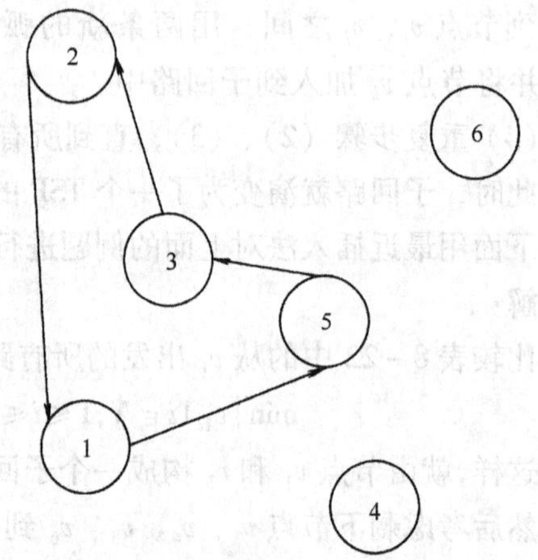

图 8-9　由节点 v_1、v_5、v_3 和 v_2 组成的子回路

重复上面的步骤，分别再将节点 v_4 和 v_6 加入到子回路中，就可以得到用最近插入法所得的解，$T=\{v_1, v_4, v_5, v_6, v_3, v_2, v_1\}$，如图 8-10 所示。

总行驶距离为：

$$f=8+4+6+8+5+10=41$$

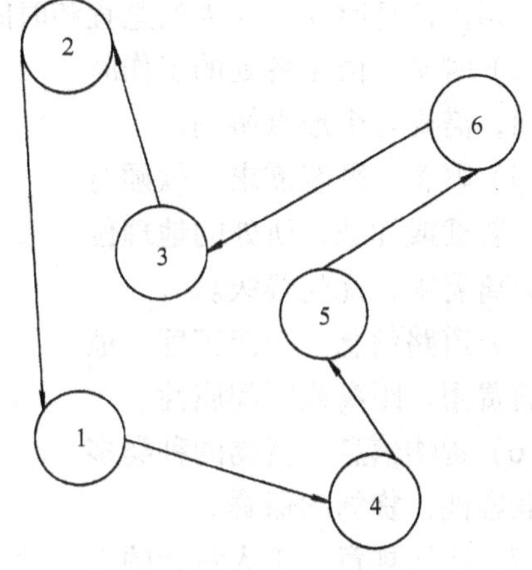

图 8-10　由最近插入法求得的最终结果

将该结果跟上面用最近邻点法求得的结果比较，会发现它们之间有很大的不同。用最近插入法求得的解比用最近邻点法求得的解更优，但在计算过程中，也耗费了更多的计算量。由两种不同算法得到的解不同，也说明了启发式算法的不稳定性。为了得到更好的解，就需要设计更好的启发式算法。

除了上面介绍的两种简单的启发式算法之外，还有很多其他的启发式算法可以用来求解 TSP 问题，例如局部搜索最优算法、模拟退火等。限于篇幅，这里不再详细介绍，请参阅相关书籍。

8.2.4　多回路运输——VRP 模型及求解

1. VRP 模型

多回路运输问题是现实中十分普遍的一种调配问题，特别对于有大量服务对象的实体，例如一个拥有上千个客户的公司。解决此类调配问题时，核心问题是如何对车辆进行调度。因此，VRP（Vehicle Routing Problem）模型也应运而生，成了解决多回路问题的一个相当成功的模型。

VRP 模型最早是由 Dantzig 和 Ramser 在 1950 年首次提出的。从此很快引起运筹学、应用数学、组合数学、图论与网络分析、物流科学、计算机应用等学科的专家与运输计划制定者和管理者的极大重视，成为运筹学与组合优化领域的前沿与研究热点问题。

该问题的研究目标是：对一系列顾客需求点设计适当的路线，使车辆有序地通过它们，在满足一定的约束条件（如货物需求量、发送量、交发货时间、车辆容量限制、行驶里程限制、时间限制等）下，达到一定的优化目标（如里程最短、费用最少、时间尽量少、车队规模尽量小、车辆利用率高等）。它与前面问题的区别在于：顾客群体大，只有一条路径满足不了顾客的需求，也就是说，它涉及了多辆交通工具的服务对象的选择和路径（服务顺序）确定两方面问题。相对前面的问题，显得更为复杂，但也是更为接近实际的一个模型。该模型，如图 8-11 所示。

运用 VRP 模型，对实际问题进行研究时，需要考虑以下几个方面的问题：

（1）仓库　仓库的级数，每级仓库的数量、地点和规模。

（2）车辆　车辆的型号和数量，每种车的容积和运作费用，出发时间和返回时间，司机休息时间，最大的里程和时间限制。

（3）时窗　由于各处的工作时间不同，需要各个地点协调。

（4）顾客　顾客需求，软硬时间窗，装载或卸载，所处的地理位置，分离需求，优先等级。

（5）道路信息　车流密度，道路交通费用，距离或时间属性。

（6）货物信息　货物的种类多少，兼容性，货物的保鲜。

（7）运输规章　工人每天的工作时间，车辆的周期维护。

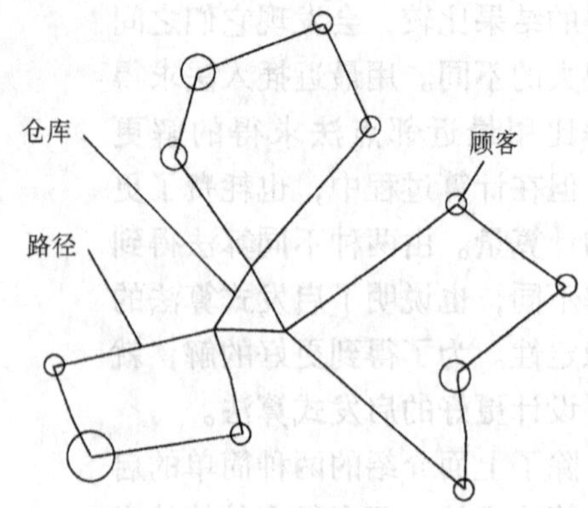

图 8－11　VRP 基本模型

在已经知道了 VRP 模型的很多方面知识后，那么一个具体的 VRP 模型又是怎样的呢？一个典型的 VRP 模型可以如下表述：

（1）基本条件　现有 m 辆相同的车辆停在一个共同的源点 v_0，它需要给 n 个顾客提供货物，顾客为 v_1、v_2，…，v_n。

（2）模型目标　确定所需要的车辆的数目 N，并指派这些车辆到一个回路中，同时包括回路内的路径安排和调度，使得运输总费用 C 最小。

（3）限制条件：

1）$N \leqslant m$。

2）每一个定单都要完成。

3）每辆车完成任务之后都要回到源点 v_0。

4）车辆的容量限制不能超过。

5）特殊问题还需要考虑时窗的限制。

6）运输规章的限制。

VRP 问题由于在实际生产生活中的应用非常广泛，所以按照不同的分类原则将 VRP 可以细分为以下多种子问题。并且不同子问题建立不同数学模型，便于采用相应的数学算法进行优化。表 8－23 是 VRP 问题的分类。

纯装问题，即在所有需求点都发出装货任务的要求，车辆依次通过这些点完成集货任务。相应地，有纯卸问题，即都是将货物分送到各个需求点。复杂问题即为装卸混合问题。

对弧服务问题，即弧模型，就是中国邮递员问题（Chinese Postman Problem，CPP）。这个问题的原型来自邮递员递送邮件，它要求邮递员从邮局出发经过所有他管辖的街道，完成信件和报纸的投递任务最后返回邮局。特点在于要求邮递员经过各条街道至少一次，并使总路程最短，即弧模型要求车辆经过每一条需求路径。

表 8－23　VRP 问题的分类

<table>
<tr><th>分类原则</th><th>子 问 题</th><th>分类原则</th><th>子 问 题</th></tr>
<tr><td rowspan="3">按任务特征</td><td>纯装问题</td><td rowspan="2">按车场数目分</td><td>单车场问题</td></tr>
<tr><td>纯卸问题</td><td>多车场问题</td></tr>
<tr><td>装卸混合问题</td><td rowspan="2">按车辆种类数目分</td><td>单车型问题</td></tr>
<tr><td rowspan="3">按任务性质</td><td>对弧服务问题（CPP）</td><td>多车型问题</td></tr>
<tr><td>对点服务问题（TSP）</td><td rowspan="2">按车辆对车场所属分</td><td>车辆开放问题</td></tr>
<tr><td>混合服务问题(交通车线路安排问题)</td><td>车辆封闭问题</td></tr>
<tr><td rowspan="2">按车辆载货状况</td><td>单车单任务问题</td><td rowspan="2">按优化目标分</td><td>单目标问题</td></tr>
<tr><td>单车多任务问题</td><td>多目标问题</td></tr>
</table>

对点服务问题，即点模型，就是旅行商问题。这个问题起源于旅行商从驻地出发，经过所有要去的城市，完成销售任务最后返回驻地。特点在于要求旅行商经过每个城市至少而且只有一次，并使总路程最短，即点模型要求车辆经过每一个需求点。这个模型已经在上文中讨论了，这也说明单回路运输问题是多回路运输问题的一个特例，就是当多回路中的回路降到 1 时的情形。

单车场问题就是运输车辆只存放在惟一的一个车场（或一个配送中心）内。多车场即车辆可以有多个车场存放，其中就包括车辆开放问题（车辆可以不返回其发出的车场，而可以回到其他车场）和车辆封闭问题（车辆必须返回其发出车场）。

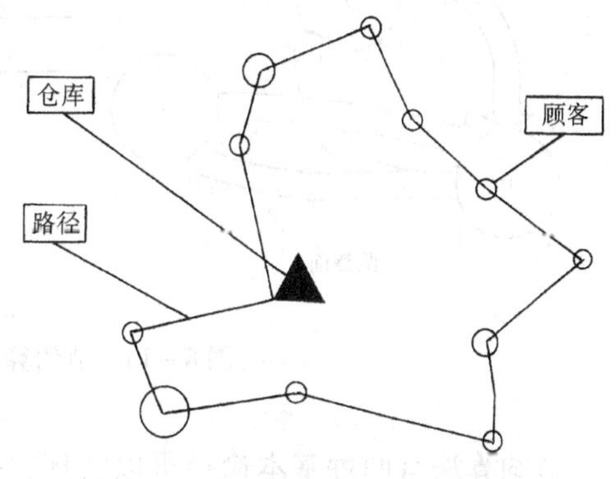

图 8－12　TSP 问题的图形描述

情况不同，车辆调度问题的模型及构造都有很大差别。为简化车辆优化调度问题的求解，常常应用一些技术将问题分解或转化为一个或几个已经研究过的基本问题，再用相应比较成熟的基本理论和方法，以得到原问题的最优解或满意解。

VRP 常用的基本问题有旅行商问题、分派问题、运输问题、背包问题、最短路径问题、最小费用流问题和中国邮递员问题。图 8－12 是 TSP 问题的图形描述。

从基本问题 TSP 说起，它是一个典型的 NP 难题，它是运筹学、图论以及组合优化中的著名难题，由于其有广泛的应用背景，所以引起了人们的极大兴趣。它的一般描述为：旅行商从驻地出发，经所要去的城市至少一次后返回原地，应该如何安排其旅行线路，才能使总的旅行距离（或时间、费用等）最少。

对于现实问题，由于限制条件增加，TSP 可以衍生出 MTSP（Multiple TSP），就是一个出发点，m 个旅行商的 TSP，可以通过复制若干个出发点，把复制的若干点之间的成本费用定义为无穷。同样，所访问的顾客没有需求，车辆没有容积限制，目标就是遍历所有的顾客点，达到总旅行距离最短。

VRP 是 MTSP 的普遍化问题。当顾客的需求不仅仅是被访问，而是要求具有一定容积和重量的商品的装载和卸载的时候，涉及到不同种类型号或不同容量的运送车辆的调度策略时，TSP 问题转换为 VRP 问题。

2. 节约算法

节约算法（Savings Algorithm）是 Clarke 和 Wright 在 1964 年提出的，它是目前用来解决 VRP 模型最有名的启发式算法。

节约算法是用来解决运输车辆数目不确定（运输车辆数目在 VRP 问题中是一个决策变量）的 VRP 问题，这个算法对有向和无向问题同样有效。

它的核心思想就是将运输问题中存在的两个回路（0，…，i，0）和（0，j，…，0）合并成为一个回路（0，…，i，j，…，0）。在上面的合并操作中，整个运输问题的总运输距离将会发生变化，如果变化后总运输距离下降，则称节约了运输距离。相应的变化值，叫做节约距离 $\Delta C_{ij} = c_{i0} + c_{0j} - c_{ji}$，如图 8－13 所示。

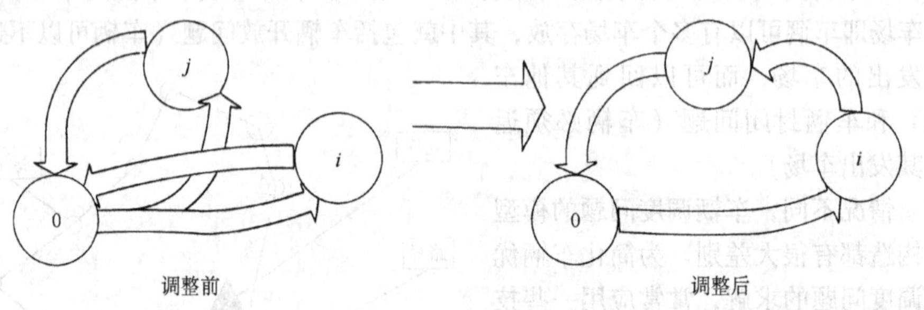

图 8－13　节约算法的图像描述

节约算法有两种基本途径可以实现，一种叫做并行方式（Parallel Version），另外一种叫做串行方式（Sequential Version）。这两种方式在初始化时是相同的。它们的区别在于如何处理回路的合并问题。下面分别对两种方式的具体应用步骤进行介绍。

（1）并行方式　并行方式分 3 步完成。

第1步，形成一个初始解。

形成初始解时，需要满足所有顾客的需求都得到满足，而且所有的约束条件，例如容量的限制、车辆总数的限制等也得到满足。初始解可以由具有运载限制的最近邻点法求得。

形成初始解之后，可以得到每个车辆的一个初始的运输方案，$T_k=\{0, i\cdots, j, 0\}$，$k=1, 2, \cdots, m$；$i, j\in\{p \mid p\in N, p\leqslant n\}$。$k$表示车辆的标号，$i$、$j$表示顾客的标号。

第2步，进行节约度的计算。

计算所有点对的节约度ΔC_{ij}：

$$\Delta C_{ij}=c_{i0}+c_{0j}-c_{ij},\ i, j=1, 2, \cdots, n \text{ 且 } i\neq j$$

然后对计算结果进行升序排列。

第3步，进行回路的合并。

在并行方式中，采用的合并策略是最可行合并原则。

从升序排列的节约度序列中的最上面的值开始，执行下面步骤：

对于一个已知的ΔC_{ij}，先判断这两个关系到i、j的回路是否存在合并的可能性，如果：

一个回路以$(0, j)$开始；

一个回路以$(i, 0)$结束。

则该回路可以合并，并进行下面的合并操作：

删除两个回路中的部分路径$(0, j)$和$(i, 0)$，然后引入新的连接(i, j)，得到新的回路$(0, \cdots, i, j, \cdots, 0)$。

（2）串行方式　串行方式的节约算法同样也是由3个步骤来完成，它与并行方式的节约算法的前两步骤几乎完全一样。它们的区别主要在于第3步。

第1步，形成一个初始解。

形成初始解时，在考虑了顾客的需求和约束条件都得到满足之后，就可以得到相应的初始解。初始解也可以由具有运载限制的最近零点法求得。

形成初始解之后，同样得到每个车辆的一个初始的运输方案，$T_k=\{0, i\cdots, j, 0\}$，$k=1, 2, \cdots, m$；$i, j\in\{p \mid p\in N, p\leqslant n\}$。$k$表示车辆的标号，$i$、$j$表示顾客的标号。

第2步，进行节约度的计算。

计算所有点对的节约度ΔC_{ij}：

$$\Delta C_{ij}=c_{i0}+c_{0j}-c_{ij},\ i, j=1, 2, \cdots, n \text{ 且 } i\neq j$$

然后对计算结果进行升序排列。

第3步，回路的扩充。

这里的合并策略不再是前面并行方式的节约算法那样两个部分的对接，而是将一个回路中的某一部分替代，实现总运输距离的下降。具体的处理方法，可以如下进行操作：

按顺序对每一个回路（0，i，…，j，0）进行考虑，找到第一个具有节约度的点 ΔC_{ki}或者 ΔC_{jl}，并将另外一个以（k，0）结尾或者（0，l）开始的一段路径合并到当前回路中。

对当前考虑的回路不断地进行上面的合并操作，直到所有可行的合并操作都完成为止。此时，就得到用串行方式的节约算法计算的近优解。

3. 扫描算法

扫描算法（Sweep Algorithm）是 Gillett 和 Miller 在 1974 年首先提出的，它也是用于求解车辆数目不限制的 CVRP 问题。

扫描算法分 4 个步骤完成：

（1）以起始点 v_0 作为极坐标系的原点，并以连通图中的任意一顾客点和原点的连线定义为角度零，建立极坐标系。然后对所有的顾客所在的位置，进行坐标系的变换，全部都转换为极坐标系。

（2）分组。从最小角度的顾客开始，建立一个组，按逆时针方向，将顾客逐个加入到组中，直到顾客的需求总量超出了负载限制。然后建立一个新的组，继续按逆时针方向，将顾客继续加入到组中。

（3）重复（2）的过程，直到所有的顾客都被分类为止。

（4）路径优化。对各个分组内的顾客点，就是一个个单独的 TSP 模型的线路优化问题，可以用前面介绍的 TSP 模型的方法对结果进行优化，选择一个合理的路线。

例 5 现有一个仓库v_0，需要对 9 个客户提供货物，它们的需求量及极坐标的角坐标值见表 8－24，它们的位置关系如图 8－14 所示。

表 8－24 需求表和极坐标的角坐标值

顾客/人	1	2	3	4	5	6	7	8	9
需求/单位货物	5	3	6	5	3	4	2	1	6
角坐标/（°）	80	30	135	280	255	210	170	350	335

设每个车辆的运输能力是 12 个单位的货物，并现有足够多的车辆。试用扫描算法对该运输问题进行求解。

解：

（1）建立极坐标系　由于题中已经直接给出了极坐标，本步可以省略。

（2）分组过程　从角度为零向逆时针方向进行扫描，第一个被分组的是顾客 2，$Load_1=3$；继续转动，下一个被分组的是顾客 1，$Load_1=3+5=8$，如图 8－15所示。由于负载还没有超过限制 $Load_{\text{limit}}=12$，继续转动。下一个被分组的是顾客 3，如果继续分到一组，则 $Load_1 = 3 + 5 + 6 = 14 > 12 = Load_{\text{limit}}$。按照分组规则，需要一个新的组，这样在第一个组里面只有顾客 1 和 2。在第 2 组中有顾客 3，$Load_2 = 6$，继续上面步骤，直到所有的顾客都被分配完毕。

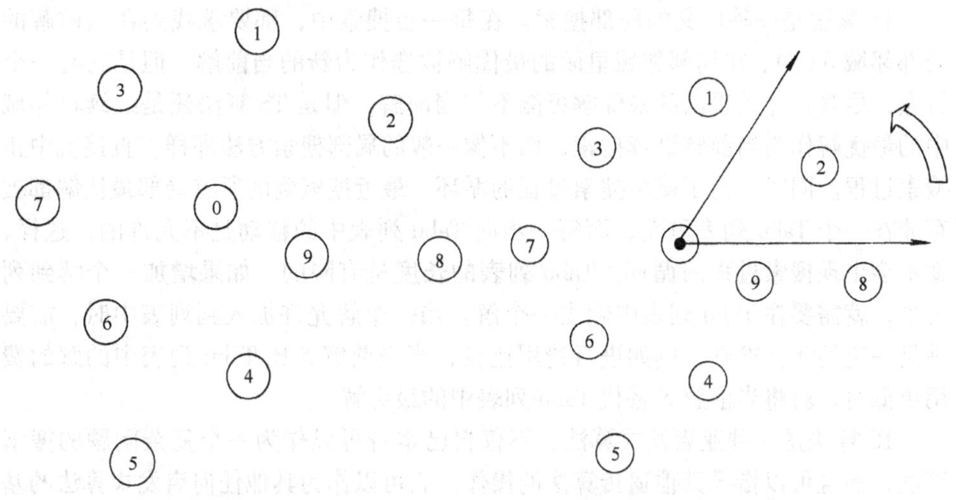

图 8－14　顾客和仓库的位置图　　　　图 8－15　扫描算法求解过程

这时，可以得到如图 8－16 所示的分组结果。

（3）组内的线路优化　对上面的 4 个组，都已经是一个单回路运输问题，根据前面的介绍，分别用 TSP 模型（见单回路运输问题）进行路径优化。限于篇幅，对本例题的此过程略去。值得注意的是，虽然供应点 0 没有被任何一个组包含，但它是任何一个组的 TSP 问题的起点和终点。

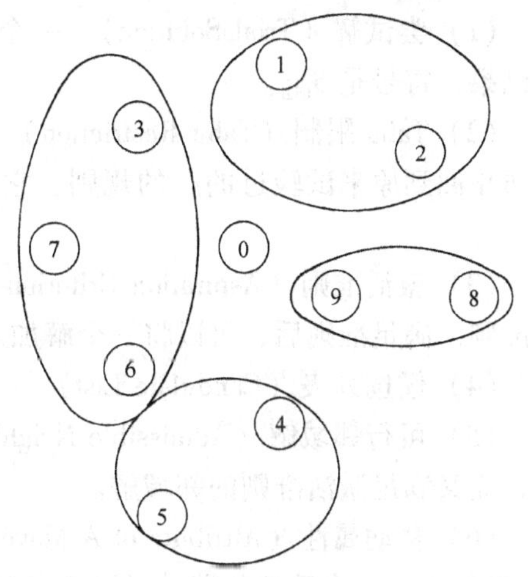

图 8－16　扫描算法求解结果

4. TS 算法

TS 算法（Tabu Search Algorithm）是一种用来求解组合优化问题的迭代启发式算法，最早是由 Fred Glover 详细介绍的。该算法的初始想法是在 Hansen 的最速上升缓和下降启发式算法（Steepest Ascent Mildest Descent Algorithm）中出现。

TS 算法原理上十分简单和巧妙，它是一种局部邻域搜索的方法。任何一个解 $S \in \Omega$ 都有与之关联的一个邻域 $N(S) \in \Omega$，邻域中的任何一个解 $S' \in N(S)$，

都可以通过初始解 S 的一个移动而得到。一般说来，邻域的关系是对称的，相互的。这就是说，如果 S' 是 S 邻域里面的一个解，那么 S 也是 S' 邻域里面的一个解。

TS 算法是一种广义的局部搜索。在每一步搜索中，都要求找到在当前解的局部邻域 $N(S)$，在局部邻域里面的最优解被选作为新的当前解。但是它有一个特点，尽管在邻域里面的最优解可能不如当前解，但是 TS 算法还是继续将邻域中的最优解作为当前解继续搜索，而不像一般的局部搜索方法那样，直接就中止搜索过程。同时，为了避免搜索过程的循环，最近搜索到的所有局部最优解都被存放在一个 Tabu 列表里面，而每一步向 Tabu 列表中的移动是不允许的，这样，就不会出现搜索过程的循环。Tabu 列表的长度是有限的，如果增加一个解到列表中，就需要在 Tabu 列表中删去一个解。当一个解允许加入到列表中时，需要满足一定的激活准则，例如进行费用比较，当当前解 S 比 Tabu 列表中的解的费用更低时，就将当前解 S 替代 Tabu 列表中的最劣解。

TS 算法是一种亚启发式算法，不仅自己本身可以作为一个复杂问题的搜索算法，而且可以指导其他遗传算法的操作。它可以作为其他任何启发式算法的基础。作为一个最为显著的特点，就是指引如何从当前的一个临时解演化到下一个临时解。还有一些其他的特点，就是可以帮助其他算法离开当前的局部最优解，从而进一步得到全局的最优解。

在用 TS 算法进行对问题分析时，需要注意下面的这些概念。

（1）尝试解（Trial Solution） 一个从当前解产生的解，它也是当前解的移动结果，符号是 S_{trial}。

（2）Tabu 限制（Tabu Restriction） 一个通过选定 Tabu 移动中的一些属性来防止回到原来试验过的解的规则。它可以帮助搜索过程越过当前的局部最优解。

（3）激活准则（Aspiration Criterion） 一个用于重置当前移动的 Tabu 状态的准则，满足准则后，可以将一个解加入到 Tabu 列表中。

（4）候选列表（Candidate List） 一个包含了被考查的移动邻域的子集。

（5）可行邻域解（Admissible Neighborhood Solution） 一些既不满足 Tabu 限制，而又满足激活准则的邻域解。

（6）移动属性（Attribute of A Move） 任何可以把从当前解 S 转变为尝试解 S_{trial} 的特点。一个简单的移动可以有多个属性。

（7）新旧存储器（Recency Based Memory） 一个用来记忆多久以前一个解被访问过或者多久以前移动数学被改变过的存储器。一般来说，它们是顺序（先进先出，FIFO）或者阵列。

（8）Tabu 期限（Tabu Tenure） 一个被禁止的特定 Tabu 移动属性的期限。

(9) 移动评价 (Tabu Evaluator)　一个费用和搜索历史的组合函数，它用来平均一个移动的好坏。

(10) 移动收益 (Move _ Value)　移动收益是指费用函数的下降，或者更一般地说，就是移动评价函数的下降。

一个 TS 算法简单应用的算法描述可以如下表述：

整个过程从在搜索空间里面的一个初始可行解 S（也就是当前解）开始。对于任何一个当前解都定义了一个邻域 $N(S)$。一般说来，为了减少解的范围，产生一个邻域的采样 $V^* \subset N(S)$。特殊情况下，整个邻域里面的解都被一一生成，$V^* = N(S)$。由于这是不切实际的（过大的计算量，计算费用激增），所以只产生一个邻域的小样本，叫做尝试解集合。从尝试解集合里面，以最优解 $S^* \in V^*$ 作为下一个解的出发点。即使尝试解集合里面的最优解 S^* 不如当前解好，即移动收益为负，该解仍未被完全抛弃。当满足一定的条件，一个从 S 到 S^* 的移动仍被继续。

上面的过程可以用图 8-17 的算法流程来表示。

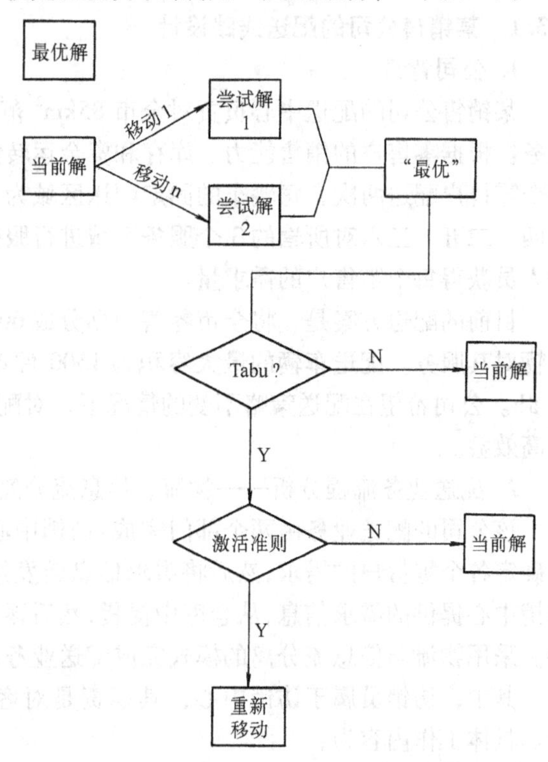

图 8-17　Tabu 搜索算法的流程图

在用 Tabu 搜索算法时，有一个基本的假设：一个好的移动更可能到达最优解或者准最优解，而一个不好的移动则导致远离最优解或者更慢达到最优解。评价一个移动的好坏用费用收益函数的大小来表示，如果费用收益函数值大，则表示该移动好，反之亦然。

根据上面的假设，选择在尝试解中的最优解作为当前解。如上面所说的，某个邻域中最优的候选解 S^* 可能不如当前解 S 好，也就是说，在该邻域范围内，当前解已经是最优解，S^* 是一个局部最优解。尽管如此，在 Tabu 搜索过程中仍然将 S^* 作为一个候选点，搜索过程仍旧继续。这个特点可以保证搜索过程离开从局部最优。然而，即使在这种搜索策略下，仍旧可能只得到一个局部最优解，因为随着一个上升的移动后，后面的迭代可能就回到了同样的局部最优点。这时可能经过一个循环之后又回到先前尝试过的解。这会导致这个搜索过程一直在一个解的子集中来回搜索。

一个 Tabu 列表是用来防止回到先前访问过的解。一个列表中包含了一些信息，来防止回到被禁止访问的刚刚尝试过的解。Tabu 列表不一定就是一些解的集合，它也可以是一些被禁止访问的解的共同移动属性。因为在一些复杂的问题中，即使是很少几个解，也会耗费大量的内存和计算量，所以存储一些移动属性是一个很好的替代方法。相反的，Tabu 限制的功能则是定义一些属性，防止搜索过程进入一些具有吸引力（移动收益为正）的未尝试的解。

TS 算法有着非常广泛的应用，例如在科学、工程和商业的不同邻域的组合优化问题方面。结果表明，TS 算法比其他的一些算法有更好的效果。

8.3 实例分析

8.3.1 某销售公司的配送线路设计

1. 公司背景

某销售公司的配送中心负责对全市 85km^2 范围内的 5716 个零售户进行配送服务。根据零售户的销售能力、库存和资金运转情况，公司的配送策略是每周对每个零售户配送两次，每辆车的固定配送区域为 3 个，每天一个区域，每周分周一四、二五、三六对所辖的 3 个服务区域进行服务。每次配送的前一天，通过访销人员获得每个零售户的需求量。

目前的配送方案是，将全市零售户划分成 66 个车辆配送区域，用 22 辆配送车辆对其服务。配送车辆的最大容积为 1500 件单位商品，每天的最长工作时间为 8h。公司希望在配送策略不变的情况下，对配送方案进行优化，以降低成本、提高效益。

2. 配送业务流程分析——物流、信息流分离

该公司的配送业务由两个部门完成:访销中心和配送中心。访销中心的职责是确定各个零售户的需求,然后将需求信息转发给配送中心。配送中心则是根据访销中心提供的需求信息,从仓库中提货,然后逐户将所需的货物发送到零售户手中。采用物流与信息流分离的模式完成配送业务。其总体流程如图 8－17 所示。

其中，访销员属于访销中心，其职责是对客户走访，确定下一周期的需求量。具体工作内容为：

访销员根据中心提供的现有商品品种，按照“访销日程表”按时按线路进行访销服务。每个访销员负责 3 条访销线路，对所辖的访销线路要每周访销两次，一般是周一四一条，周二五一条，周三日一条。按照访销中心制定的服务规范，向零售户介绍新产品、获取零售户 3 日以内的商品需求量，听取零售户对公司的意见以及进行市场开拓。

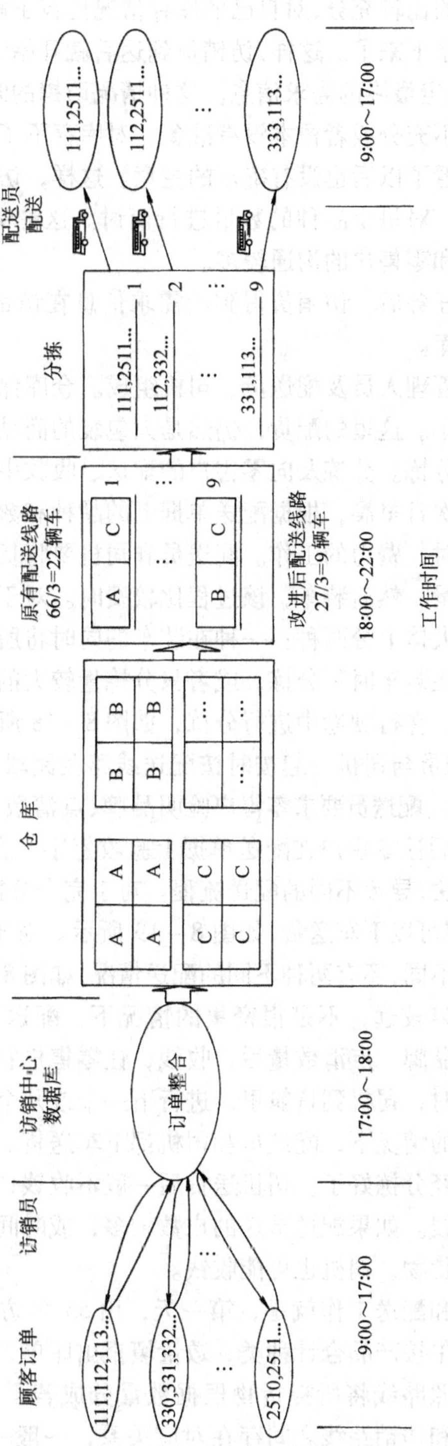

图 8－18 某销售公司业务流程

如果零售户准备的比较充分,对自己的库存情况比较了解,在访销员到达之前就已经将需求信息记录下来了。这样,访销员到达后就开始针对记录进行核实,看需求是否能被满足,确定最终的需求信息。这种情况访销的时间较短,效率较高。

如果零售户准备不充分或者根本没有准备，对库存不了解，访销员到了以后才查看，有的甚至查看了以后也没有确定的主意。这样，访销员就需要跟零售户协商，对其进行提示，对每个品种的数量进行商讨。这种情况，访销时间较长，效率较低，但访销员和零售户的沟通较多。

结束每日的访销任务后，访销员得到的需求信息在访销中心汇总成配送单，发送到配送中心的仓库。

配送中心由仓库管理人员及配送员、司机组成。仓库保管员负责按配送单向配货员配货，等待装车。这里的配货，仍然是大包装的商品，没有完成根据各个零售户的需求，逐一分拣。分拣及向零售户的配送、收款由配送员和司机完成。

配送员在访销的次日早晨，根据配送单据上的品种和数量从配送中心仓库装车，这是一件比较耗时、费力的工作。配送员和司机要将货物从仓库的分货车上卸下，点清品种与数量，然后装车，该过程比较费时。对于装车操作，不同的配送员有不同的做法，大体上分两种：一种在装车的同时将所有零售户的需求都分拣出来；另一种是，在装车时不分拣，或者只分拣量较大的零售户的需求，其余的放到车上码放整齐，在行驶途中进行分拣，如图 8 – 18 所示。

装货完毕后,配送员与司机一起按时按配送线路及路段对零售户进行配送服务。在配送服务过程中,配送员要求零售户验明品牌、点清数量,做到“一手钱一手货”,货款当面点清之后让零售户在配送单据上验收签字。在具体的配送过程中,不同的分拣和装车方法,导致不同的配送流程。对于完全分拣的情况,每到一户或几户,司机和配送员都可以下车送货,如图 8 – 19 所示。对于部分分拣的情况,根据零售户密集程度的不同,还有两种不同的配送情况,如图 8 – 19 所示。

在零售户之间距离较远，不是很密集的情况下，配送员下车到零售户处送货，帮助零售户验明品牌、点清数量后，收钱，让零售户签字，粘贴单据，统计记录，返回。与此同时，司机到货舱里，进行下一个或几个零售户货物的分拣。

在零售户很密集的情况下，配送员和司机都下车送货。一般情况下，这几户的商品在这之前都已经分拣好了。司机送货后一般不收钱，而是回到车上继续分拣。由配送员过来收钱。如果配送员送的户数较多，或时间较长而车上已经分拣了足够多的零售户的货物，司机也可能收钱。

简单来说，访销和配送工作就是，第一天，由 55 名访销员分别按照线路对零售户进行访销，下午按产品合计种类、数量填报出库单，按汇总数据到仓库提货。次日，配送员按照路线将所提货物根据数量分成若干条配送线路，进行送货。另外，配送路线和访销路线之间存在对应关系，一般一辆配送车送 2 ~ 3 个访销员访的零售户，而且是相对固定的。这样有利于熟悉路线和零售户，培养与他们的感情。

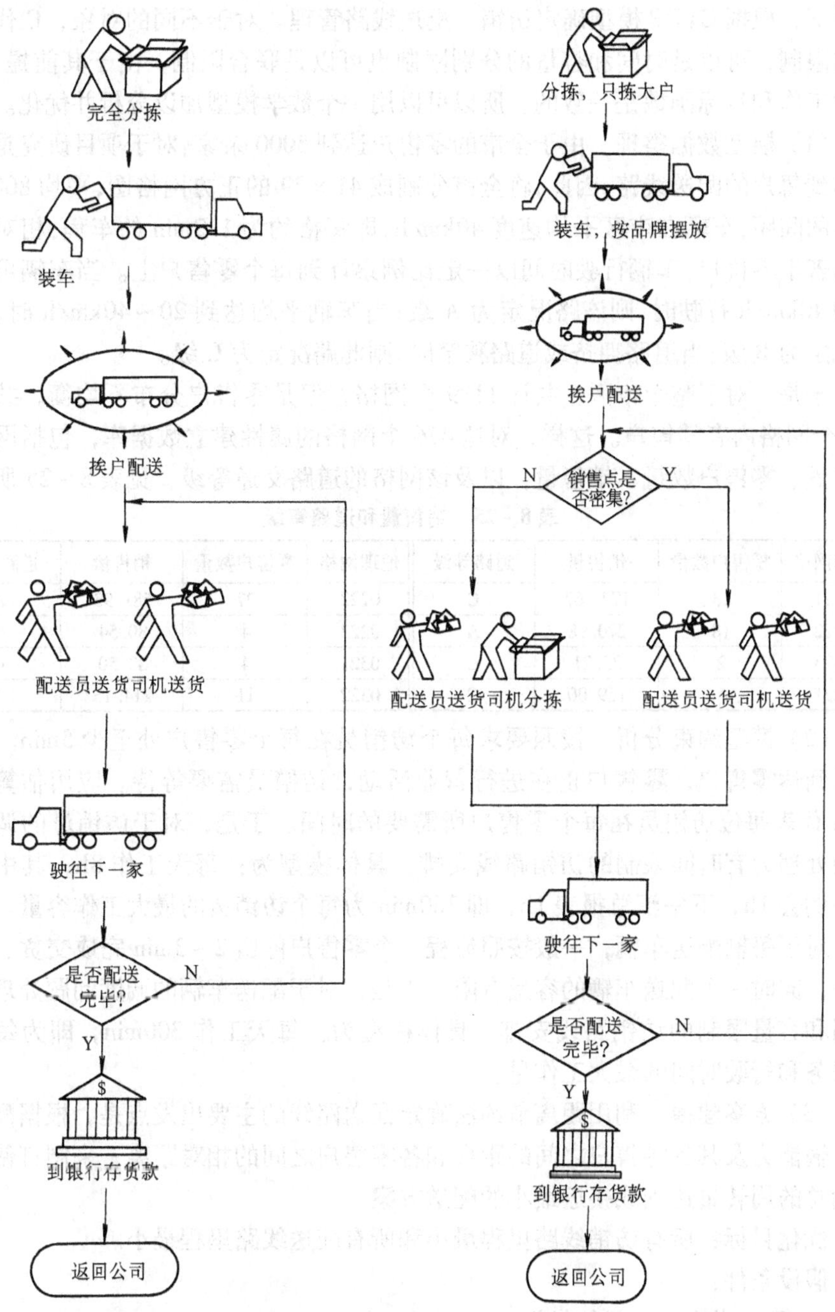

图 8－19　完全分拣的配送流程和部分分拣的配送方式

3. 数学建模

根据上面的现状分析，可以明确线路优化的意义和目标。在物流网络确定的前提下，根据CVRP模型确定访销、配送线路管理。对于不同的对象，C代表不同的限制，可以是时间和容量的分别限制也可以是联合限制。由于其前提条件、简化工作和目标函数是一致的，所以可以用一个数学模型加以分析并优化。

（1）模型数据整理　由于全市的零售户达到5000余家,对于项目研究是无法具体到每户的配送线路,因此,将全市分割成41×29的正方网格图,平均800m为一格的间距,车辆在市区平均速度40km/h,即每格约为1.2min的车程,相对于每格内若干零售户,车辆行驶时间以一定比例累计到每个零售户上。当车辆可以以平均40km/h行驶时,则该路况定为A级;当车辆平均达到20~40km/h时,则该路况定为B级;当道路拥挤或道路狭窄时,则此路况定为C级。

于是，对于整个市区，共计1189个网格，但是零售户分布不均衡，共计有476个网格内有零售户。这样，对这476个网格的属性建立数据库，包括网格地理位置、零售户数量、销售量，以及该网格的道路交通等级，见表8-25所示。

表8-25　销售量和道路等级

地理网格	零售户数量	销售量	道路等级	地理网格	零售户数量	销售量	道路等级
0121	13	177.67	C	0222	27	581.93	A
0122	18	270.98	A	0223	4	80.54	C
0123	2	25.21	C	0321	4	33.50	C
0221	5	169.00	C	0322	11	214.15	A

（2）模型约束分析　按照要求每个访销员在每个零售户处至少5min。当访销员到达零售户，零售户正在进行营业活动，访销员需要等待。应用估算，用5min代表每位访销员在每个零售户所需要的时间。于是，对于访销员的调度问题的处理为有时间限制的访销路线安排，具体模型为：每天工作8h，其中包括上午例会1h，下午汇总报表1h，即360min为每个访销员的最大工作容量。

对于每辆配送车辆，一般按照流程一个零售户停留2~3min完成交货、收款任务，同时一个配送车辆的容量有限。于是，对于配送车辆的调度问题处理为有时间和容量限制的访销路线安排，具体模型为：每天工作300min，即为每辆车的服务和行驶时间的最大工作量。

（3）方案建模　利用距离节约法确定配送路线的主要出发点是，根据配送方的运输能力及其到零售户之间的距离和各零售户之间的相对距离，来制订使配送车辆总的周转量达到或接近最小的配送方案。

优化目标：所有访销线路里程最小和所有配送线路里程最小。

假设条件：

1）配送货物是类似的货物。

2）各个用户的位置和需求量已知。

3）配送方有足够的运输能力。

约束条件：

1）车辆有容量限制。

2）访销员和配送员有工作时间的限制。

4. 优化分析与讨论

采用改进的 C－W 算法，对上述问题进行求解。由于计算数据多、计算量大，编制了专用的软件 TH－Routing，采用数据库记录存储需求信息、地理信息，计算结果包括访销及配送区域的划分、最佳车辆容量的确定以及线路安排，配送结果显示如图 1－18 所示。

访销、配送的量化结果如下：

（1）访销路线　得到新组合的访销线 74 条，每个访销员负责 3 条，即 25 个访销员的工作量。平均每天工作时间 288.52min，平均每条线路访销量 932.6 条。节约访销成本为 58500 元，比原访销方案减少访销成本 54.5%。

（2）配送方案　配送方案由于同时存在车辆容积最大值和工作时间最大值的双重约束，寻求同时满足两个约束且达到最优路线值的方案，得到新的配送线路 27 条，需要配送车 9 辆，车辆容量为 3000 单位商品。平均配送时间为 308.33min，且平均容量约为 2525.58 单位。配送成本组成如表 8－26 所示。配送成本节约值为 36938.047 元，比原来降低 25.6%。图 8－20 是线路优化前后的配送成本对比。

表 8－26　成本分析表

成本内容	数　值	成本内容	数　值
配送员和司机工资/元	32400	车辆折旧/元	34101.56
车辆油耗/元	31246.04	配送总成本	106703.40
车辆维护费/元	8955.81		

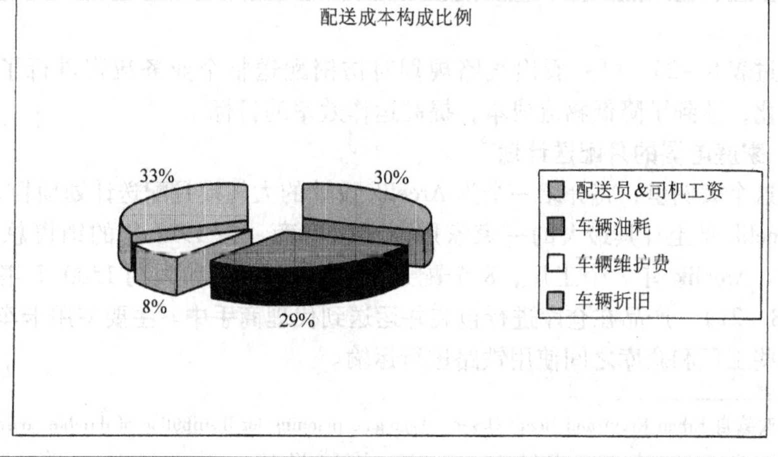

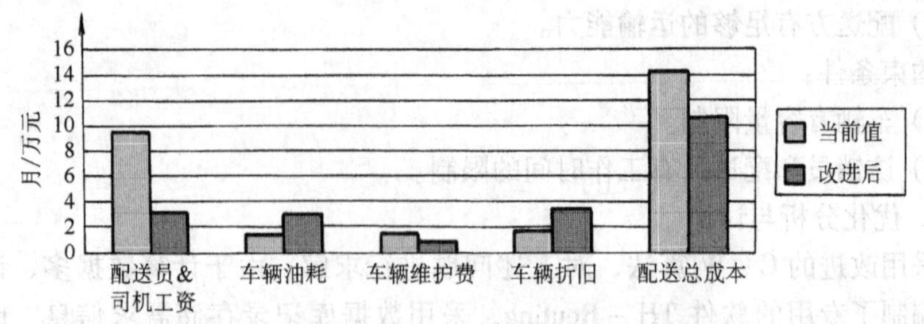

图 8－20　线路优化前后的配送成本对比

（3）物流总成本对比　线路优化前后的总物流成本对比如表 8－27 所示。

表 8－27　线路优化前后的总物流成本对比

成本内容	线路优化前/元	线路优化后/元	节约百分比/（%）
配送总成本	143461.4471	106703.408	25.6
访销总成本	107250	48750	54.4
总物流运作成本	250711.4471	155453.408	38.0

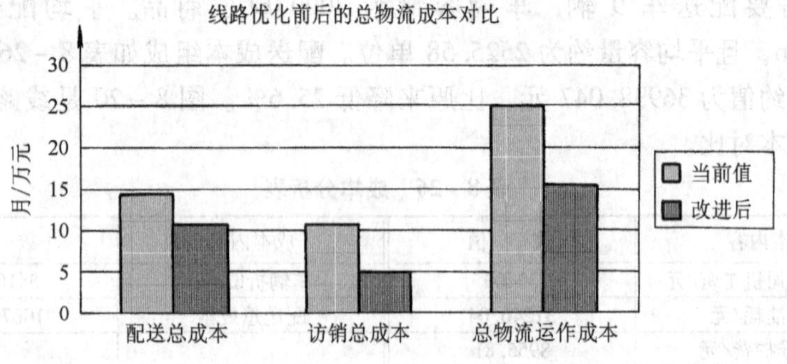

通过表 8－25，可是看出线路规划对访销配送整个业务流程进行了重新设计、优化，达到了降低物流成本，提高运作效率的目标。

8.3.2　家庭电器的月配送计划[⊖]

在这个案例里，将介绍一个为 Arcelik 设计的大规模月配送计划项目。

Arcelik 是土耳其最大的一家家用电器生产商，在 1992 年的销售总量是 11 亿美元。Arcelik 有 7 个工厂，8 个配送中心（仓库）和大约 1500 个销售代理（见图 8－21）。产品在仓库进行包装并运送到代理商手中。主要使用卡车进行运输，某些工厂和仓库之间使用铁路进行运输。

⊖ 改编自 Erhan Erkut and Uemit Oezen. Aggregate planning for distribution of durable household products: a case study. Journal of business logistics, 1996, 17 (2)

ATILIM 集团负责所有 Arcelik 产品在土耳其全国范围内的配送。它包含 5 个子公司，全国被划分为 5 个区域（地理上相连接），每个子公司负责 1 个区域内所有市场范围的供应。一个市场范围是某地区（通常是一个城市及其周边）内若干个销售代理的集合。

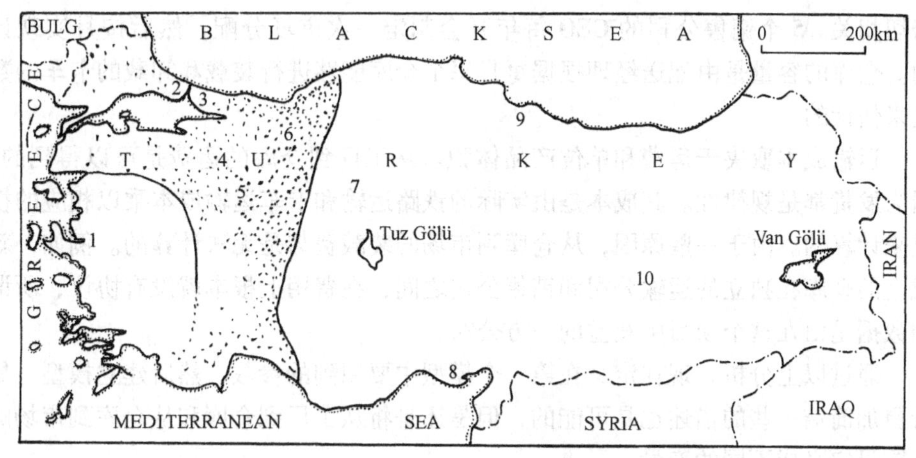

图 8-21 代理商分布

截至 1992 年，ATILIM 经营着 5 个仓库，每个仓库归一个子公司所有。因此在原有系统中，将产品分配到不同的仓库不是太困难的问题。不过现在 ATILIM 打算建立 3 个新仓库以便更快地响应零售户的需求和提高在某些地区的市场占有率。这样，一个子公司会管理多个仓库，使分配产品到不同仓库这个问题变得复杂，为了增加系统柔性，ATILIM 还允许几个子公司共用一个仓库。

ATILIM 意识到这些新的仓库有可能使运输费用降低。不过它必须首先设计一个新的配送计划。为了给这个大批量月配送规划寻求一些帮助，ATICIM 在 1992 年 3 月联系了 Bogazici 大学工业工程系，它所要求的最终结果是可用来决定工厂与仓库之间和仓库与市场之间的分配方案的模型。这还需要涉及每月的定单与卡车结合问题，而这个问题将由仓库里有经验的调度员经计算后解决。

1. 问题建模

对于基础的运输问题，线性规划模型已经成功地应用于配送规划。简单地说，现在的问题属于一个两级、多种商品的分配问题。其约束除了装载能力外，还有来自于管理层方面的因素。通过考虑几种不同的模型来求解这个每月配送计划问题，最后采用混合整数规划问题。

首先讨论一下要用到的数据。在这个月配送计划中，相关的数据如下：

(1) 每个工厂每月的生产计划。

(2) 每个市场每月的需求分配。

(3) 每个仓库的容量。

(4) 从工厂到仓库和从仓库到市场的单位产品单位运输成本。

工厂的月生产计划根据销售预测、市场预测、出口协定、过去的销售状况以及主观判断来制定。市场的需求分配和生产计划、销售预测以及过去的销售情况密切相关。5 个销售公司的 CEO 每年开会制定一次市场分配，然后按月实现计划。仓库的容量是由配送经理根据每月每个仓库能够进行装载和卸载的卡车的数量来估计的。

运输成本取决于运费和单位产品体积。从工厂到仓库的运费是可以得到的，因为发货都是规律性。其成本是由实际的铁路运输和卡车运输成本乘以相应的权重来计算的。由于一些原因，从仓库到市场的装载费却是无法计算的。例如，新成立的仓库在独立的运输公司和销售公司之间，在费用上根本就没有协议，所谓的数据是由在这个项目中获益的一方公布。

通过以上分析，现在定义在第一个模型中要用到的参数，然后建立模型。尽管更加简洁一些的描述也是可能的，但是还是将从工厂到仓库和从仓库到市场的运输量定义成不同的变量。

参数定义如下：

C_{ij} = 产品 i 从其工厂到仓库 j 的单位运输成本；

D_{ijk} = 产品 i 从仓库 j 到市场 k 的单位运输成本；

B_i = 每月产品 i 的产量；

U_j = 仓库 j 的容量（卡车数）；

A_{ik} = 产品 i 对市场 k 的需求分配；

R_i = 产品 i 的体积系数。

决策变量如下：

X_{ij} = 产品 i 运到仓库 j 的数量；

Y_{ijk} = 产品 i 从仓库 j 到市场 k 的数量。

数学模型如下：

$$\min \Sigma i \Sigma j C_{ij} X_{ij} + \Sigma i \Sigma j \Sigma k D_{ijk} Y_{ijk} \quad (8-1)$$

满足

$$\Sigma j X_{ij} = B_i (\text{对 } i) \quad (8-2)$$

$$\Sigma j Y_{ijk} = A_{ik} (\text{对 } i、k) \quad (8-3)$$

$$X_{ij} = \Sigma k Y_{ijk} (\text{对 } i、j) \quad (8-4)$$

$$\Sigma i R_i Y_{ij} \leqslant U_j (\text{对 } j) \quad (8-5)$$

$$X_{ij}, Y_{ijk} \geqslant 0 (\text{对 } i、j、k) \quad (8-6)$$

尽管处理的是一些整数的数据，但是为了更一般性的考虑问题，没有将这些变量限制在整数上。因为关心的是一个月的综合配送问题，而不是每天的分配，所以需要的仅仅是一个全面的运输路线和产品分配数据。如果需要用整数的话，采用线性规划进行局部优化是可以解决这一问题的。

这个模型实际上非常的庞大。假设有 30 种不同的产品、10 个仓库和 100 个销售市场的话，那就需要 30 000 个变量和 3 000 个限制条件。解决这么庞大的一个问题没有采取复杂的线性规划的软件，而是用拉格郎日方法来解除式（8－5）的限制。当式（8－5）的限制被解除时，问题就变得非常简单了。因为这样，问题能够通过 i 和 k 得到分解。因此可以将每一产品、每一市场都作为一个独立的问题来解决。这样无论是对产品 i 还是市场 k，问题都变成从产品 i 的工厂到市场 k 之间寻找最低成本路线的问题。通过比较很容易得到答案。不考虑产品的数量，需要解决的那些独立问题的个数就是产品的种类和市场的数量之和。

上面的模型实际上解除了式（8－5）的限制，那么是否需要更加精确的模型并考虑以上模型中忽略的一些因素呢？例如卡车装载限制等。为此建立了第 2 个模型，当然是包括卡车装载限制的模型。

根据仓储工人的经验，产品可分成两类：重的与轻的。它们在装载时需要考虑体积和重量的限制。冰箱、烤箱、洗碗机以及洗衣机等属于重的种类；其他的东西被认为是轻的。在体积方面，一个冰箱被认为是洗衣机、洗碗机或者烤箱的 2 倍。冰箱也是惟一的不能被放在其他产品上面的一种产品。其他 3 种重产品可以以 2 个一组的形式重叠着放，但是它们不能放在冰箱或者其他轻的产品上面运送。轻的产品可以放在重的产品上面。

根据上面的分法，现在考虑可以将卡车分成高低两部分。低的部分的高度跟 1 个冰箱（或者 2 个烤箱）的包装箱相同。在考虑了体积的因素之后，所有的产品都可以放在卡车的低的部分。一种产品的体积因子等于 48 除以这种产品能最大限度地放进卡车低的部分的包装箱的数目。例如，冰箱的体积因子是 2（因为 24 个冰箱刚好装满卡车的低的部分），而烤箱的体积因子是 1。

尽管两类产品都可以放进卡车的下面部分，但是只有轻的可以放进上面的部分。产品放在上面是基于它们的面积因子。一个产品的面积因子等于该产品可以放在一个冰箱上面的包装箱的个数的倒数。例如一个电视的面积因子为 1，一个录像机的面积因子为 0.2（5 个录像机刚好放在一个冰箱的上面）。考虑了体积与面积因子之后，就可以精确建立卡车装载的模型。通过咨询一个仓库管理人员来确定这些因子，然后通过考察一个仓库来进行校验。

在该案例里，用产品的包装箱的体积来计算单位运输费用。例如，一个卡车可以装载 24 台冰箱（绝大部分卡车都是这个尺寸）。从工厂到仓库，一个冰箱的运费可以看作是一辆卡车运费的 1/24。不过，从仓库到市场的运费有些问题，因为在仓库，产品是成批包装好的，一个卡车可以装载许多不同的产品。因此，对这种情况，我们使用实际的市场与仓库之间的卡车运费。

于是，当一个给定的市场遵循上述的装载规则的时候，就可以建立一个数学规划，比较理想地解决最小化总运输费用的问题。

系统参数；

c_{ij}：产品 i 从产地到配送仓库 j 的单位运费；

d_j：从配送仓库 j 到市场的整车运费；

e_i：产品 i 的体积因子；

f_i：产品 i 的面积因子；

a_i：市场对产品 i 的需求；

H：重的产品集合；

L：轻的产品集合。

变量：

x_{ij}：重产品 i 运往仓库 j 的数量 ；

z_{ij}：运往仓库 j，然后装在卡车下面部分运往市场的轻产品 i 的数量；

w_{ij}：运往仓库 j，然后装在卡车上面部分运往市场的轻产品 i 的数量；

y_j：从仓库 j 到市场的卡车数量；

数学模型：

$$\min \Sigma i \in H \Sigma j C_{ij} X_{ij} + \Sigma i \in L \Sigma j C_{ij}(Z_{ij} + W_{ij}) + \Sigma j D_j \quad (8-7)$$

满足

$$\Sigma i \in H E_i X_{ij} + \Sigma i \in L E_i X_{ij} \leqslant 48 Y_i (j = 1,\cdots,8) \quad (8-8)$$

$$\Sigma i \in L F_i W_{ij} \leqslant 24 Y_i (j = 1,\cdots,8) \quad (8-9)$$

$$\Sigma j X_{ij} = A_i (i \in H) \quad (8-10)$$

$$\Sigma j (Z_{ij} + W_{ij}) = A_i (i \in L) \quad (8-11)$$

$$X_{ij}, Z_{ij}, W_{ij}, Y_j \geqslant 0 (\text{对所有 } i, j) \quad (8-12)$$

目标函数式（8-7）是为了最小化总体运输费用。前面两部分属于工厂到仓库的运输费用。第1（2）个是重（轻）产品的运输费用。式（8-7）中第3个是仓库到市场的卡车的运输费用。约束式（8-8）限制卡车的下面部分在仓库 j 装载的产品体积不大于48。约束式（8-9）是关于轻产品的，它限制每个卡车的上面部分装载的轻产品总面积不大于24。约束式（8-10）、（8-11）限制运往一个市场的运输量与该市场对每个产品的需求相同。

当没有式（8-5）的限制的时候，可以认为上述模型与式（8-1）~式（8-6）所表示的模型是相似的。不过，上述模型包括了式（8-1）~式（8-6）所表示模型没有涉及到的卡车运输的方面。

公司管理层讨论了上述模型，认为模型的某些结果不符合实际情况。例如，从超过2个仓库向一个市场供货会使系统复杂化；而如果一个仓库完全向一个市场供货，每个月至少需要10辆以上的卡车（3天需要1辆卡车），否则，要么零售户的定单被延迟，要么会出现空载的现象。在项目的第 1 个阶段，基本上采用讨论、修正的方式，逐一完善上述模型的约束。

在第 1 个阶段采用手工改动的方式是可行的，因为这个阶段的目标是向 ATILIM 提供月配送计划的解决方案。然而，在第 2 个阶段，由于需要向 ATILIM 提供一个用户界面友好的软件系统来解决不同的配送问题，所以，第 2 个阶段需要对模型进行修改。主要是增加一些决策变量，定义

$t_j=1$（0），如果 $y_j>0$（$=0$）

$y_j\leqslant Mt_j$，对每一个 j

$\sum\limits_j T_j\leqslant 2$

来满足每个市场由不超过 2 个仓库供货的限制。

由 $y_j\geqslant 10t_j$ 来满足最少 10 辆卡车的要求。

尽管修正使得数学模型变得复杂，但是这样更接近实际的情况，而且，考虑到实际情况，求解并不是非常困难。例如，对一些月需求不大于 20 辆卡车的市场（由 1 个仓库供货），最优化的仓库选择可以通过 8 个选项的互相比较很容易地找到。而且，对一些需求量很大的市场，也不难判断哪两个仓库会是最优的。

但是，需要指出的是，建模是一个不断进化的过程。上述修改都是建立在公司领导对自身经验上的。在整个过程结束之前，问题是不会彻底解决的。还要指出的是，数学模型使得在整个过程中由公司管理层施加的约束的影响进行量化成为可能。

被送往 ATILIM 的软件包解决上述式（8－7）～式（8－12）所示的模型加上上面所说的 4 个另外的约束。它是一个混合的整数规划，但是规模小到足以用一般的优化软件解决。为了使模型在整个过程中都有效，不用已经存在的关于一般的配送问题的模型，而是选择了自己做出一个模型。最终的模型最有意义的地方在于它较好地解决了与卡车的装卸限制有关的一些问题。这些限制使得该模型更加现实。事实上，如果没有这些限制，模型可能最终得到“优化的”结论，不过由于重产品以及轻产品的不均衡，这些结论也许会造成一些附加的配送费用。由于能够在一个线性规划里面合并这些限制，就不用再在一个一般的模型基础上进行修改了。

这个规划最重要的作用并不是模型的发展，而是对公司面临的紧急的配送问题的解决；最终是完成一个用户界面友好的决策支持系统，它应该能被一个不懂得数学规划的管理人员所使用。不过，随着模型的发展，它或许对一些面临类似配送问题的公司有帮助。

2. 优化结果

由于暂时得不到其他子公司的运输费用数据，主要着眼于 AIILIM—伊斯坦

布尔的配送问题。解决了 ATILIM—伊斯坦布尔所服务的 15 个市场区域的线性方程式（8－7）~式（8－12）的线性规划模型。这个公司所提供的运输费用数据只允许从 3 个仓库（图 8－20 中的 2、3、5）进行装运。其他 5 个仓库的位置使它们不太可能被 ATILIM—伊斯坦布尔所使用。大多数的结果看起来合理，不过一小部分结果需要作一些调整。因为卡车装载约束会导致一些奇怪的分配，例如深底锅在 Layjrova 附近生产，可是有些城市的深底锅却从其他仓库运来。这是由于从 Layirora 出来的卡车已经满载了（根据负载约束），按该线性规划的话，从其他仓库运送这些深底锅将更便宜，因为它们可以放在大件货物的顶部以享受“免费装运”。可是这个方案是理想化的。需要对方程作轻微改动以要求所有深底锅由 Layirova 的仓库进行装运，这些改动对目标函数的影响可以忽略。

计算结果显示伊斯坦堡附近的新仓库（图 8－20 中的 2）使用率比较低。实际上，由这个地区的旧仓库所提供的对土耳其国土欧洲部分的运装只使主要费用提高不到 1%，而若使用新仓库来提供同样服务的话将使费用提高 15%（170000 美元/年）。而且这只是运输费用，还没有包括建立和管理这个仓库的费用。在伊斯坦堡附近建立新仓库的目的是为了减轻一直超负荷运作的旧仓库的压力。于是租一块地方作为新仓库，公司高层决定在建立一个长期性仓库之前先要对该仓库的经济效益进行严格的考虑。

经过一些主要的调整之后（要求由 Layirova 装运深底锅，禁止零散装运，和要求使用 Layirova 和 Eskisehir 的仓库而不是新的仓库），得到了一个显示 ATILIM—伊斯坦堡所服务区域内每一种产品的装运路线的表格。

由于下列原因，可以认为这是一个合理的方案：

（1）经调整后的方案的费用与未调整的线性规划得出的方案的费用相差不到 1%。

（2）所有在 Layirova 生产的产品（洗碗机、深底锅、洗衣机等）直接装运到该市场区域，而没有经过间接的仓库。这会降低仓库运作和装运费用。

（3）Eskisehir 仓库只需存储 31 种产品中的 10 种，这会使该仓库的管理大大简化。而在这之前，该仓库要存储几乎全部 31 种产品。

（4）在这个方案里，卡车的装载约束将有富裕（如卡车顶部的空间），这意味着卡车装载将有更大的柔性。

（5）运往大部分市场的轻便货物都放在卡车的顶部，这样将不会因装载这些货物而导致额外的费用。

（6）分配到这两个仓库的轻便货物和货物总量是成比例的。对于 Layrova 仓库和 Eskisehir，比例分别是 25.7% 和 20.7%。

（7）没有零散装运。对于特定市场和特定产品，全部产品由一个仓库进行装运，正如该公司所要求的一样。

（8）有4个市场的产品来自一个仓库。

（9）其他11个市场由2个仓库提供服务，31种产品中有30种只存储在其中一个仓库中。

举个例子，图8-22显示土耳其南岸大城市Antrlyn的装运路线，该方案费用与线性规划最优解相差只有0.4%。

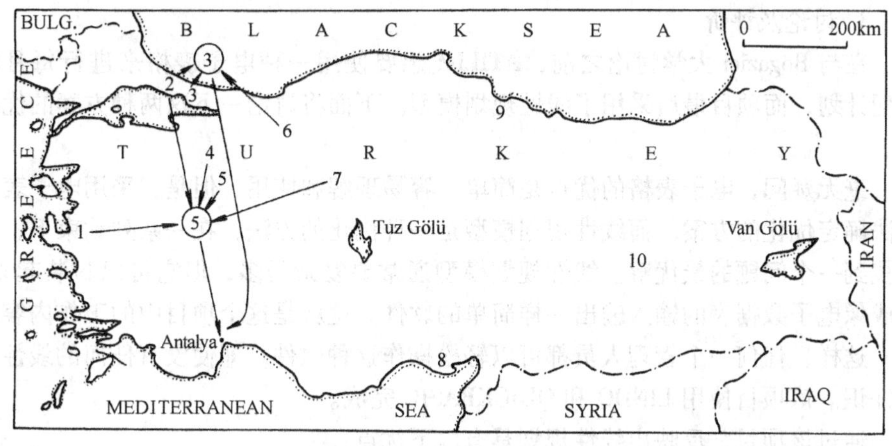

图8-22 Antrlyn的装运路线

其中一个部门对把所有要运往一地的产品统一存储在一个仓库里。显然，这样简化了分配管理，同时便于有效利用卡车空间，不过这种方法将会增加运输成本。对2个需求旺盛的销售区（即布尔沙和ANTALYA）来说，假如所有运往这些销售区的产品都被统一存储到Cayirova仓库，那么评估后会发现，其成本增幅很大，约为14%～15%，而且，这样将极大增加Cayirova仓库的负担；同样，若是都放于Eskisehir仓库，运输成本增幅达23%～26%。另外，除了这么大的成本增长，这种方法也使很多较重的产品搬运了2次。因此，不采用这种方法，而且在ATILIM—伊斯坦布尔区域普遍地采用2个仓库存储多个地区货物的方法。

当实施这个模型的时候，缺少其他4个区域的当前数据。尽管如此，用距离代表运输成本，人口数代表需求，解决了ATILIM—伊斯坦布尔区域外的7个城市的线性规划，最佳方案使用了3或4个仓库。不过，倘若限制每个区域的仓库数不多于2个，所得最佳方案也只是成本稍有增长（平均2.6%），这就给了“每区限有2个仓库”这一客观重要约束以支持，即在此约束下，模型同样有效。我们还发现，一个已有的仓库（图8-20的位置8）和一个新的仓库（图8-20的位置10）在我们的最佳方案里并没有起作用。若把这2个仓库加到方案里，得出的最优方案使成本上升了10%～20%。主管人员这样解释增加的理由：为了减少交付时间并增加市场覆盖面而使费用上升。尽管如此，当运用实际数据时，线性模型将提供详尽的花费，包括这些较远的仓库的管理费用。

对于一个公司来说，从一个项目所得到的最重要的结果就是节约了成本。不过，对这个项目想要得出一个精确的节约数字是很难的。不容置疑的是1992年7月以后ATILIM的运输成本降下来了，但想要把因增加仓库而引起的减小量和因改进分配计划而引起的减小量分开比较困难。

3. 讨论及评价

在与Bogazici大学讨论之前，ATILIM想要使用一种电子表格来进行每月的分配计划，而项目最后采用了线性规划模型。下面将讨论一下这两种方案的优缺点。

毫无疑问，电子表格的优点是简单、容易理解和使用，但是，采用电子表格无法确定优化的方案。而线性规划模型是一种优化的方法，在一系列约束下，它能找到一个问题的最优解。线性规划模型通常要复杂得多，但它可以封装起来，变成像电子数据表的输入输出一样简单的软件。这就是这个项目中的工作内容之一。这样，任何一个管理人员都可以轻松操作这种软件，即使没有任何的线性规划知识。该项目使用LINDO和QUICKBASIC完成。

通过该项目，反映出线性规划具有以下优点：

（1）对装载约束的处理。

（2）最优化能力。

（3）柔性（可加入新的约束）。

（4）可扩展性（可加入新的产品和仓库）。

（5）数据错误检测（不正确的数量和成本数据会导致不合理的方案）。

但线性模型方法的一个最大的优点却带来了一个缺点：精确性。因为对装载约束的严格处理，如果较近仓库的卡车没有足够的空间，线性模型提供的解决方案可能会从较远的仓库运送小件的物品。而实际上，这些装载约束并不是严格的约束，因为仓库的管理员总是有一些灵活的方法来使卡车多装些东西（尤其是那些去低需求地区的卡车）。因此，完全按照“最优”解来处理对于一个公司来说可能非常不切合实际。这种问题可以通过对解决方案作出前面所解释的小调整来解决。

最后，还要指出这个配送问题存在的缺点。月配送计划模型假设环境是静态的（比如所有的需求和供给在每个月的第一天都可以得到），但实际上，环境是动态的，需求和供给数据是一个月连续不断地进入系统，不一定是以一个统一的方式。另外，产品的需求是批量化的（如订单），这些订单不能被分离。这个约束使得要实现模型假设那样的装载十分困难。因此，预期的成本数据（还有卡车数量）只能看作是一个目标，在实际运作中可能会有偏差。

8.4 习题

1. 现有如图 8-23 所示的连通网络地图，9 个节点代表有 9 个在同一个地区的城市，它们之间的连线代表它们之间有公路相通，连线上的数字代表相应的里程（km）。现有一批货物拟从城市 0 发送到城市 8，运费的计算与路径的长短成正比。试用 Dijkstra 算法求解从城市 0 到城市 9 之间的最少费用，并指出相应的路径。

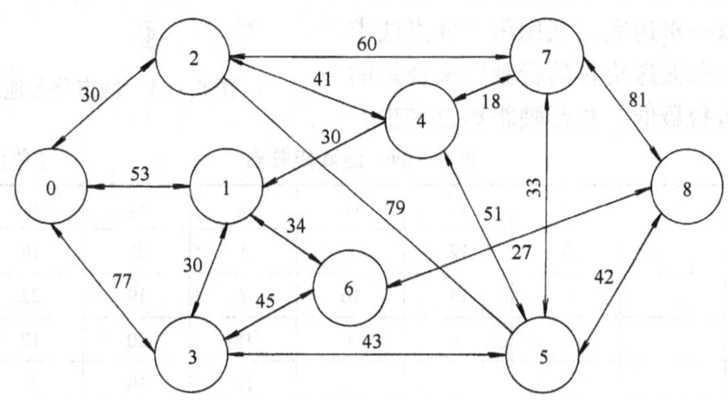

图 8-23 连通网络地图

然后考虑如何用逆 Dijkstra 算法重新求解最少费用和相应的路径，比较两次计算的结果。

2. 某公司生产可乐，它有 4 个加工厂 A_1、A_2、A_3、A_4，每月产量分别为 6000L、9000L、13000L、8000L。该公司将这些产品分别销往 6 个主要的代理商 B_1、B_2、B_3、B_4、B_5、B_6，它们每月的需求量分别为 4000L、5000L、7000L、6000L、5000L、9000L。已知从各个加工厂运往每个代理商的单位质量运费见表 8-28 所示。

表 8-28 单位运费表 （单位：元/L）

工厂 \ 代理商	B_1	B_2	B_3	B_4	B_5	B_6
A_1	0.05	0.01	0.07	0.02	0.08	0.04
A_2	0.03	0.09	0.06	0.08	0.07	0.06
A_3	0.05	0.10	0.05	0.04	0.15	0.08
A_4	0.08	0.12	0.13	0.04	0.19	0.05

试求：在满足各个代理商的需求、不超过单独一个加工厂的供应能力的情况

下，如何调运现有的货物，使总运费最小。

3．现有一个地图如图 8－24 所示，共有 8 个城镇（上面的节点代表一个城镇），其中在城镇 0 有一个糖果公司，它需要定期地向自己在其他 7 个城镇内的直销商送货。8 个城市之间都有公路直接相连，它们直接的距离具有对称性，它们的距离矩阵如表 8－29 所示。现假定，由于送货密度比较高，每次发往各个直销商的货物可以一车运完。试用最近邻点法求解，设计一条派送货物的行驶距离最短的路径，使运费最低。总行驶距离是多少？

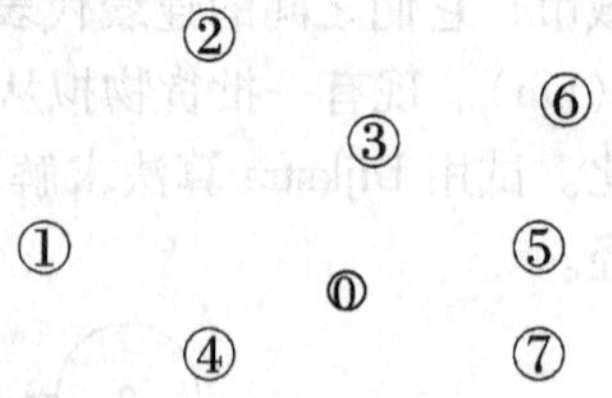

②
③ ⑥
① ⑤
⓪
④ ⑦

图 8－24　城市分布地图

表 8－29　距离矩阵表　（单位：km）

	v_0	v_1	v_2	v_3	v_4	v_5	v_6	v_7
v_0	–	9	12	7	5	8	16	13
v_1		–	13	16	7	19	22	21
v_2			–	7	18	20	17	25
v_3				–	12	10	9	16
v_4					–	14	20	15
v_5						–	8	6
v_6							–	13
v_7								–

然后用最近插入法求解最短路径，结果又如何？根据结果，比较两种不同的求解方法。

4．现有一个家电生产公司，需要对附近的 11 个城市提供洗衣机、冰箱等。各个城市的需求量见表 8－30 所示，表中同时也给出了城市的笛卡儿坐标系的坐标（原点为家电生产公司所在地，不在上面的 11 个城市中），代表各个城市的相对位置。假设冰箱和洗衣机可以混装，需求为冰箱和洗衣机需求的总和。每趟车可以装载 16 个单位货物。

试求：在每辆车只能出车一次的条件下，最少需要几辆货车对下面几个城市进行配送？

提示：可以用扫描法求解。

表 8－30　需求量和极坐标的角坐标值

城市	1	2	3	4	5	6	7	8	9	10	11
需求/台	8	7	2	6	9	11	4	5	3	8	6
x	20	70	22	－20	－23	45	－32	35	40	20	44
y	50	－60	35	80	－55	－10	－30	35	20	－40	35

第 9 章　回收物流系统及仿真

9.1　回收物流系统

产品和材料的重复使用并不是一个新现象。废铁回收、废纸回收、废旧家具和电器的回收，以及饮料行业的空瓶回收都存在了很长一段时间了。上述的废旧产品的重复利用很大程度上都是基于经济方面的考虑。在过去的十几年中，人们的环保意识不断增强，使这种产品回收更加得到了广泛的关注和研究。减少废弃物的努力也使整个世界的经济模式从“单向经济”（One－way Economy）向资源循环利用的可持续发展经济模式（Sustainable Economy）转变。

这种以可持续发展为目标的资源、产品的重复利用在欧洲及美国等发达国家已经取得了很大的成效。例如,1994 年,欧洲纸制品的回收量达到了27 700 000t,占整个纸制品消费的 43%,而且正在以每年 7% 的比例增长。1994 年,欧洲玻璃的回收量达到 7 000 000t,占整个玻璃品消费总量的 60%,而且以每年 10% 的速度增长。在德国,商业包装材料的重复利用率达到 60% ~75%。在荷兰,1994 年 46% 的工业废弃物得到了重复利用,而在 1992 年这个比例为 36%。

所有这些资源或产品的重复利用中，都存在着一个从使用者到生产领域的新物流。对这个与传统物流（供应链）相反的物流的运作规划和管理，正是新兴起的一个物流领域研究热点“回收物流”（Reverse Logistics）的研究内容。本章对回收物流的相关概念进行总结和介绍，在此基础上对回收物流从各个方面进行了分类，着重研究和分析回收物流中的运作规划问题。

9.1.1　回收物流的概念

从广义上说，回收物流包含了从不再被消费者需求的废旧品变成重新投放到市场上的可用商品的整个过程的所有物流活动。

从上述定义可以看出，回收物流是与传统的正向物流方向正好相反的系统。它的作用是将消费者不再需求的废弃物运回到生产和制造领域，重新变成新商品或者新商品的一部分。回收物流的目标就是使资源可以最大程度地得到重复利用，构建一种循环流动的可持续经济，如图 9－1 所示。

可见，在可持续经济或生产系统中，回收物流和正向物流一起构成了资源、产品循环流动的渠道。通过正向物流到达消费者手中的产品在失去使用价值后，又通过回收物流重新回到生产者手中，变成了新商品。这样周而复始，资源达到了最大程度的利用。

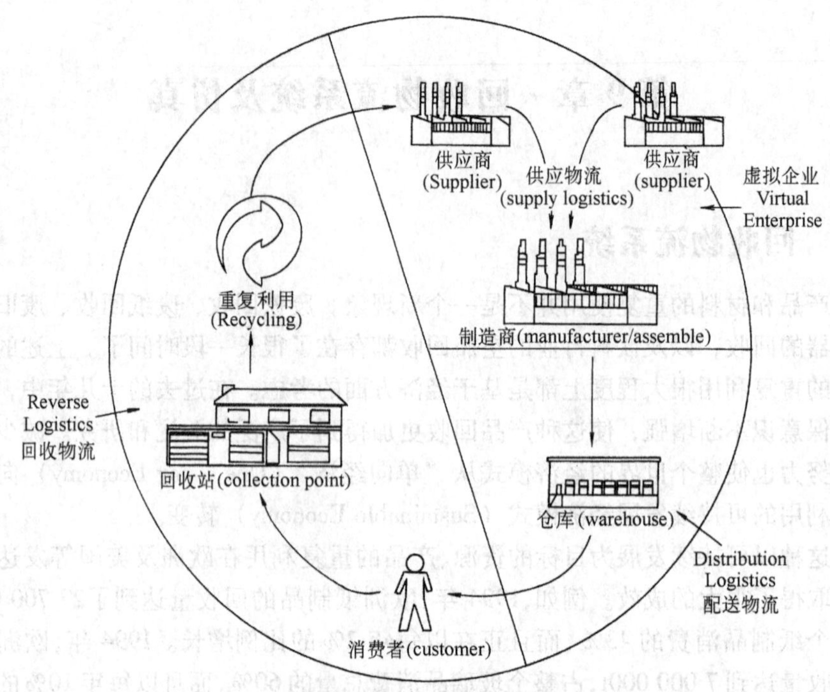

图 9 -1 可持续发展生产过程

同样作为一个物流系统，回收物流与正向物流一样拥有运输、设施、库存、信息 4 大要素。而其中最直接，同时也是最关键和最主要的是废旧产品的收集、运输环节，也即回收物流。如何在回收物流中，经济、高效地将废旧物品从消费者手中收集起来，运送到相关的处理厂、改装厂等回收设施是回收物流领域内最主要的运作规划问题。接下来，本章将在对回收物流进行详细分类的基础上，着重研究回收物流环节中的运作规划问题。

9.1.2 回收物流的分类体系

废旧产品的回收利用形式、种类和方法都是多种多样的，因此回收物流的分类也就会有不同的分类标准，从而产生不同的分类方法，如图 9 -2 所示。

回收物流的分类标准主要有以下几种：

（1）回收利用的动机。

（2）重复利用的废品种类。

（3）重复利用的方法。

（4）参与人员。

每个不同的分类标准都会对相关的规划问题及其正确模型的建立产生重要影响。下面对它们进行详细讨论。

如前所述，经济利益和环保意识是废旧产品重复利用的两大动机。随着垃圾填埋厂地的不足和焚烧厂能力的限制，垃圾减量化越来越引起全世界的关注。欧美一些国家甚至通过颁布环境保护法规来实现这样的目的。立法的主要内容是，强制生产者对产品的整个生命周期负责。也就是所谓的“召回”法规（Take - Back Obligation），让生产者在其商品被使用后负责回收。例如，在德国，1991年的包装条例规定，生产者和商家必须回收所用的商品包装材料，并设定了一个重复利用的最小比率。1996年的电子废物条例为电子产品设定了类似的回收利用目标。在荷兰，汽车生产商必须对废旧汽车的重复利用负责。但是，即便立法没有这么严格，消费者的期望也会产生强大的压力，促使生产商考虑环境保护方面的因素。“绿色”产品的概念已经成为一个非常重要的市场竞争因素。这些新的发展刺激了众多的生产商考虑他们产品的回收和重复利用。这些以环保为主要动机的重复利用在欧洲较为典型。

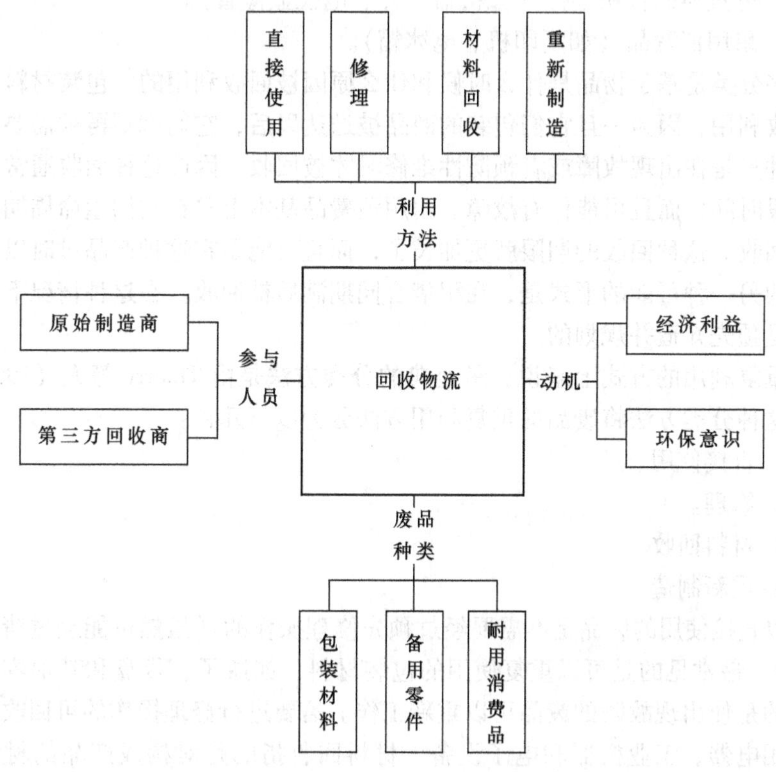

图9－2　回收物流的分类体系

另一方面，废弃物的重复利用也有着经济利益驱动方面的原因。典型的例子是对机器零部件的重新制造。总体上来说，这种重复利用的方法是为了得到废旧物品中仍然存在的价值。以只占新产品制造费用一小部分的修理费得到的翻修产品可以作为备用件或者在二手市场上流通。这种方法的最关键因素是废旧物品的挑选，使节省的制造费用大于新旧商品之间的内在费用差值。这种以经济利益为主要驱动的回收利用在美国较为典型。

不同的回收利用动机会对“重复使用者”的处境产生重要影响。“召回”法规将会使生产者面对过多的废旧产品，而必须建立回收利用的选择机制。重新制造者（Remanufacture）反而会很难得到足够数量的有满意质量的废旧产品来进行翻修。实际上，环境保护问题和经济利益常常是相互影响，共同存在的。比如，不断增加的处理费用使得垃圾减量更加经济，而对环保非常关心的消费者将是一个新的市场机遇。

从回收利用的废品种类来说，废弃物回收利用可以分为以下几种：

（1）包装材料（例如货盘、瓶子）。

（2）可置换的备用零件（如机器零件、电视显像管）。

（3）耐用消费品（如复印机、电冰箱）。

这些分类是基于物品是什么时候和什么原因被回收利用的。包装材料会很快地被回收利用，因为一旦它们包装的商品被送达以后，它们就不再被需要了。置换备用件只是在出现故障或者预防性维修时才被回收，因此这种回收通常要经过很长一段时间，而且可能伴有故障。耐用消费品基本上只在它们生命周期完结时才会被回收。这种回收的期限就更加长了，而且可能是在这种产品过时以后。回收利用的另一种可能的形式是，在租借合同期满后被回收。在这种情况下，回收的时间是预先知道并规划的。

从重复利用的方式上来说，最经典的分类方法是由 Thierry 等人（1995）提出的。这种分类方法将废品的重复利用方法分为以下几种：

（1）直接使用。

（2）修理。

（3）材料回收。

（4）重新制造。

可以直接使用的废品是不需要经过预先修理操作的（虽然可能经过清洗和简单维护），最常见的是可以重复使用的包装材料，如瓶子、货盘和其他容器。修理的目的是使出现故障的废品可以重新工作。需要进行修理操作的可回收废品主要有家用电器、工业机器和电子设备。材料回收指的是对构成产品的材料的回收，而不需保持产品原有的功能和结构。金属碎片的回收、玻璃回收、废纸回收以及塑料回收采用的都是这种回收利用方法。相反的，重新制造则保持了废品个体的功能和结构，力图通过分解、修理、换位等操作使废品达到一个新的有用状态。对机械、组装类废品（如航空发动机、机器工具）的回收利用方法属于这一类。最近也有人对复印机等电子耐用品进行重新制造。重新制造，尤其是在美国，得到了越来越广泛的关注。上述回收利用方法的一个重要区别在于是对废品材料的回收（材料回收）还是对废品的附加价值的回收（修理和重新制造）。

回收利用的方法是按照回收过程中的生产活动的不同来进行分类的，不同的生产活动需要不同层次的运作规划和不同的技能、经验。这些都会对回收利用产生不同的约束和限制。

回收物流的参与者及其各自的功能是回收物流活动中的另外一个重要方面。参与者的功能可以分为收集、测试、重新处理等。而回收物流的参与者可以分为两大类：产品的原始制造商和第三方回收商。操作者的不同，对正向和逆向物流的整合产生了重要的约束和影响。从原始制造商的角度来说，出于战略和竞争等方面的考虑，他们可能会为了保护自己产品中的特殊知识和技术而选择自己进行“重新制造”的回收物流活动。而相反，材料回收通常都是由第三方的专门公司来进行。

回收物流活动中的一些新问题、对物流参与者的新要求，对传统的物流服务提供商提出了新的挑战。他们也在拓展自己的业务范围，以便跟上回收物流领域的发展。目前的新业务集中在废品收集和返程运输，以及提供可以重复使用的运输包装材料上。

9.1.3 回收物流系统设计

回收物流系统设计指的是废弃物品的收集和运输过程的设计。回收物流可以通过 3 种渠道来进行：一种是传统的正向渠道，一种是单独的逆向渠道，另外一种是正向和逆向相结合的渠道。Guiltinan 和 Nwokoye 最先对回收物流网络进行了研究，他们根据参与者的不同确定了 4 种不同的回收物流网络渠道。Pohlen 和 Farris 提出，根据单个渠道参与者进行材料回收和重新制造的能力和功能的不同，回收物流可以采用不同形式的渠道。

1. 回收物流系统设计中的问题

为了建立一个高效的回收物流系统，我们需要考虑以下几方面的问题。

（1）回收物流系统的参与者　回收物流渠道的操作者可以是正向渠道的参与者（比如传统制造商、零售商和物流服务的提供商），或者其他一些专门的团体（如二手货商家、材料回收厂等）。操作者的不同将给配送和回收物流的整合的可能性产生重要的约束和影响。

（2）回收物流系统功能及节点　回收物流系统应该具有的功能有收集、检测、分类、运输和处理等。回收物流网络的设计就是要确定这些功能实现的环节及其位置。其中，分类和检测功能的位置是一个重要问题。早期的检测可以剔除无用的废弃物，从而节省运输费用。另一方面，复杂的检测可能需要比较昂贵的设备，而这些设备只能位于少数地点。因此，分布式的检测通常都是十分粗略的初步检查。将回收来的废弃物进行分类（如对生活垃圾的分类），在靠近收集环节的早期阶段进行的话，成本会比较低。但是，接下来的搬运费用就可能升高，同时运输过程的能力利用率也会相应降低。零售户进行分类的能力和意愿也是一个值得考虑的方面。

（3）正向渠道和逆向渠道之间的关系　图9－3示意说明了回收物流网络的一个总体框架。在这个框架中，以物料回收利用为目的的回收物流通常被描述为一个开环系统，物流系统中的废弃物不是回到了它的原始制造商，而是被另外的厂商利用。这样，正向和逆向回收物流渠道的操作者就不同，对正向和逆向回收物流渠道进行整合的可能性就很小。

再制造等材料回收以外的回收物流系统则可以是一个闭环系统，废旧产品和包装材料又回到了原始生产商那里。回收物流就可以直接通过原始的正向配送渠道由同样的操作者来进行，当然也可以由专门的物流服务商来进行。而问题在于，即便是同样的操作者，在路线规划层次上将正向和逆向回收物流进行整合还是会很困难，因为不同的渠道要求的收集、配送以及搬运方法都可能不同。

2. 回收物流系统的模型研究

从图9－3所示的回收物流的总体框架中，我们可以看出，正向渠道与逆向渠道是既可以相互结合，又可以相互独立的。这里关注的是不同情况下的回收物流网络的设计问题。下面简单介绍一下对两种情况下的物流网络的设计和建模方法。

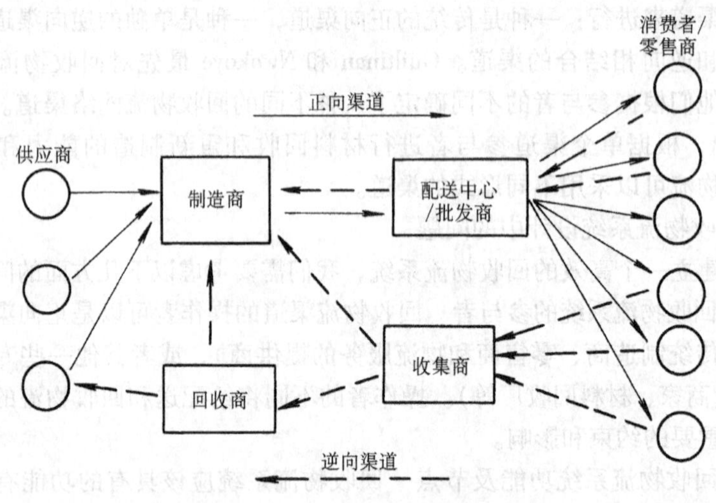

图9－3　回收物流系统的框架

——→正向　— —→逆向

（1）独立的回收物流系统　许多学者采用了对传统的设施选址模型进行修改的方法来研究回收物流网络的设计问题。回收物流网络的一个重要特点是，它的收敛结构，也即从许多源点到汇点的结构，如图 9 - 3 所示的消费者或者零售商到收集商的结构。这样的“多对少”的问题也在有毒有害废弃物处理的文献中被研究过，例如 Batta 和 Chiu、Erkut 等。相反的，传统的选址模型通常考虑的是一个发散的网络结构，从少数源点到达众多的汇点。

回收物流网络的另一个特点是它的废旧物品在质量和数量方面的高度不确定性。这些都是适当的网络设计所必须考虑的因素。例如，高质量的废品会需要高成本的运输费用，从而回收物流网络的结构就应该集中一些。另一方面，低价值废品的大量运输也是不经济的。而且，回收并处理好的废品所面向的终端市场也不是非常明晰的，也会给网络的规划带来很大的不确定性。

Caruso 等对一个固体废弃物管理系统进行了研究。该固体废弃物管理系统包含了收集、运输、焚烧、堆肥、回收和填埋等环节。他们采用了多目标的选址—分配模型（Multi - Objective Location - Allocation Model）和相关的启发式算法来对该废弃物管理系统进行规划。规划的结果为废弃物处理厂的数量和位置、采用的特殊技术以及可以处理的废弃物数量。

Kroon 和 Vriiens 研究了一个可重复利用容器的回收物流系统，该系统在荷兰一家物流服务公司中进行开发。系统考虑的重点是空容器的运输、维护和存储。他们建立了经典工厂选址模型来分析容器的数量、收集点的数量和位置。

Barros 等研究了从建筑废料中回收沙子的网络设计问题。在该网络中存在着两种类型的中间设施，需要进行选址规划。区域收集点从建筑公司接受沙子，剔除其中的石料，检测沙子的被污染程度，然后存储干净的沙子。特殊的处理设施接受被污染的沙子，对其进行净化和存储。这两种设施都为大规模的道路建设项目提供沙子。该问题的模型为一个多层次的有能力限制仓库选址模型。作者采用了场景分析方法来满足需求点位置以及回收物流的不确定性。

Spengler 等为工业副产品的回收利用建立了一个混合整数规划模型。该模型在德国钢铁行业中得到了应用。钢铁公司需要确定从经济角度来说，什么样的回收过程或者过程链是有利的。而且，他们需要确定回收工厂的能力和位置与分配，从而验证合作的可能性。该混合整数规划模型是在多层次有能力限制的仓库选址模型的基础上根据特殊的问题结构修改而成的。

（2）与配送物流整合的回收物流系统　迄今为止，很少有模型同时考虑配送和回收物流。这些模型大多考虑的是网络中共用设施的选址问题，较少模型考虑正逆向结合的路径规划问题。但是在实际的工业实践中，商家们采用了十分简单的方法来进行配送和回收物流的整合，比如饮料瓶的回收。在网络设计环节，代表收集、回收搬运的额外费用被加到运输成本上。路线规划完全按照正向配送的要求来进行，空瓶子随着配送路线来进行收集。

Salomon 等开发了一个支持配送和收集网络设计的决策支持系统（Decision

Support System，DSS）REVLOG。当给定了设施位置后，REVLOG可以给出回收物流的最优路线及其相关成本。这样不同的网络设计可以进行比较。而且，可以对回收物流使用正向配送的现有设施的效果进行分析。

Del Castillo 和 Cochran 研究了使用可重用容器配送的产品的生产与配送规划问题。他们的模型包含了将空容器运回生产厂的运输环节。在该模型中，空容器的可得性被看做是商品生产的一个资源约束。该模型被一个使用可重用瓶子的饮料公司在进行案例研究时采用。

9.1.4 总结

虽然回收物流与正向配送之间存在着许多共同点和相似点，但是回收物流并不是正向配送的简单“对称”。因此，回收物流的网络设计需要对传统的网络设计模型和算法进行修改和拓展。回收物流网络的两个主要特点是它的“多对少”的收敛结构和高度的不确定性。这种不确定性主要体现在废旧物品的质量、数量以及终端市场的不确定上。

回收物流网络设计的一个重要问题是，它与正向配送相整合的可行性和方法。目前的大多数研究都是将回收物流作为独立的模型来处理，利用修改或拓展传统模型的方法来求解问题。至于配送与回收物流的整合，虽然在工业实践中，采用十分简单的方法解决了该问题，但理论研究还非常有限，基本集中在网络的共用设施的选址上。

9.2 物流系统仿真

9.2.1 系统仿真基础

系统仿真是20世纪40年代末以来伴随着计算机技术的发展而逐步形成的一门新兴学科。仿真（Simulation）就是通过建立实际系统模型并利用所见模型对实际系统进行实验研究的过程。最初，仿真技术主要用于航空、航天、原子反应堆等价格昂贵、周期长、危险性大、实际系统试验难以实现的少数领域，后来逐步发展到电力、石油、化工、冶金、机械等一些主要工业部门，并进一步扩大到社会系统、经济系统、交通运输系统、生态系统等一些非工程系统领域。可以说，现代系统仿真技术和综合性仿真系统已经成为任何复杂系统，特别是高技术产业不可缺少的分析、研究、设计、评价、决策和训练的重要手段，其应用范围在不断扩大，应用效益也日渐显著。

从普遍意义上讲，仿真技术是应用于系统的，就是说系统是仿真的研究对象，而系统模型化又是进行仿真的核心和必要前提。

1. 系统与模型

“系统”是一个内涵十分丰富的概念，是关于“系统”研究的各个学科所共同使用的一个基本概念，是系统科学和系统论研究的一个重要内容。它是由相互联系、相互制约、相互依存的若干组成部分（要素）结合在一起形成的具有特定功能和运动规律的有机体。

上述定义中的各组成部分通常被称为子系统或分系统，而系统本身又可以看作它所从属的那个更大系统的组成部分。因此，这个系统是广义的，宇宙世界、原子、分子，都可以称之为系统。

系统有各种各样的分类方法。例如，按其状态随时间的变化可分为连续系统与离散系统；按其物理结构和数学性质可分为线性系统和非线性系统；定常系统和时变系统；集中参数系统和分布参数系统等。

为了研究系统，从理论上讲可以用实际系统来做试验。但是往往出于经济、安全以及可能性方面的考虑，人们往往不希望首先在真实系统上进行试验，而希望在模型上进行试验；另外，在一个系统未建立之前，为预见它的性能，要用实际系统做试验也是不可能的。因而就必须引入系统的模型。

模型是系统某种特定性能的一种抽象形式。它是为了某种特定目的将系统的某一部分信息进行抽象而构成的系统替代物。它不是“系统的复现”，而是按研究的实际需要和侧重面而产生的一个便于进行系统研究的“替身”，通过模型可以描述系统的本质和内在的关系。

模型一般分为物理模型和数学模型两大类。物理模型又称实物模型，是根据一定的规则（如相似原则）对系统简化或按比例缩放而得到的复制品。因此，其外观与实际系统相似，描述的逼真感较强。而数学模型是对于现实世界的一个特定对象，为了特定目的，根据对象特有的内在规律，做出一些必要的简化假设，运用适当的数学工具而得到的一个数学结构。

和系统类似，数学模型可分为静态模型或动态模型，也可分为连续系统模型或离散系统模型，离散系统模型还可分为离散时间模型或离散事件模型。

2. 系统仿真

系统仿真是建立在控制理论、相似理论、信息处理技术和计算机初等理论基础之上的，以计算机和其他专用物理效应设备为工具，利用系统模型对真实或假设的系统进行试验，并借助于专家的经验知识、统计数据和信息资料对试验结果进行分析研究，进而做出决策的一门综合的试验性学科。从广义而言，系统仿真的方法适用于任何的领域，无论是工程系统（机械、化工、电力、电子等）或是非工程系统（交通、管理、经济、政治等）。

系统仿真根据模型不同，可以分为物理仿真、数学仿真和物理-数学仿真（半实物仿真）；根据计算机的类别，可以分为模拟仿真、数字仿真和混合仿真；根据系统的特性，可以分为连续系统仿真、离散时间系统（采样系统）仿真和离散事件系统仿真；根据仿真时钟与实际时钟的关系，可以分为实时仿真、欠实时仿真和超实时仿真等。

3. 系统仿真的一般步骤

系统仿真的一般步骤为：

(1) 调研系统，设立目标　通过调研，仿真者应对研究的系统有全面、深入地了解，能够对系统进行尽可能详细地描述，明确仿真的目标和系统涉及的范围。一般来说，仿真目标不同，所建立的模型也不同，为建立模型所需要采集的数据也不同。

(2) 收集方针数据，建立模型　根据仿真目标，对系统进行选择和整理。为保证所建模型符合真实系统，应对模型进行反复检查与修改，直到模型完全正确为止。

(3) 编制仿真程序。

(4) 运行仿真模型。

(5) 输出结果分析　采用统计学的方法，对仿真结果进行统计分析。

图 9－4 表示了计算机仿真的一般过程。

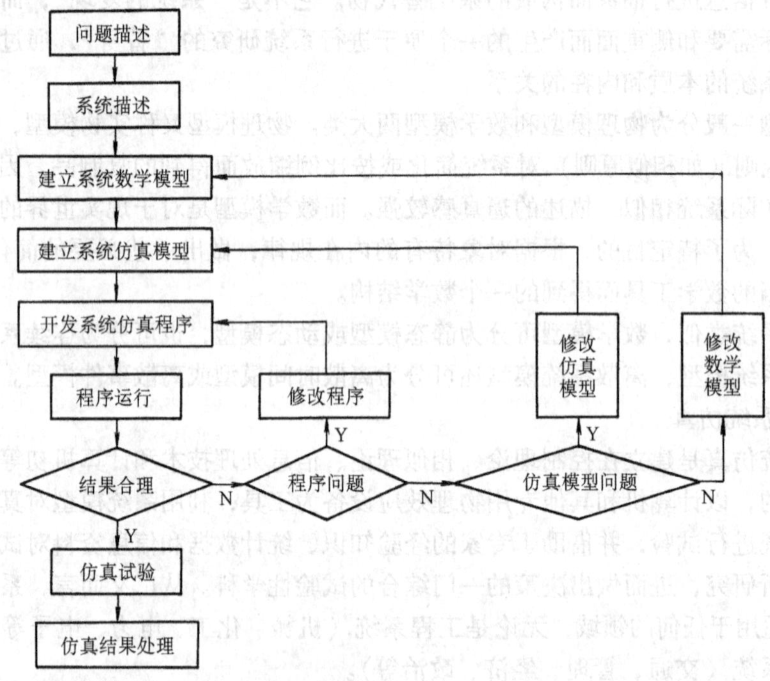

图 9－4　计算机仿真的一般过程

4. 系统仿真模型的基本要素

仿真模型一般包括以下几个要素：

(1) 实体(Entities)　组成系统的物理单元。

(2) 属性(Attributes) 实体共有的属性，但可以通过其值的不同来区分不同的实体。

(3) 变量(Variables) 反映系统属性的信息。

(4) 资源(Resources) 实体获得服务所需要的资源。

(5) 队列(Queues) 实体等待服务而形成队列。

(6) 事件(Events) 引起系统变化的行为，包括实体的到达、离开、仿真的结束等。

(7) 仿真时钟(Simulation Clock) 表示仿真时间变化的时钟，由于系统状态变化是不连续的，在相邻的两个事件发生之间，系统状态不发生变化，因而仿真时钟将跨越这些不活动的周期，从一个事件的发生时刻直接推进到下一个事件的发生时刻。

5. 系统仿真技术的发展

早在几千年前，人们已经懂得应用仿真技术。古代建筑师用建筑模型研究和设计建筑结构。军事上的仿真技术最具有代表性。从古代战争模拟系统——象棋，到近代军事用的沙盘，直至现代战争使用的各种模拟训练器，仿真技术一直占据着重要的地位。

随着近代科学技术，特别是计算机技术的飞速发展，仿真技术的发展与应用有以下特点：

(1) 计算机仿真发展迅速，在某些领域逐步取代着物理仿真。在计算机不够发达的时期，基于物理模型的仿真占着主导的地位。然而，物理模型虽然直观、形象，但模型的制作耗费人力、物力和时间，且模型一旦形成，就不易改变。基于数学模型的仿真，建模快捷、灵活、投资少、周期短。随着计算机的发展，逐步解决了运算速度和数据存储量的问题，计算机数字仿真得到大力发展，在许多方面已经取代了物理仿真。

(2) 仿真技术的应用更为广阔。作为模型研究的方法，从理论上讲，仿真可以用于任何领域、任何系统。但是，实际上仿真在各个领域中的发展是极不平衡的。仿真技术发展最早、应用最为成熟的，是在电路、动力学系统、过程控制及宇航等领域。而社会学、经济学等系统的仿真几乎还是一片空白。仿真在某一领域的应用与发展，主要取决于人们对该领域是否已具备足够的经验知识，以及是否已具备必要的试验手段。

随着科学技术的发展，人们已逐步在更多的领域尝试应用仿真技术。建立人口模型，以研究人口增长的趋势，寻找控制人口增长的策略；建立人体血液循环系统模型，以研究人体血液循环、心脏功能的规律性等。总之，仿真技术的应用领域越来越广泛。

(3) 仿真已从一门技术发展成独立的学科。早期，仿真只是一种应用技术。

由于仿真应用的局限性及科学技术水平不高，仿真的理论、方法、原理及应用，并没有得到系统的研究和论述。从学科角度上看，仿真一直是依附于其他学科，如实验力学。

40年代以来，随着计算机科学的发展，仿真的理论与基建已逐渐走向深化和完善。现在，仿真已形成了一门独立的学科。

近10年来，系统仿真发展迅猛，它主要得益于如下几种因素：

1）数字计算机技术的快速发展，日益提高的处理速度、高速设计通信与网络、海量存储以及各种高质量接口的出现，系统软件、高级与仿真专用语言、数据库管理以及包括模型校验、验证与确认（VVA）在内的各类应用程序的开发，使建立在其上的系统仿真，无论是精度、速度、实时性、效率，还是在应用范围、所处理问题的能力上相对过去都有质的飞跃。

2）半实物仿真非标设备研制有了长足的进步。在20世纪50年代还断言不可能实现的6自由度仿真器，在70~80年代已经问世，覆盖射频、声频和光学（含可见光、红外、紫外）频段的各类目标与环境仿真技术已趋成熟，尤其成像目标与环境模拟器的出现使得精确制导与各类训练模拟器也有了质的提高。在现今的控制理论、仿真原理和高精度、高性能的传感器、光机电系统基础上和充分利用了计算机技术使各类仿真非标设备研制有了良好条件，这样对那些模型建立尚感困难或把握不大的一些系统，可以利用半实物仿真手段得以充分研究。

3）视景生成及图形显示技术的发展。这点似乎与图形显示和系统仿真没有直接关联，但是，由于人与客观世界之间信息交换的70%要依靠视觉，不仅图形显示可为仿真结果与过程提供最直接的信息，更重要的是视景生成技术为以成像目标为探测对象的精确制导仿真和有人参与的系统仿真及训练提供了十分重要的视觉环境。计算机图形学、计算机图像生成（CIG）技术、不同频段之间图像信息的转换和频率匹配技术、显示与投影技术的发展为视景生成与图形显示技术提供了良好的条件，同时这些进步直接促进了仿真技术在更广泛领域内得到应用。

4）系统仿真本身建模、校模与验模的理论和方法的成熟。仿真是以模型为基础的，模型是否真实，或者更确切地说在一定使用范围内是否足够真实地反映现实，是仿真得以立足的生命线。随着在频域和时域校模、模型简化和以试验数据应用为基础的验模理论和方法的成功应用，使得人们对方针所用的模型有了信任感，从而使具有安全、可靠、经济、使用灵活、实用性强的仿真技术得以进入各个工程领域以及社会科学领域。

9.2.2 系统仿真软件

1. 仿真软件与仿真环境概述

自从20世纪60年代初期 Simula-60 和 GPSS 仿真软件问世以来，仿真软件的开发和应用已经过了将近40年的历程。目前，较为通用的仿真软件可以分为以下几类：

（1）通用仿真软件　GPSS/H和GPSS/WORLD等是目前比较流行的通用仿真软件，它们是从GPSS发展而来的。

SLAM－Ⅱ是多用途仿真语言SLAM的改进版本，除了可进行面向过程、面向事件和面向连续系统及混合仿真以外，增加了物料搬运功能，可对吊车、AGV和存储区进行建模，以适应制造系统中的应用。此外还增设了仿真运行中断功能，可在运行中修改变量值和步长，具有初步的动态控制功能。

SIMSCRIPTⅡ.5/SIMGRAPHICS是一种类自然语言的仿真系统，当与SIMGRAPHICS联用时，其提供图形建模环境，可自动生成可执行程序，直接进入仿真运行。

（2）仿真环境　ARENA是目前功能较强的仿真软件，它是面向制造系统的虚拟交互仿真（Virtual Interactive Simulation，VIS），是SIMAN/CINEMA的结合，具有输入/输出分析器和车间计划进度生成与仿真动画显示功能等。

SIMPLE＋＋是面向对象的图形化仿真环境，具有图形用户界面、模块化建模功能、递阶继承功能、并行建模和仿真动画功能等。

MASS是一种与经济评价相结合的仿真环境，可用于评价车间的生产进度、物料搬运仿真、进度安排准则、产品实际成本和资金费用计算，以及彩色动画显示功能。

GPMS（General Purpose User－defined Modeling System），全称为通用用户定义（仿真）建模系统，是针对当前国际上仿真建模研究领域所关注的热点而研究、设计、开发的一个全新的仿真建模环境。它使得用户能集中精力在他们自己的问题上，而不必担心仿真建模方面的技术问题。

到20世纪80年代中后期，开始出现了一体化仿真环境，面向制造系统的仿真出现了一体化支撑软件，实现了仿真建模、仿真运行、输出分析的集成环境。

此外，广义制造系统仿真器的出现，实现了对某类制造系统的非语言建模、模型数据驱动等功能。这类典型的一体化仿真软件有TESS、IBIS；广义仿真器有AUTOMODⅡ、FACTOR、GEMS、WITNESS等。

（3）可视仿真系统　新近开发的离散系统仿真软件几乎都具有不同水平的可视化功能。SIMFACTORY可对工厂整体生产过程进行VIS仿真，具有交互式图形界面、3D图形建模、制订企业计划、物料供应仿真及高分辨率动画显示和后置统计分析功能。

AUTOMOD/AUTOSCHED/AUTOSTAT是一类系列化可视化仿真软件，具有图形建模、程序自动生成、多功能动画显示（如ZOOM、画面漫游等），提供生产进度、产量/设备负荷、在制品控制等功能，并可与ARP/Ⅱ连接以及仿真输入/输出数据的统计分析等功能。其中 AUTOMOD 是较优秀的典型 FMS 仿真软件之一，AUTOSCHED 是成熟地解决车间调度问题的仿真软件之一。

PROMODEL/MEDMODEL/SERVICEMODEL 也是一类面向制造、医疗、服务系统的可视仿真软件，具有交互式图形建模界面、仿真实验设计、多功能动画显示、仿真数据统计分析和动态显示等功能。

TAYLOR－Ⅱ是由德国与荷兰合作开发的可视仿真软件，其特点是可提供3D 图形建模环境，也可直接接受 CAD 三维背景图形，从而可显示更为逼真的动画图景。

QUEST 是由 DENEB 公司开发的仿真环境，它提供了与虚拟现实设备的接口，可以实现虚拟现实仿真。

以上的仿真软件应用比较广泛，但也存在一些缺陷。首先，对于缺乏计算机编程知识、不具备仿真建模知识和经验的用户来说，很难直接运用这些软件系统进行仿真，他们必须得到专业仿真人员的帮助与支持。

此外，现有仿真系统，尤其是通用系统，对所模拟系统的规模及复杂程度均有限制，往往对大而复杂的问题束手无策。

再有，现有仿真系统，缺乏柔性及可扩展性。对于某些特殊的情景，用户只能根据系统描述问题的能力，简化或修改实际问题，而无法客观地表示问题的实际情况。

有些仿真软件，如 AUTOMOD、QUEST，它们具有很好的可视化效果，但这些专用软件的开放性较差，建模的柔性相对来说也差一些，当要在其中加入新的模块（如调度算法）时，用户必须用该软件的专门语言编制。另外，这些仿真软件只是一种分析工具，不能实现仿真阶段和实现阶段的较好过渡。

如何使仿真技术能直接、方便地为非仿真专家们所采用，如何使仿真软件系统能够更有效地解决日益复杂的实际问题，特别是柔性制造系统问题，已成为各国相关学者、研究人员研究、关心的内容。比如，美国在21 世纪制造战略“下一代制造”（Next Generation Manufacturing）行动框架（A Framework for Action）中，将“促进深入地使用建模和仿真”和“开发智能过程和柔性制造系统”作为重要的行动建议。

2. 通用仿真环境 Arena

Arena 原是美国 System Modeling 公司在 1993 年开始研制开发的新一代可视化通用交互集成仿真环境。基于 SIMAN/CINENMA 发展起来的 Arena，很好地解决了计算机仿真与可视化技术的有机集成，兼备高级仿真器（Simulators）的易用性和专用仿真语言的柔性的优点，并且还可以与通用过程语言，如 Visual Basic、FORTRAN 和 C/C＋＋等编写的程序连接运行。被罗克韦尔自动化公司（Rockwell Automation）并购后，推出了的 Arena6.0 版。

GPSS、SIMSCRIPT 和 SLAM 等专用仿真语言，具有建模灵活的特点，但是需要花费不少时间学习编程，并且由于特定语法规则的限制，编程较复杂和容易出错。通过 Visual Basic、FORTRAN、C/C + +更是如此。另一方面，近年出现的仿真器很好地解决了专用仿真语言和通用过程语言使用复杂的特点，采用像直观的鼠标驱动图形用户界面、菜单和对话框等典型操作，简单易用。进行仿真时，只需选择其所提供的仿真模块，将它们连接起来，设置适当的参数，运行模型，就可以进行仿真，系统成分的可视化图形动画就会随模型的运行而变换。但与此同时，仿真器又往往为了达到易用的目标而损失建模的灵活性。而可视化集成环境 Arena 则将通用过程语言、专用语言和仿真器的优点有机地整合集成起来，采用面向对象技术、层次化的系统结构（见图 9 – 5 所示），兼备易用性和建模灵活性两方面的优点。

一方面，Arena 提供了可供选择和可供交替的模板（Template）。这些模板由动画仿真（Animate）建模和分析模块组成，可以用这些模块建造范围十分广泛的仿真模型。另一方面，Arena 通过完整的层次结构保持其建模的柔性。Arena 的层次结构从下向上建模水平依次提高。最底层的过程语言常用来满足复杂的决策规则或外部数据的选取等需求；块与元素面板由 SIMAN 模块组成；高级过程与高级运输面板是由 SIMAN 模块封装后组成的模板，可进行灵活性更大的建模；通用过程模板是仿真建模过程中最常用的一些通用模块。

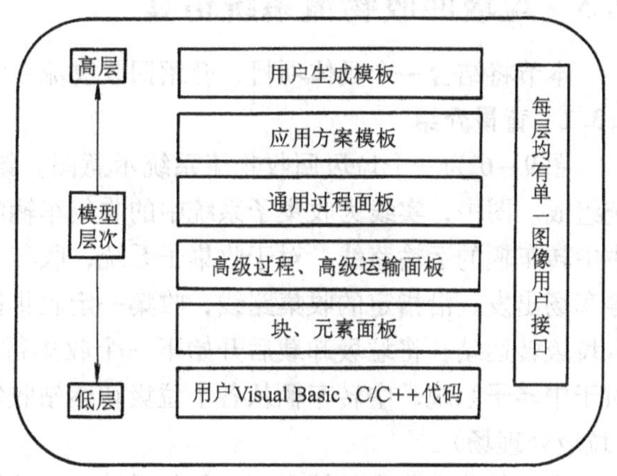

图 9 – 5　Arena 的层次结构

Arena 还提供了输入分析器（Input Analyzer）和输出分析器（Output Analyzer）。输入分析器是一个功能强大且通用的工具。它可以产生所需概率分布的一组数据；也可以根据所提供的数据对各种概率分布进行拟合，作相应参数的数字估计，以选择最合适的分布函数。

输出分析器可以对多种格式的输出数据进行多样的显示处理，例如条形图（Barchart）、柱状图（Histogram）、移动平均（Moving Average）、曲线图（Plot）和表（Table）等，同时也可以进行功能强大的数理统计分析，如分批/截断观察（Batch/Truncate Observations）、相关图（Correlogram）分析、致信区间（Classical Confidence Interval）分析、标准化时间序列置信区间（Standardized Time Series Confidence Intervals）分析、均值比较（Compare Means）分析、方差比较（Compare Variances）分析、单因素固定效应模型方差分析（ANOVA（one - way analysis of variance）fixed - effects model）等，为进一步的科学决策提供准确有力的数量支持。

OptQuest 是 Arena 新提供的一种最优化搜索工具。它可以在 Arena 中分析仿真的结果，通过取样技术和高级错误控制来快速搜索较优值，并集成了塔布搜索（Tabu Search）、散列搜索（Scatter Search）、整数规划（Integer Programming）及神经元网络于其中。OptQuset 工具为最优化决策提供了有利的保证。

通过 VBA（Visual Basic Application），Arena 可以和其他支持 ActiveX 的应用程序通信，已经通过 OLE 技术使用其他应用程序的文件与函数。

9.3 垃圾回收物流系统仿真

本节将结合一个具体项目，介绍回收物流系统仿真。

9.3.1 背景介绍

图 9 - 6 为一个垃圾回收物流系统示意图。该系统由收集子系统和中转子系统组成。图中，实线为收集子系统中的收集车辆的行驶路线，虚线为中转子系统中中转车辆的运输路线。对于收集子系统，收集车辆每日在工作开始时间从公司停车场出发，沿指定的收集路线，收集一定收集区域的垃圾。当车辆满载后，驶入垃圾转运站，将垃圾卸载后开始下一个收集行程，如此，直至工作时间结束。对于中转子系统，中转车辆从各个垃圾转运站收集垃圾集装箱运输到最终目的地（垃圾处理场）。

在垃圾分类收集的情况下，如何设计物流系统，能够使收集系统在满足时间约束、载重约束的条件下，使系统的物流总成本最小，是这里要讨论的问题。通过对多种收集方案（收集方式、车辆载重等）的仿真，寻求最低系统总成本。

两个子系统具有一定的相似性，都是从固定点收集物料，在车辆容量限制、工作时间的限制下，用最短路径完成运输任务，因此，研究收集子系统具有一定代表性。

9.3.2 系统框架

采用系统仿真的方法对该系统进行研究。系统框架图如图 9 - 7 所示。

GIS 将向仿真提供垃圾点所在居民区的人口信息（对应于垃圾量），垃圾点之间、垃圾点和转运站之间、垃圾点和公司停车场之间的距离信息；同时，GIS 还提供整个收集地区的地图、街道路径信息等，以便进行动画仿真。GIS 的信息将以 Microsoft Access 2000 的文件格式以及位图图片（Bitmap Image）格式输出。

在仿真环境 Arena 中，建立仿真模型，通过 VBA 构造与 GIS 输出的接口，接受相应的用户信息输入，并动态建立动画仿真模块。

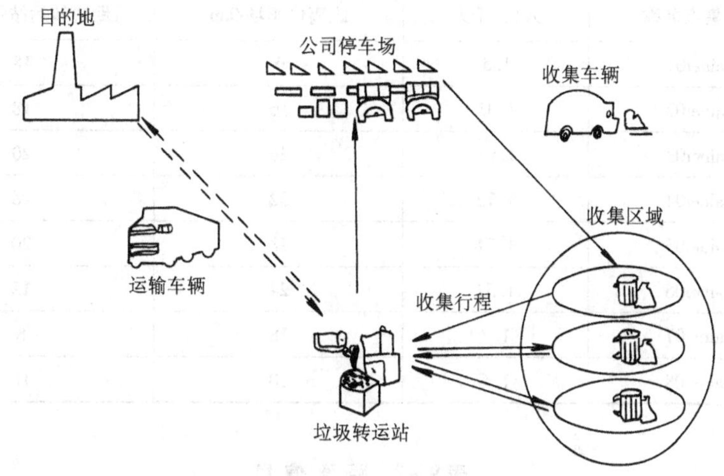

图9-6　垃圾回收物流系统示意图

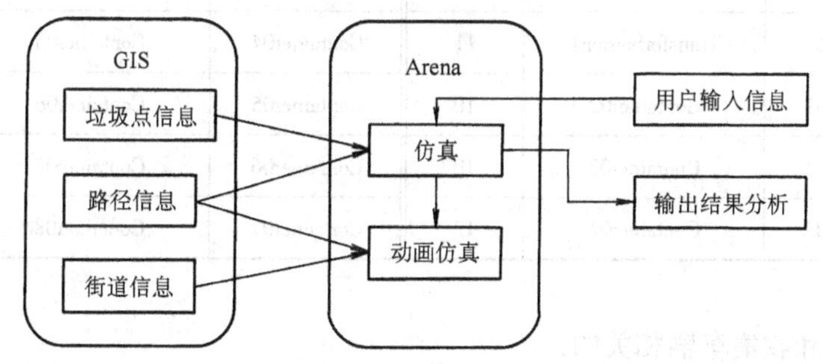

图9-7　系统框架图

9.3.3　数据模型

1. 地理及需求信息

这里将对一个拥有1.3万人口，8个收集点的生活区域的回收物流进行仿真研究。

各个收集点所对应的人口需求信息、距离停车场、转运站的距离如表9-1所示；各收集点之间的距离、转运站和停车场之间的距离等信息，如表9-2所示。

2. 系统数据模型

在仿真和成本分析中，所涉及的数据包括以下几个方面：

(1) 和转运站相关的：

1）固定成本：转运站的建设费用。

2）可变成本：包括转运站的运行费用（与处理垃圾量有关）和雇员工资。

表 9－1　收集点信息

垃圾收集点名称	人口/千人	距离停车场/km	距离转运站距离/km
Container01	1.5	6	18
Container02	1.45	16	18
Container03	1.65	26	20
Container04	1.72	32	26
Container05	1.74	28	20
Container06	1.52	24	12
Container07	1.7	18	8
Container08	1.4	10	16

表 9－2　距 离 信 息

路经起点名称	路经终点名称	距离/km	路经起点名称	路经终点名称	距离/km
Corp Park	TransferStation1	11	Container04	Container05	10
Container01	Container02	10	Container05	Container06	9
Container02	Container03	10	Container06	Container07	6
Container03	Container04	12	Container07	Container08	12

（2）和收集车辆相关的：

1）固定成本：收集车辆的购买费用。

2）可变成本：车辆的行驶费用（油耗等）以及维护费用、雇员工资等。

3）收集时间：在垃圾收集点收集垃圾所需花费的时间。

4）卸载时间：在转运站卸载垃圾所需花费的时间。

（3）和垃圾相关的：

1）人均垃圾量：平均每人所产生的垃圾数量。

2）垃圾比例：各种垃圾成分所占的比例

详细数据如表 9－3 和表 9－4 所示。

表 9－3　转运站数据

项　目	数　据	项　目	数　据
固定成本/万元	35	人员/人	2
可变成本/（元/t）	30	员工工资/［元/（人·天）］	60

表 9-4　收集车辆的数据

项　目	车型Ⅰ	车型Ⅱ	项　目	车型Ⅰ	车型Ⅱ
载重/t	4	5	员工工资/[元/(人·天)]	60	60
固定成本/万元	9.6	10.5	收集时间/min	12	18
可变费用①/(元/h)	84	100	卸载时间/min	24	32
人员/人	3	3			

① 包括行驶费用与维护费用。

此外,人均垃圾量为 1.2kg/(人·天),假设其以正态分布。假定垃圾分为两类,两类垃圾重量的比例为 2∶1。

另外,在分类垃圾收集时,有同车收集和分车收集两种收集方式。同车收集方式的收集车辆的集装箱中有隔断,可以同时收集两类垃圾。而分车收集方式的收集车辆集装箱为一个整体,一次只能收集同一种垃圾。分车收集采用每天收不同种类的垃圾或不同的车辆收不同种类的垃圾来进行分类垃圾收集。

同车收集方式收集车辆的两部分的载重一般设置为与垃圾比例相当。其载重见表 9-5 所示。

表 9-5　同车收集的车辆载重

车　　型	一类垃圾载重/t	二类垃圾载重/t
Ⅰ	2.67	1.33
Ⅱ	3.33	1.67

9.3.4　系统逻辑结构

系统逻辑结构如图 9-8 所示。

在逻辑结构中,系统模型被分为 4 个子模块,分别为派车子模块(Dispatch Submodel)、收集子模块(Collecting Submodel)、卸载子模块(Unload Submodel)和消亡子模块(Dispose Submodel)。

每天收集工作开始之时,系统产生相应的收集车辆,驶向各自的收集区域的第一个垃圾收集点。在第一辆车出发之前,系统根据收集点人口、人均垃圾分布、垃圾比例等随机生成各收集点当日的垃圾量。(派车子模块)

收集车辆到达垃圾收集点,将该车所要收集的垃圾装入其集装箱内,然后驶向收集行程的下一个收集点。如果车辆当日的收集行程已经完成,或其集装箱已载满(在同车收集中,指车辆中任一集装箱载满),车辆将驶向垃圾转运站。(收集子模块)

车辆到达垃圾转运站以后,将卸载车辆集装箱中的垃圾。如果当日的收集行程未完成,车辆将驶回垃圾收集点,否则将回到公司停车场。(卸载子模块)

当车辆回到公司停车场后,车辆将被系统回收(即消亡)。在当日最后一辆车回到停车场后，系统将对当日的成本数据等进行统计。

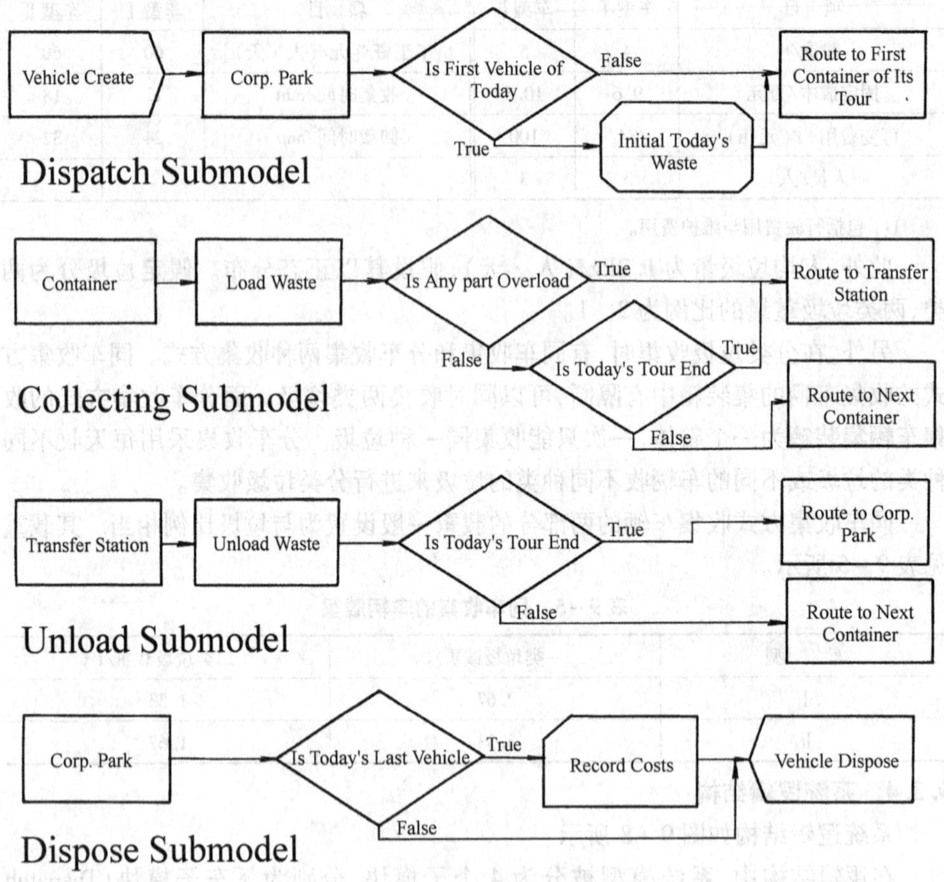

图 9-8 系统模型的逻辑结构

在 Arena 中，可以通过通用过程模板（Basic Process Template）、高级过程模板（Advanced Process Template）、高级运输模板（Advanced Transfer Template）等方便地画出仿真的逻辑图，生成仿真模型并转化为 SIMAN 语言，最终运行仿真。

由于本系统结构较为复杂，我们将采用 Arena 提供的较为底层的元素面板（Elements Panel）和块面板（Blocks Panel）建立系统的仿真模型。实际上，元素面板和块面板中每一个元素均对应着一条 SIMAN 语句。

另外，仿真系统与 GIS 系统的数据接口包括两个部分：一是用户界面接口，用于选择 GIS 的输出文件及其他一些与系统相关的信息；二是 GIS 输出接口，用来获取GIS 的输出信息并将其转化为仿真系统的输入信息，用于仿真与动画仿真。

数据接口将采用 Arena 中内嵌的 VBA（Visual Basic for Application）编写。下面将详细介绍本系统的仿真模型和数据接口。

9.3.5 仿真模型

根据数据模型，我们将建立一个有 8 个垃圾收集点、1 个转运站的垃圾收集系统模型。和逻辑模型有所不同，由于我们所用的是系统较底层的元素面板和块面板构成系统仿真模型，因此仿真模型与逻辑模型在结构上稍有区别。在仿真模型中，根据车辆（实体）所在的位置，系统被分为 5 个子模块：元素定义（Definition）子模块、派车与记录（Dispatch & Record）子模块、收集（Collecting）子模块、卸载（Unload）子模块和动画仿真（Animate）子模块，如图 9－9 所示。

1. 元素定义子模块

元素定义子模块中定义了仿真模型中的实体（Entities）、属性（Attributes）、变量（Variables）等部分。该模块定义的内容具体包括（见图 9－10 所示）：

（1）实体（Entities） 本系统中为垃圾收集车辆（CVehicle）。

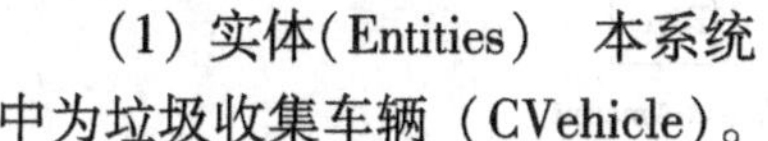

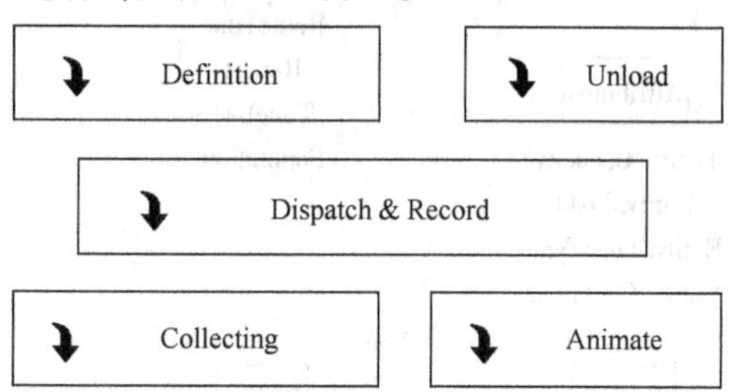

图 9－9 顶层模型（Top－Level Model）

（2）属性（Attributes） 即车辆的属性，包括载重（Entity. Capacity）、当前容纳垃圾数量（Entity. Load）、该车的垃圾收集方式（Entity. LoadType）以及行进路线（Entity. Container）。其中，Entity. Capacity 与 Entity. Load 为一维二元数组，数组中的元素分别记录两类垃圾相应的数值。Entity. LoadType 可能有三个值（1、2、8），1（2）表示该车仅收 1（2）类垃圾，8 表示两类垃圾同车收集。Entity. Container 为一维三元数组，3 个值分别表示该车所在位置（所在的收集点）、目标位置（下一个收集点）和行程终点（最后一个收集点）。

（3）图片（Pictures） 根据收集方式（Entity. LoadType）的不同相应定义了 3 种车辆的图形。

（4）站点（Stations） 包括公司停车场（CorpPark）、垃圾收集点（Container01～Container08）和转运站（TransferStation1）。

（5）项目（Project） 定义了本系统的名称和统计内容。

（6）变量（Variables 和 Rates） 存储模型数据和系统运行时的临时数据等，包括垃圾比例（WGravity）、路线时间（RouteTime）、人口（Population）和垃圾量（WasteAmount）等模型数据，以及系统中车辆数量（CVC）、行车时间（TimeUse）、循环变量（forloop）等临时变量。

1）RouteTime 为一维数组。RouteTime（1）表示从 CorpPark 到 TransferStation1 所需花费的期望时间，RouteTime（2）～RouteTime（10）为收集车辆在 Container 之间运输所需的期望时间，RouteTime（11）～RouteTime（20）为 Container 到 CorpPark 所需的时间，RouteTime（21）～RouteTime（30）为 Container 到 Transfer-

Station 所需的时间。

2) Population 为一维数组,记录各收集点的人口数。

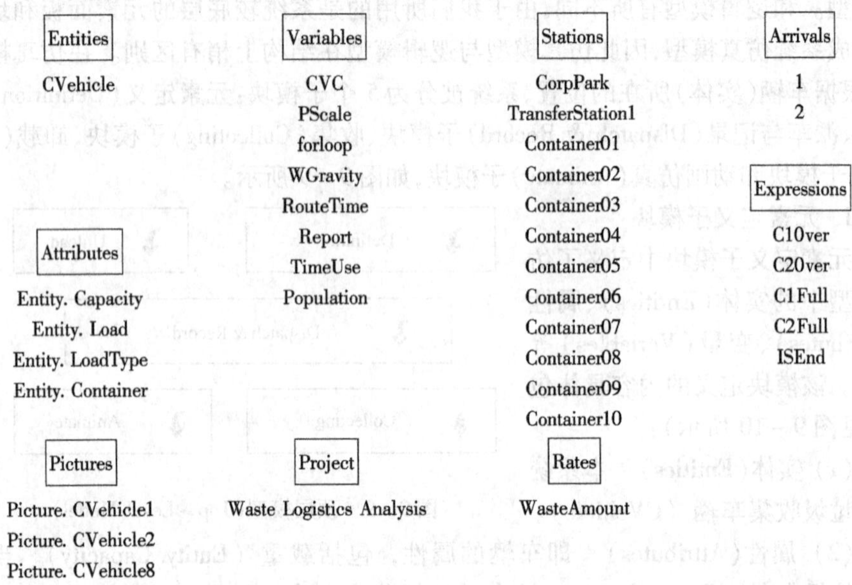

图 9-10 元素定义子模块(Definition Submodel)

3) WasteAmount 为二维数组,记录各收集点两类垃圾的数量。

4) TimeUse 为一维二元数组,TimeUse(1)为车辆即将行驶时间的临时变量,TimeUse(2)统计全天车辆的总行驶时间。

5) Report 为一维二元数组,Report(1)为当日派出车辆数量,Report(2)为当日收集垃圾的数量。

(7) 表达式(Expressions) 定义了车辆满载(C1Full, C2Full)或过载(C1Over, C2Over),以及形成结束(ISEnd)的判断表达式。

(8) 到达(Arrivals) 定义实体的生成频率和初始化实体的属性。在本系统中即定义车辆的生成、车辆收集方式、车辆载重、收集区域等的决策信息。

2. 派车与记录子模块

该模块定义了实体(收集车辆)到达公司停车场后的动作逻辑。

收集车辆到达公司停车场有两种情况,一是由元素定义子模块中到达模块中产生的实体被送达停车场并从此出发,开始其收集行程;二是车辆完成当日收集行程后回到停车场。可以通过收集车辆的目标位置属性(Entity. Container (2))来区分为哪一种情况。在本系统中,当 Entity. Container (2) =20 时,即表示已经完成收集行程(Station (20) 为 CorpPark)。图 9-11 是派车子模块示意图。

若是车辆开始收集行程,则将系统中的车辆数量(CVC)加 1,改变相应变量的值。若该车辆是当日派出的第一辆车（CVC==1），则初始化各垃圾点的垃圾量（垃圾初始化子模块（Initial Waste Submodel），如图9-12所示）。然后车辆驶向目标位置（Entity. Container（2））。

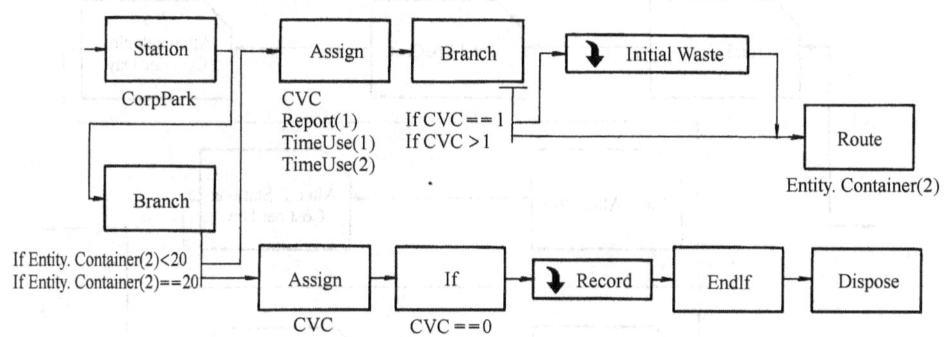

图9-11　派车子模块（Dispatch Submodel）

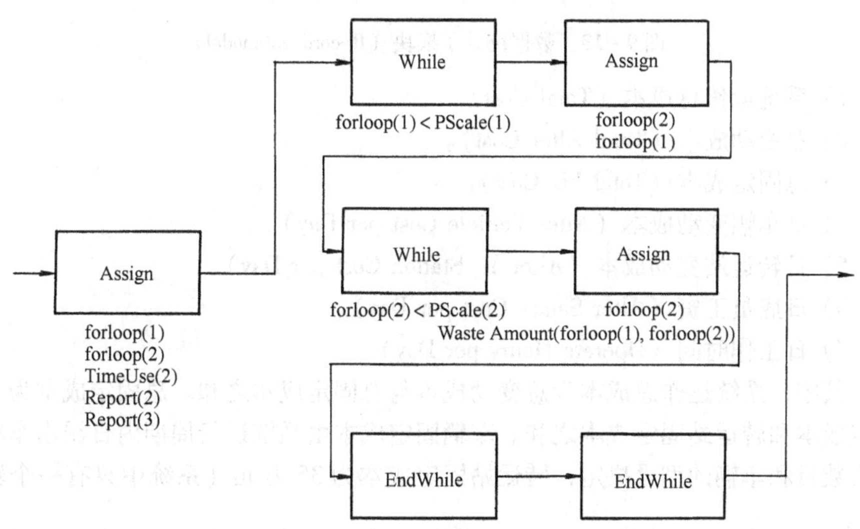

图9-12　垃圾初始化子模块（Initial Waste Submodel）

否则若是车辆完成收集任务回到停车场，则系统中的车辆数量减1，车辆消亡。在当日最后一辆车回去后（CVC=0），系统统计当日的成本信息等（数据统计子模块（Record Submodel））。

在垃圾初始化子模块中，采用二重循环对各垃圾收集点的垃圾量（WasteAmount）进行初始化。垃圾量是原有垃圾和当日新生垃圾的累和。当日新生垃圾有垃圾收集点的人口数（Population）、人均日产垃圾分布（Norm

(1.2, 0.1)[⊖])、该类垃圾所占比例等累积而成。

数据统计子模块记录了6项成本信息和一项时间信息。这些都将作为系统的评价指标，应用在系统分析中。这些信息包括（见图9-13所示）：

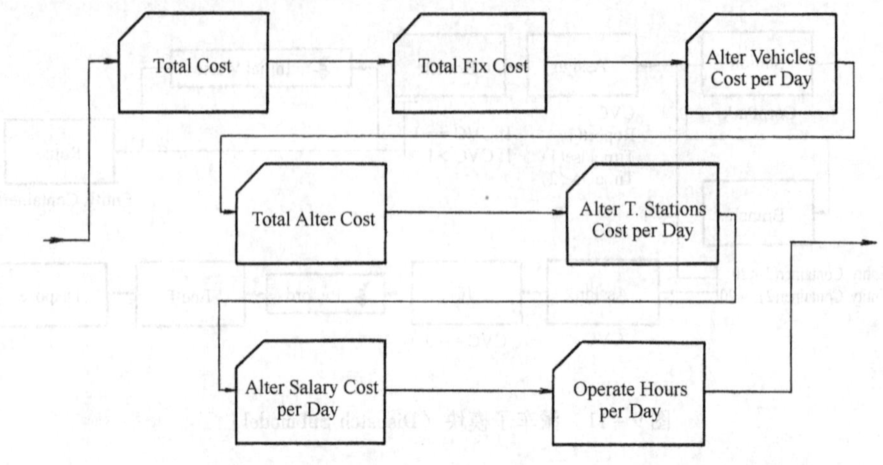

图9-13　数据统计子模块（Record Submodel）

1）系统运作总成本（Total Cost）。
2）总变动成本（Total Alter Cost）。
3）总固定成本（Total Fix Cost）。
4）日车辆变动成本（Alter Vehicle Cost per Day）。
5）日转运站变动成本（Alter T. Station Cost per Day）。
6）日雇员工资（Alter Salary Cost per Day）。
7）日工作时间（Operate Hours per Day）。

其中，系统运作总成本为总变动成本与总固定成本之和。总固定成本为车辆固定成本和转运站固定成本之和。车辆固定成本由系统运行周期内日派出车辆的最大数目和车辆的型号决定；转运站固定成本为35万元（系统中只有一个转运站）。

总变动成本为日车辆变动成本、日转运站变动成本、日雇员工资三者的平均值之和再与系统运行的天数的乘积。

日车辆变动成本由当天车辆总行驶时间和车辆型号决定；日转运站成本由当天转运站所处理的垃圾量决定；日雇员工资和当日的出车数量相关（转运站数量是不变的）。

日工作时间的第一辆收集车辆从公司停车场出发到最后一辆车辆回到停车场

⊖ Norm（1.2，0.1）表示均值为1.2，方差为0.1的正态分布（Normal Distribution）。

为止所花费的时间。

3. 收集子模块

收集子模块规定了收集车辆到达垃圾收集点（Container01 ~ Container08）后的逻辑动作。

收集车辆到达垃圾收集点后，停车一定时间（4t 车为 Norm（0.2，0.04）min，5t 车为 Norm（0.3，0.06）min）以等待收集垃圾，并将车辆的当前位置指向该收集点。

将收集点中与收集种类相应的垃圾种类的数量累加到收集车辆相应的当前容纳垃圾数量（Entity. Load）中，然后对车辆垃圾容量进行判断。

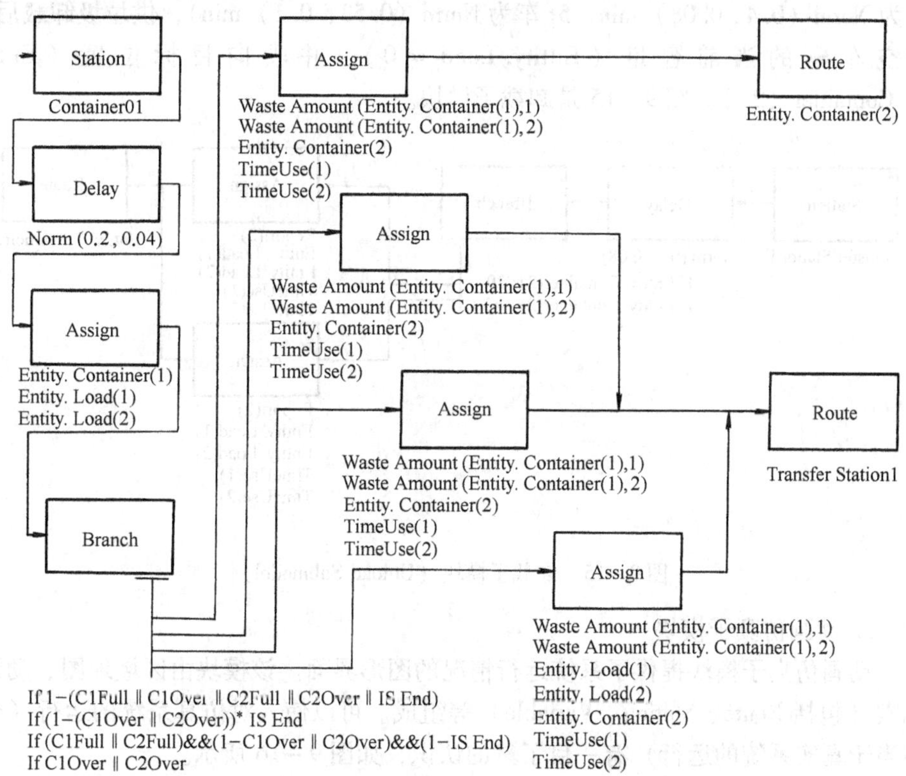

图 9 – 14　收集子模块（Collecting Submodel）

如果 Entity. Load 大于相应的 Entity. Capacity（C1Over ｜｜ C2Over），即收集车辆过载[⊖]，则将多出载重的垃圾放回（实际上，在系统运行中，多出来的这一部分原本就并未装载到车辆中，这里这样做只是为了方便计算与判断），车辆的

⊖ 对分车收集系统而言，指车辆集装箱；对同车收集而言，指车辆中的任意一类垃圾的集装箱。下同。

目标位置指向当前位置（Entity. Container（2）= Entity. Container（1）)，车辆驶向转运站；如果收集行程未完成（Entity. Container（1）< > Entity. Container（3））, 车辆也并未满载，则该收集点相应种类的垃圾数量被清零，车辆目标位置将指向下一个收集地点，车辆将驶向目标位置；如果收集行程未完成，车辆仅满载而不过载，则相应的垃圾数量同样被清零，车辆目标位置指向下一个收集点，车辆驶向垃圾转运站；如果收集行程已完成且车辆不过载，则相应的垃圾数量清零，目标位置指向转运站，车辆驶向转运站。图 9 – 14 是收集子模块。

4. 卸载子模块

车辆驶入转运站后，系统逻辑由卸载子模块控制。车辆停车相应的时间（4t 车为 Norm（0.4，0.08）min，5t 车为 Norm（0.53，0.1）min)，供垃圾卸载后，清空车辆的当前容量（Entity. Load = 0），并驶向目标位置（Entity. Container（2））。图 9 – 15 是卸载子模块。

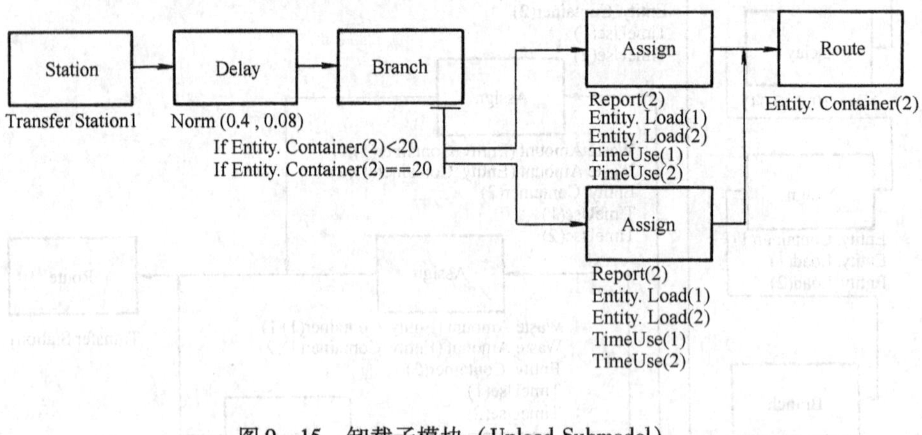

图 9 – 15　卸载子模块（Unload Submodel）

5. 动画仿真子模块

动画仿真子模块提供了系统运行情况的图形界面。该模块由区域地图、动画元素（包括 Route、Station、Variable）等组成。可以使人对仿真系统的运行（也相当于真实系统的运行）有一目了然的认识，如图 9 – 16 所示。

9.3.6　仿真结果

采用上述模型及数据，对此回收物流系统进行仿真。

设计系统设施的使用年限为 10 年，以系统的总成本为主要评价指标。评价指标包括：

（1）系统运作总成本（Total Cost for 10 Years）。

（2）总变动成本（Total Alter Cost）。

（3）总固定成本（Total Fix Cost）。

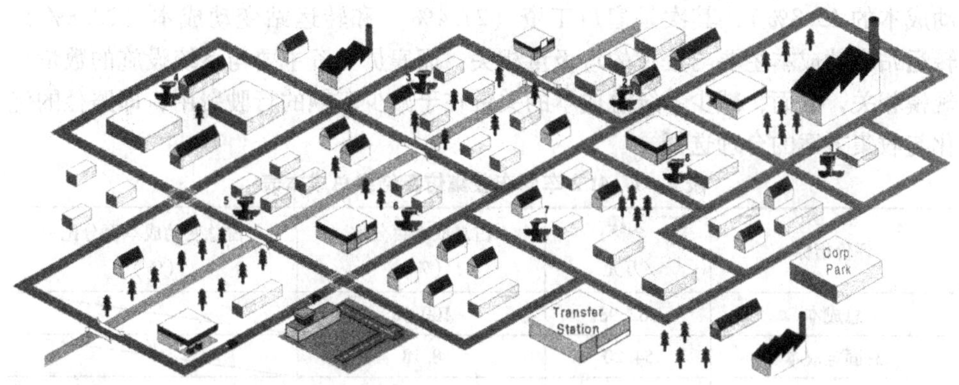

图 9-16　动画仿真子模块（Animate Submodel）

（4）车辆变动成本（Alter Vehicle Cost）。

（5）转运站变动成本（Alter T. Station Op. Cost）。

（6）雇员工资（Alter Salary Cost）。

（7）每天工作时间（Operate Hours per Day）。

1. 分类垃圾同车收集

首先考虑两类垃圾同时收集的情况。公司每天派出两辆载重为 4t 的收集车辆（每辆车分为两个部分，根据两类垃圾体积的期望比例为 2: 1，两个部分的容积分别为 2.66t 和 1.37t），分别以第 1～4 个收集点和第 5～8 个收集点为收集区域进行收集。将系统仿真终止时间设为 3653 天（10 年），得到仿真结果如表 9-6 所示。将数据整理归纳，如表 9-7、表 9-8 所示。

表 9-6　4t 2 车同车收集模型的仿真结果

Expression	Average	HalfWidth	Minimum Value	Maximum Value
Alter Salary Cost per Day	480.00	0.000000000	480.00	480.00
Alter T. Stations Cost per Day	456.54	0.351152629	422.73	491.98
Alter Vehicles Cost per Day	729.97	3.16299	571.28	1059.28
Operate Hours per Day	7.1699	0.040893455	5.7322	10.0465
Total Alter Cost	608.78	1.23057	546.61	736.49
Total Cost	662.98	1.23057	600.81	790.69
Total Fix Cost	54.2000	(Correlated)	54.2000	54.2000

从结果中我们可以看出，在系统的总成本中，起主要作用的是变动成本，而固定成本在总成本中只占很小的份额（本系统中，总固定成本占总成本的 8.18%）。在变动成本中，最主要的因素是车辆的行驶费用与保养费用（占总变

动成本的43.8%），其次是雇员工资（27.4%）和转运站变动成本（28.8%）。转运站变动成本主要与处理的垃圾量相关，而雇员工资主要与系统设施的数量与规模相关，故而，减少系统总成本的关键在于减少车辆的行驶费用，即路径的优化与收集方案的合理选择。

表9-7　4t 2车同车收集仿真结果总成本表

评价指标	金额/万元	占总成本百分比（%）	占总变动成本百分比（%）
总成本	662.98	100.00	
总固定成本	54.20	8.18	
总变动成本	608.78	91.82	100.00
车辆变动成本	266.66	40.22	43.80
转运站变动成本	166.77	25.15	27.40
雇员工资	175.34	26.45	28.80

表9-8　4t 2车同车收集模型仿真结果日变动成本表

项　目	平均值	半宽①	最小值	最大值
日车辆成本/元	729.97	3.16	571.28	1059.28
日转运站成本/元	456.54	0.35	422.73	491.98
日雇员工资/元	480.00	0.00	480.00	480.00
日工作时间/h	7.17	0.04	5.73	10.05

① 半宽用于表示估计期望的精确度。它表示置信度为95%时，分布的期望值距离估计值的区间距离。例如，系统总成本的平均值为664.31，半宽为1.27，表示系统总成本的期望在664.31±1.27的范围内的概率为95%。

虽然在表面上，固定成本在系统总成本中不是主要因素，但这并不意味着可以任意扩大系统的规模。这是由于雇员的工资与系统的规模存在正相关。

2. 分类垃圾分车收集

考虑两类垃圾分车收集的收集方案，为使收集频度与垃圾比例相当，并于同车收集结果具有可比性，以3天为一个周期，第1天与第3天收集第一类垃圾，第2天收集第二类垃圾。仍然每日派出两辆载重4t的收集车辆，收集区域仍分别为第1~4个收集点和第5~8个收集点。仿真结果如表9-9、表9-10所示。

由结果可知，分车收集的总成本比同车收集略有增加（增加了2.6%）。对比分析，可以看出增加的部分主要集中于车辆的变动成本，即车辆的行使费用。从仿真动画中我们可以看出，由于第一类垃圾的收集间隔不一致，造成垃圾收集量的不平均，从而车辆的利用率有所降低，造成了行驶费用的增加；由于车辆利用率的不平均，使日平均工作时间有所增加。

表 9－9　4t 2 车分车收集模型仿真结果总成本表

评价指标	金额/万元	占总成本百分比（%）	占总变动成本百分比（%）
总成本	680.44	100.00	
总固定成本	54.20	7.97	
总变动成本	626.24	92.03	100.00
车辆变动成本	284.14	41.76	45.37
转运站变动成本	166.76	24.51	26.63
雇员工资	175.34	25.77	28.00

表 9－10　4t 2 车分车收集模型仿真结果日变动成本表

项　目	平均值	半　宽	最小值	最大值
日车辆成本/元	777.82	1.40	577.33	1071.42
日转运站成本/元	456.50	0.50	276.24	651.93
日雇员工资/元	480.00	0.00	480.00	480.00
日工作时间/h	7.53	0.01	5.79	10.03

3. 车辆载重的变化

将车辆的载重从 4t 增加到 5t，其他参数不变。考虑同车收集的情况。以 5t 车相应的数据模型核算成本，仿真结果如表 9－11、表 9－12 所示。

表 9－11　5t 2 车同车收集模型仿真结果总成本表

评价指标	金额/万元	占总成本百分比（%）	占总变动成本百分比（%）
总成本	684.61	100.00	
总固定成本	56.00	8.18	
总变动成本	628.61	91.82	100.00
车辆变动成本	286.53	41.85	45.58
转运站变动成本	166.74	24.36	26.53
雇员工资	175.34	25.61	27.89

表 9－12　5t 2 车同车收集模型仿真结果日变动成本表

项　目	平均值	半　宽	最小值	最大值
日车辆成本/元	784.38	0.85	653.79	905.24
日转运站成本/元	456.44	0.25	424.20	488.53
日雇员工资/元	480.00	0.00	480.00	480.00
日工作时间/h	7.16	0.01	6.29	8.04

对比分析表明，5t 车的总成本比 4t 车要高（增加了 3.2%），增加的成本主要为车辆变动成本部分（占增加成本的 91.8%）。由此可见，在当前的垃圾量分布以及收集点分布的情况下，增加车辆载重所造成的收集路程的减少不足以抵消其油耗的增长。

但在日工作时间上，5t 车比 4t 车有明显的优势。虽然平均收集时间并未显著减少，但 5t 车却成功地抑制了收集时间的波动，波动率[⊖]从 4t 车的 60% 减少到了 24%。在实际系统运行时，时间约束是一个重要的方面，因此，这个优势是不应该被忽略的。

9.3.7 总结

通过设计多种场景，并对各种场景进行仿真，可以比较随机物流系统的能力、成本、效率，为决策提供支持。

这部分内容为最新研究进展，受国家自然科学基金、教育部博士点基金资助。

9.4 习题

1. 项目设计：某城镇废弃物回收物流系统仿真

背景：某城镇有 2 万人，每天产生的所有废弃物都被运送到废弃物转运站，然后作进一步的处理。怎样高效率、低成本地收集及运输这些废弃物就是本项目的研究目标。

该城镇分为多个区。每个区都有自己临时堆积废弃物的地方，即废弃物收集容器每个收集车辆负责收集一定区域的容器，把容器里的废弃物运到转运站。

每天早上 6：00，收集车从停车场出发，开始收集。收集车满载后，将驶到转运站，卸下废弃物，继续开始收集，直到全天工作结束（8h 工作时间）。

系统的数据模型：为了简化这个项目，选择城镇的一部分作为我们的研究目标（见图 9－17）。这部分共有 4 个区，收集容器的位置在图 9－17 上已经表示出来。每个区的人口固定，人口数见表 9－13 所示。每个区产生的废弃物量与人口相关。统计表明，每人每天产生 1kg 废弃物。

收集车行驶的平均速度为 10km/h。每个容器之间以及与停车场、转运站的最短距离如表 9－14 所示，其他的参数见表 9－15。

任务

（1）确定收集车辆的运输路线、收集次序。

（2）选择废弃物数量、车辆行驶时间和废弃物装卸时间的概率分布。

⊖ 这里，波动率＝（最大值－最小值）/平均值×100%。

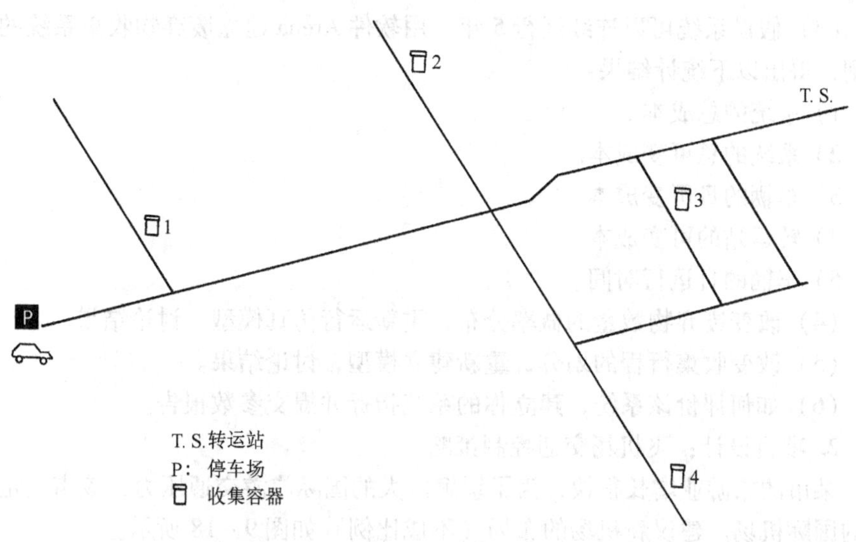

图 9-17 废弃物收集区域的地图

表 9-13 容器的基础数据

容器	人口/个	到停车场的距离/km	到转运站的距离/km
容器 1	3000	1.6	2.7
容器 2	7000	2.8	2.2
容器 3	5500	2.6	1.5
容器 4	2500	3.3	3.1

表 9-14 其他距离参数

起点	终点	距离/km	起点	终点	距离/km
停车场	转运站	3.1	容器 2	容器 3	1.6
容器 1	容器 2	2.6	容器 2	容器 4	2.1
容器 1	容器 3	2.4	容器 3	容器 4	1.2
容器 1	容器 4	2.9			

表 9-15 收集车辆和转运站的其他参数

参　　数	值	参　　数	值
转运站的固定成本	350，000 美元	每辆车的容量	4t
车辆的固定成本	96，000 美元	车的平均速度	10km/h
转运站的可变成本	30 美元/吨	每辆车平均装载时间	12min
车辆的可变成本	84 美元/h	每辆车平均卸载时间	24min
转运站的工人数量	2 个	每个工人的成本	60 美元/天
每辆车的工人数量	3 个		

(3) 假设系统可以连续运行 5 年，用软件 Arena 建立废弃物收集系统的仿真模型，得出以下统计结果：

1) 系统的总成本。

2) 系统的总可变成本。

3) 车辆的日可变成本。

4) 转运站的可变成本。

5) 车辆的日运行时间。

(4) 改变废弃物数量的概率分布，重新运行仿真模型，讨论结果。

(5) 改变收集行程的划分，重新建立模型，讨论结果。

(6) 如何评价该系统，建立你的系统指标并提交参数报告。

2. 项目设计：飞机场交通控制策略

某市的旅游业增长很快，为了缓解巨大的国际旅游交通压力，该市决定改建新的国际机场。建议新机场的布局（不成比例）如图 9－18 所示。

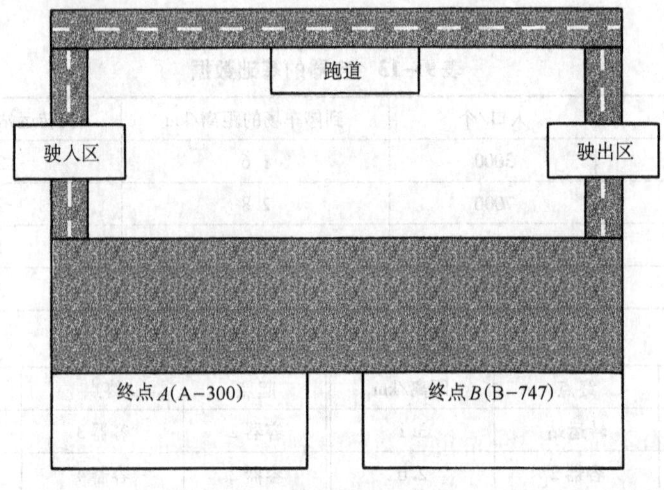

图 9－18　新机场的布局

为了简化分析，假设只有两种类型的飞机，空中客车 300（A300）和波音 747（B747）。终点 A 可以同时容纳 10 架 A300，终点 B 可以同时容纳 10 架 B747。同一时间跑道上只可以降落或者起飞一架飞机。驶入区和驶出区只能容纳 2 架飞机。

飞机场上空有管制区域（RAS），能容纳最多 20 架飞机。RAS 之外的空间可认为是开放空间（OAS）。

总共有 8 个飞行控制人员（ATC），全天候值班，每人可以同时处理 3 架飞机。

到达和离开程序：

（1）所有到达该市飞机场的飞机都来自 OAS。

（2）在一架飞机从 OAS 进入 RAS 之前，飞行员必须先同 ATC 建立联系。一旦建立联系，飞机就进入并在 RAS 中盘旋，直到可以降落。降落的飞行员一直和 ATC 保持联系，直到飞机到达指定地点。

（3）飞机只有当跑道空闲的时候才能降落，即没有飞机降落或者起飞。降落需要 3min，假设这对于相邻飞机之间保持安全距离是足够的。

（4）一旦降落，飞机就通过驶入区到达指定的终点。A300 从驶入区到达终点 *A* 需要 3min，B747 到达终点 *B* 需要 5min。如果终点没有可用的空间，飞机就必须在驶入区等待，直到有空间出现。

（5）离开之前，每架 A300 在终点停留 *U*（45，10）min，每架 B747 在终点停留 *U*（60，10）min。

（6）所有从某市飞机场终点离开的飞机必须先同 ATC 建立联系。离开的飞行员同 ATC 一直保持联系，直到飞机到达 OAS。

（7）一旦建立联系，飞机就驶往驶出区。如果驶出区满，飞机必须在终点等待直到驶出区有空间出现。

（8）飞机从终点到驶出区使用拖车。一旦飞机到达驶出区，就与拖车分离。

（9）拖车把 A300 从终点 *A* 运到驶出区需要 5min，从终点 *B* 运送 B747 到驶出区需要 7min。

（10）总共有 4 个拖车。拖车从一个终点到达另一个终点需要 4min。拖车空载时的速度是负载时的 2 倍。假设在终点区域没有其他行驶时间。

（11）当跑道空闲时，飞机起飞并进入 RAS。起飞需要 3min，假设这对于相邻飞机之间保持安全距离是足够的。

（12）飞机离开 RAS 进入 OAS。

为了保证系统的平稳运行，希望你对该系统的运作能力作仿真研究；也可以推荐另外的控制策略，以保证飞机在国际机场内安全行驶。

用 Arena 建立机场模型。用两个到达流来测试你的模型，每个用一种类型的飞机，飞机每隔 1min 到达一架。运行你的模型 24h，输出以下内容：

1）离开的飞机数量（A300 和 B747 的总和）。

2）飞机通过系统（不包括 OAS）的平均时间（两种飞机取平均）。

3）你在模型中用到的所有假设或者控制策略。

提示：需要时作合理的假设。所有的假设，除了已经给出的，在文档中要给出说明。

参考文献

1 McGinnis Michael A, Boltic Sylvia K, Kochunny C M. Trends in logistics thought: An empirical study, Journal of Business Logistics; Oak Brook; 1994

2 Martha C Cooper, Douglas M Lambert and Janus D Pagh. Supply chain management: more than a new name for logistics. the International Journal of Logistics Management, 1997, 8 (1): 1 ~ 14

3 R Vetschera and S Koeszegi. Supply chain management, Seminar: Advanced Topics in Organization, Center for Business Studies, University of Vienna, 2002

4 Morris Cohen et al. Optimizer: IBM's Multi – Echelon Inventory System for Managing Service Logistics. Interfaces, 1990, 20 (1): 65 ~ 82

5 Bud La Londe, Fisher College of Business, The Ohio State University

6 Rheem H Logistics: a trend continues. Harvard Business Review, 1997, 6 (1): 8 ~ 9

7 Donald J. Bowersox, David J. Closs and Theodore P. Stank. Ten mega – trends that will revolutionize supply chain logistics. Journal of business logistics, 2000, 21 (2)

8 沃尔玛 . e 化的传统企业 . 中国经营报，2001

9 Rrhan Erkut, Tony Myroon, Kevin Strangway. TransAlta redesigns its service – delivery network. Interfaces, 2000, 30 (2)

10 Heragu. Facilities Design. PWS, 1997

11 Vollmann. Manufacturing Planning and Control Systems. 4th ed. McGrawHill, 1999

12 汪应洛主编 . 工业工程手册 . 哈尔滨：东北大学出版社，1999

13 Tompkins, White, Bozer et al.. Facilities Planning. 2nd Ed. New York: John Wiley & Sons, 1996

14 Sunil Chopra, Peter Meindl, Supply chain management : strategy, planning, and operation, Upper Saddle River, NJ : Prentice Hall, 2001

15 Ronald H. Ballou. Business logistics management : planning, organizing, and controlling the supply chain. 4th ed. Upper Saddle River, NJ : Prentice Hall, 1999

16 王家善，吴清一 . 设施规划与设计 . 工业工程，1998，1 (1)：11 ~ 14

17 M K Khan and S H Gwee. Plant layout improvements to a medium volume manufacturing system using systematic techniques to form just – in – time manufacturing cells. Proc Instn Mech Engrs, 1997, 211 (B)

18 P P KLEUTGHEN and J C McGEE. Development and Implementation of an Integrated Inventory Management Program at Pfizer Pharmaceuticals. Interfaces, 1985, 15 (1): 69 ~ 87

19 M. Eric Johnson and Tom Lofgren. Model Decomposition speeds distribution center design. Interfaces, 1994, 24 (5)

20 Fitzsimmons, James A. Service management : operations, strategy, and information technology. McGraw – Hill, 2001

21 William J Stevenson. Production Operations Management. McGraw - Hill, 1999

22 Lee R C, Moore J M. CORELAP—Computerized Relationship Layout Planning. J. Industrial Engineering, 1967, 18 (3): 195 ~ 200